A Resolução do Contrato de Longa Duração pela Quebra da Confiança

A Resolução do Contrato de Longa Duração pela Quebra da Confiança

2021

Rodrigo Cavalcante Moreira

A RESOLUÇÃO DO CONTRATO DE LONGA DURAÇÃO PELA QUEBRA DA CONFIANÇA
© Almedina, 2021
AUTOR: Rodrigo Cavalcante Moreira

DIRETOR ALMEDINA BRASIL: Rodrigo Mentz
EDITORA JURÍDICA: Manuella Santos de Castro
EDITOR DE DESENVOLVIMENTO: Aurélio Cesar Nogueira
ASSISTENTES EDITORIAIS: Isabela Leite e Larissa Nogueira

DIAGRAMAÇÃO: Almedina
DESIGN DE CAPA: FBA

ISBN: 9786556273242
Outubro, 2021

Dados Internacionais de Catalogação na Publicação (CIP)
(Câmara Brasileira do Livro, SP, Brasil)

Moreira, Rodrigo Cavalcante
A resolução do contrato de longa duração pela quebra da confiança / Rodrigo Cavalcante Moreira. -- 1. ed. -- São Paulo : Almedina, 2021.

Bibliografia
ISBN 978-65-5627-324-2

1. Contratos (Direito civil) 2. Contratos (Direito comercial) 3. Direito civil 4. Quebra de contrato - Brasil I. Título.

21-73298 CDU-347.449(81)

Índices para catálogo sistemático:

1. Brasil : Contratos : Resolução : Direito civil 347.449(81)

Aline Graziele Benitez - Bibliotecária - CRB-1/3129

Este livro segue as regras do novo Acordo Ortográfico da Língua Portuguesa (1990).

Todos os direitos reservados. Nenhuma parte deste livro, protegido por copyright, pode ser reproduzida, armazenada ou transmitida de alguma forma ou por algum meio, seja eletrônico ou mecânico, inclusive fotocópia, gravação ou qualquer sistema de armazenagem de informações, sem a permissão expressa e por escrito da editora.

EDITORA: Almedina Brasil
Rua José Maria Lisboa, 860, Conj.131 e 132, Jardim Paulista | 01423-001 São Paulo | Brasil
editora@almedina.com.br
www.almedina.com.br

We've always defined ourselves by the ability to overcome the impossible. And we count these moments. These moments when we dare to aim higher, to break barriers, to reach for the stars, to make the unknown known. We count these moments as our proudest achievements. But we lost all that. Or perhaps we've just forgotten that we are still pioneers. And we've barely begun. And that our greatest accomplishments cannot be behind us, because our destiny lies above us."

Interstelar, 2014

"When you realize you want to spend the rest of your life with somebody, you want the rest of your life to start as soon as possible."

When Harry Met Sally, 1989

Dedico este trabalho aos meus pais, por tudo o que fizeram por mim e à Marcella e Maria Júlia, as maiores conquistas da minha vida

AGRADECIMENTOS

Este trabalho só foi possível por conta da ajuda de muitas pessoas, mas de uma em especial. Sem o apoio da minha esposa Marcella, o mestrado seria apenas um sonho distante e essa obra não existiria. A decisão de me dedicar exclusivamente à dissertação foi feita num momento muito difícil e realmente não teria sido possível sem seu apoio. A dissertação é um trabalho solitário e intenso, que consome não apenas o autor, mas sobretudo quem está ao seu lado. Foi um período de abnegação e ausência – muito embora eu estivesse fisicamente presente, frequentemente estava mentalmente ausente.

Por isso, dedico este trabalho a você, meu amor. Obrigado.

A história deste trabalho, no entanto, remonta ao ano de 2008. Perdido num dos corredores da PUC-Rio, acabei "me convidando" para participar de um projeto conduzido pelo professor Lauro Gama Jr. que envolvia uma "competição de arbitragem" e uma tal de "Convenção de Viena". Poucos meses depois, eu e uma equipe de intrépidos e destemidos alunos fomos à Europa desbravar o *Vis Moot*. Esta equipe ficou conhecida no folclore puquiano como "Jamaica abaixo de zero".

Mais de uma década depois, muitos *moots* se passaram e posso afirmar que a experiência foi um *turning point* na minha vida pessoal, profissional e acadêmica. Mesmo depois da graduação, continuamos desenvolvendo projetos juntos, sobretudo na área do direito dos contratos internacionais. Isso nos leva ao ano de 2016, quando organizamos o II Workshop sobre os Princípios do UNIDROIT e o Direito brasileiro. Nesta oportunidade, discutimos a então recente reforma dos Princípios do UNIDROIT, que inseriu uma série de dispositivos aplicáveis especificamente aos Contratos de longa duração, onde tive o primeiro contato com o tema deste trabalho.

Já aluno do mestrado da UERJ e influenciado por uma visão cosmopolita de direito contratual adquirida em anos de *Vis Moot*, decidi, estimulado por meu amigo e padrinho Lucas Mendes, mergulhar no tema da *Termination for Compelling Reasons*, uma das propostas centrais da Reforma dos Princípios.

No final, posso afirmar que este trabalho é fruto de uma verdadeira coalização internacional. Dado que a *Termination for Compelling Reasons* fora diretamente inspirada no §314 do Código Civil alemão, seria necessário ir à fonte para estudar o assunto. O que parecia ser uma luta ingrata, tendo em vista as raízes germânicas do instituto, se mostrou uma aventura extremamente gratificante e reveladora.

Tive a honra e o privilégio de ser aprovado como pesquisador visitante no prestigiado Instituto Max Planck de Direito Internacional e Comparado, em Hamburgo, na Alemanha. A experiência foi absolutamente determinante para a conclusão deste trabalho. Por isso, agradeço muitíssimo à Max Planck Society, entidade mantenedora do Instituto, pelo seu fantástico trabalho de desenvolvimento em pesquisa de ponta em diversas áreas. Como visitante estrangeiro, fico muitíssimo agradecido pela oportunidade.

Pessoalmente, no entanto, devo agradecer ao Prof. Reinhard Zimmermann, Diretor do Instituto, que me aprovou como visitante, e também à frau Halsen-Raffel, pela recepção e gentil disposição em ajudar, sempre que necessário.

Agradeço particularmente ao Dr. Walter Doralt, cuja ajuda foi absolutamente determinante para este trabalho, que foi, em larga medida, inspirado em sua premiada tese sobre os Contratos de Longa duração (*Langzeitverträge*) no direito alemão. Muito obrigado pelas conversas produtivas e pela disposição em responder e-mails às vezes insistentes e inconvenientes, mesmo depois do meu retorno ao Brasil. Igualmente, agradeço ao Dr. Jan Schmidt, pelas reflexões sobre as possíveis interações entre o direito contratual alemão e o brasileiro. Nós brasileiros temos muito a agradecer pela sua simpatia e gentileza em nos receber no Instituto.

Não posso esquecer dos amigos que fiz durante a estadia no Instituto, em especial o indiano Shiv e a *kosovar* Donikë. As conversas filosóficas regadas a cervejanaalk vão ficar na memória. É uma alegria manter contato com vocês até hoje.

Agradeço também aos colegas portugueses, profa. Maria Inês Oliveria Martins, que me forneceu valiosíssimas fontes doutrinárias e ao Dr. Antonio Pedro Pinto Monteiro, pela disposição em conversar sobre o tema e por também fornecer importantes referências de autores portugueses.

Por fim, o agradecimento especial aos amigos que me apoiaram neste processo. Obrigado ao Lucas Mendes, por me encorajar na escolha deste difícil tema e pela amizade de sempre. Obrigado ao Luis Peretti, Pedro Soares e à Luíza Bartolo, que revisaram o trabalho e fizeram importantes contribuições. Agradeço também ao amigo e mentor Gustavo Birembaum, pelas conversas de sempre, não apenas sobre o trabalho, mas sobre a vida. Uma menção especial é devida ao queridos *Ícones*, cuja amizade já ultrapassa uma década, pelo apoio de sempre.

Obrigado ao Leonardo de Campos Melo, amigo e sócio, que revisou o trabalho no meio de uma viagem de férias com a família e me honrou com o convite para construir o LDCM Advogados. Aos amigos e parceiros do escritório, fica o agradecimento pela convivência diária na construção desse desafiador e recompensador projeto de "longa duração".

Um agradecimento especial ao João Pachá, rapaz de ouro que me ajudou muito com a pesquisa e revisão do trabalho. João é daqueles jovens que dá gosto de conhecer. Muito obrigado, meu caro.

Obrigado também à minha querida orientadora Carmen Tibúrcio, pelas valiosas lições e a paciência com um mestrando atrasado e complicado. Obrigado também ao professor Carlos Konder, cujas conversas e recomendações foram essenciais. Ao prof. Gustavo Kloh, amigo de todas as horas e ex-chefe, agradeço pelos conselhos e dicas na vida acadêmica. Ao prof. Lauro Gama, serei eternamente grato pela oportunidade de construir e participar do GEADICI, um dos projetos que impactou minha trajetória e mudou minha vida para melhor.

Por fim, agradeço muitíssimo ao Instituto de Direito Privado, que me permitiu desenvolver o Grupo de Estudos em Direito Contratual e Comparado, junto com meu amigo Gustavo Kulesza e a querida Ana Teresa Boscolo, onde promovemos debates profundos sobre temas de vanguarda no direito contratual. À Diretoria do IDiP, meu especial agradecimento pela grande honra de publicar este trabalho na Coleção IDiP-Almedina.

Não poderia esquecer dos meus pais, Antonio e Fátima. A vida nunca foi fácil para vocês, que, mesmo assim, sempre tomaram o caminho mais duro para que eu pudesse ter um futuro melhor. Sem o seu sacrifício, nada – nada – disso seria possível. Jamais poderei retribuir à altura, mas serei, para sempre, grato.

Por fim, agradeço a você, meu amor. Por tudo. Passamos por bons bocados e dias difíceis, mas temos feito o possível para construir um futuro feliz e próspero para a nossa família, hoje completa com a Juju.

APRESENTAÇÃO

É sempre gratificante terminar a leitura de um texto com o sentimento que se aprendeu algo novo. Esse é o que aconteceu com a leitura do livro que ora se dá ao público, fruto de sua dissertação de mestrado, orientada pela brilhante Carmen Tiburcio.

Obra de um jovem jurista, comprometido com o bem aprender desde cedo. Conheci Rodrigo durante a sua graduação, em um evento sobre arbitragem. Já demonstrava o insaciável desejo pela descoberta do direito. Buscando uma visão cosmopolita do direito privado, não é surpresa que tenha escolhido tratar de um tema relevante e complexo, que é o dos contratos de longa duração, sob a perspectiva do direito comparado, a partir de um instituto positivado no direito alemão, mas que é polêmico sob a perspectiva de outras ordens jurídicas, que é a resolução dos contratos de longa duração por justa causa.

A polêmica em torno do instituto ficou evidenciada quando da alteração dos princípios UNIDROIT para tratar dos contratos de longa duração, na qual se propôs a inclusão de disposição possibilitando a resolução dos contratos de longa duração, por prazo determinado, na presença de justa causa. A polêmica fez com que se retirasse o dispositivo do texto final.

Rodrigo foi à fonte pesquisar o assunto, sendo admitido como pesquisador visitante no prestigiado Instituto Max Planck de Direito Internacional e Comparado, em Hamburgo, o que lhe permitiu fazer uma pesquisa muito profunda sobre as origens do instituto, que se reflete no trabalho ora apresentado.

O leitor perceberá que o tema vai muito além da investigação dogmática dos requisitos previstos no BGB e na proposta apresentada no UNIDROIT para proceder à extinção do contrato de longa duração pela quebra de confiança. Rodrigo vai além, chamando atenção para a importante discussão sobre a necessidade de um olhar específico para os contratos de longa duração, que se diferem estruturalmente dos contratos de execução imediata, que inspiraram a dogmática clássica das grandes codificações e influenciam, até hoje, o Direito Contratual.

No primeiro capítulo, Rodrigo destaca que os contratos de longa duração vem ganhando importância econômica e social, como produto da crescente sofisticação da economia mundial. Se, no passado, o paradigma das relações econômicas eram as trocas de mercadoria, na economia globalizada as Cadeias Globais de Valor se destacam, por permitirem a manutenção de um fluxo estável de equipamentos e o fornecimento de produtos em escala mundial. Da mesma forma, os serviços vêm ocupando lugar central na economia, trazendo o elemento relacional para o coração das relações. Outros exemplos são as joint-ventures, as estruturas de *project finance*, os contratos de infraestrutura etc.

Essas relações, centrais na economia nacional e mundial, têm características particulares, como o seu caráter aberto e incompleto e sua forte carga relacional, que apresentam desafios cuja solução, em regra, não está contemplada no ferramental dogmático tradicional. Um deles é a ruptura do vínculo de confiança, que é a argamassa que mantém as partes unidas num contrato de longa duração. Situações graves e imprevistas, que a rigor não caracterizam inadimplemento, podem tornar a continuidade da relação insuportável. Como o Direito deve tutelar tais situações? Forçando a continuidade a *qualquer custo* ou permitindo uma saída honrosa diante da mudança de contexto?

Nos capítulos 3 e 4, Rodrigo procura responder essas perguntas, analisando o direito alemão, os Princípios do UNIDROIT e autores das mais diversas tradições, sobretudo na doutrina portuguesa e autores ligados à Análise Econômica do Direito. No capítulo 5, o autor faz uma importante distinção entre a resolução pela quebra da confiança e institutos similares, como o inadimplemento substancial e outros institutos ligados à alteração das circunstâncias, demonstrando que há situações em que, diante de eventos disruptivos, a "confiança relacional" entre as partes se quebra de maneira irremediável, devendo o Direito permitir a extinção do contrato antes do final do seu prazo.

APRESENTAÇÃO

No capítulo 6, Rodrigo analisa questões ancilares, mas essenciais ao tema, como os efeitos da resolução, as perdas e danos e a possibilidade de renúncia, além de discutir se, de acordo com o Código Civil brasileiro, a extinção seria hipótese de resolução ou resilição. No capítulo 7, o autor discute a aplicação do instituto ao Direito brasileiro, enfrentando questões relevantes, como sua utilidade, sua aplicação prática e a relação com princípios relevantes como a função social e a conservação dos negócios jurídicos.

Ao final, com base em pesquisa ampla e profunda, que reúne autores de diferentes tradições jurídicas, clássicos e contemporâneos, relacionados com temas não jurídicos, como economia, comércio internacional e sociologia, Rodrigo demonstra que um direito contratual de vanguarda precisa reconhecer as particularidades dos contratos de longa duração, inclusive reconhecendo a possibilidade de sua extinção diante da quebra absoluta do vínculo de confiança, sob pena de se prender a concepções anacrônicas, talhadas para uma realidade econômica que ficou no passado.

Assim, é com satisfação que vejo essa obra vir a público, pela Coleção IDiP-Almedina, principalmente pela contribuição que o autor faz ao Instituto, com a organização, com outros colegas, de um Grupo de Estudos sobre Direito Contratual Comparado.

Estou certo da importante contribuição que o trabalho de Rodrigo trará à dogmática contratual brasileira.

Rodrigo Octávio Broglia Mendes
Professor Doutor da Faculdade de Direito da USP
Presidente do IDiP

PREFÁCIO

É sempre uma alegria para uma professora poder ver o sucesso de seus alunos e de seus empreendimentos acadêmicos. É essa a alegria que compartilho com o leitor ao prefaciar a obra de Rodrigo Cavalcante Moreira. O autor cursou o mestrado acadêmico em Direito Internacional na Universidade do Estado do Rio de Janeiro e agora apresenta para a comunidade jurídica, em versão comercial, o resultado de sua pesquisa. Este livro representa, portanto, o encerramento de um ciclo que se iniciou com seu ingresso no mestrado, passou pela aprovação de sua dissertação com os cumprimentos da banca e agora atinge seu ápice com a publicação do texto final em forma de livro.

Antes de falar sobre o que o leitor encontrará nas próximas páginas, permito-me dizer algumas palavras sobre *quem* o leitor encontrará. Rodrigo Moreira faz parte de uma geração de juristas vibrante e vocacionada ao empreendedorismo. O exame de sua trajetória revela um jurista comprometido com a consolidação da cultura da arbitragem no Brasil e interessado pela abordagem de problemas jurídicos sob a perspectiva do direito comparado – tudo isso com forte viés prático, resultado de sua atuação como advogado em prestigiosos escritórios como Trench, Rossi e Watanabe; Tozzini Freire e LDCM Advogados.

Antes de ingressar no mestrado, Rodrigo já demonstrava seu interesse por atividades de pesquisa ligadas ao direito internacional. Quando aluno da PUC-Rio, integrou o grupo de alunos que participava do *Vis Moot*, conhecida competição internacional na qual alunos de todo o mundo versam seus conhecimentos em matéria de arbitragem e também sobre a Convenção das Nações Unidas sobre Contratos de Compra e Venda Internacional de Mercadorias – a CISG. O autor também participou do II Workshop sobre os Princípios do UNIDROIT e o Direito brasileiro, realizado na PUC-Rio, de onde retirou inspiração para o tema de seu trabalho.

O engajamento com atividades acadêmicas internacionais é marca comum entre muitos juristas talentosos. Atentos às tendências dos tempos atuais, um número crescente de estudantes busca o estudo do direito sob uma perspectiva global. Tenho notícia de que o autor da presente obra foi um dos pioneiros na participação e institucionalização do *Vis Moot* na PUC-Rio. Os benefícios da exposição ao mundo dos litígios internacionais por meio da competição aparecem ao longo da presente obra.

Fiel à sua trajetória pessoal, Rodrigo escolheu como tema de sua dissertação, desenvolvida sob a minha orientação, matéria de grande relevância e que por si já elucida os predicados do autor. Sob o título A Resolução do Contrato de Longa Duração pela Quebra Absoluta de Confiança, reuniu as reflexões acumuladas sobre o assunto ao longo de seu mestrado acadêmico na Universidade do Estado do Rio de Janeiro e de seu período de pesquisas no Max Planck Institut de Hamburgo.

O tema escolhido para a sua dissertação não poderia ter sido mais oportuno: como demonstra o autor, os contratos de longa duração são uma parcela cada vez mais relevantes no quadro de uma economia globalizada e de empreendimentos de grande vulto econômico. Sem pretender adentrar no assunto da obra prefaciada – o leitor será conduzido por Rodrigo ao longo do livro – observo que o direito internacional privado já há algum tempo tem observado um crescimento expressivo da importância de modelos contratuais cada vez mais específicos, afastando-se frequentemente dos contratos em espécie mais conhecidos.

Ao longo do texto, o leitor poderá constatar a natureza questionadora de Rodrigo. Conforme relata o autor, a ideia defendida no texto é essencialmente uma reação à rejeição, pelo UNIDROIT, da inclusão de dispositivo cuidando do tema da *Termination for Compelling Reasons*. As circunstâncias da deliberação do UNIDROIT e o conteúdo da proposta recusada são examinados ao longo do livro. O fato é que, não estando convencido sobre o acerto das conclusões do UNIDROIT, o autor foi buscar no direito comparado outras fontes de inspiração para lidar com o assunto.

Na verdade, a um só tempo, o autor questiona importantes qualificações contratuais à luz dos Princípios do UNIDROIT e do direito comparado. Examinando a estrutura básica dos contratos, o autor observa a profusão de novos tipos contratuais – reflexo, no direito, de mudanças de paradigma nas relações econômicas. A esse propósito, o autor questiona, sob a perspectiva do direito comparado, a centralidade do contrato de compra e venda como modelo contratual ideal e chama a atenção para a ascensão normativa de outras formas de contrato, entre os quais o contrato de longa duração, objeto de seu estudo.

Da mesma forma, o autor revista as hipóteses de resolução do contrato à luz do direito comparado para sustentar a inclusão da quebra absoluta de confiança como razão legítima para extinção do vínculo contratual. Em ambos os casos, o leitor poderá observar que as ideias desenvolvidas são fortemente inspiradas pelo direito alemão, em particular pela hipótese de resolução do contrato em decorrência de causa imperativa prevista no § 314 do *Bürgerliches Gesetzbuch* (BGB). O leitor poderá acompanhar ao longo do texto o raciocínio desenvolvido pelo autor, com a necessária contextualização dos conceitos e ideias discutidos.

No geral, o trabalho tem como grande mérito de ativar o instrumental teórico do direito internacional e do direito comparado em favor da crítica. Com uma pesquisa rica e um texto claro, o leitor será convidado a refletir mais detidamente sobre a teoria e a prática dos contratos em uma economia globalizada. Deixo o leitor com a instigante reflexão de Rodrigo, na certeza do proveito da leitura.

Carmen Tiburcio,
Professora titular de Direito Internacional Privado
da Faculdade de Direito da UERJ.

LISTA DE ABREVIATURAS, SIGLAS E SÍMBOLOS

§/§§	parágrafo/parágrafos
art./arts.	artigo/artigos
BGB	Bürgerliches Gesetzbuch
CESL	Common European Sales Law
CISG ou Convenção	Convenção das Nações Unidas sobre Contratos de Compra e Venda Internacional de Mercadorias
DCFR	Draft of the Common Frame of Reference
ed.	edição
i.e.	*id est*
nº	número
p./pp.	página/páginas
PECL	Principles of European Contract Law
STJ	Superior Tribunal de Justiça
ULF	Convention relating to a Uniform Law on the Formation of Contracts for the International Sale of Goods
ULIS	Convention relating to a Uniform Law on the International Sale of Goods
Uncitral	United Nations Commission on International Trade Law
Unidroit	International Institute for the Unification of Private Law

SUMÁRIO

Introdução 27

Capítulo 1
O Contrato de Longa Duração como o Novo Paradigma,
a Reforma dos Princípios do UNIDROIT e o §314 do BGB 35

    1.1. A proposta da *Termination for Compelling Reasons*
          no UNIDROIT 48
    1.2. O §314 do BGB e sua estrutura 51
    1.3. Conclusão 53

Capítulo 2
A *Termination for Compelling Reasons* na Reforma
dos Princípios do UNIDROIT 55

    2.1. Origem e função dos Princípios do UNIDROIT 55
        2.1.1. A estrutura inspirada nos *Restatements*. 59
        2.1.2. A natureza dos Princípios e sua função como
             Global background law. 60
        2.1.3. Inovação x consolidação: o exemplo do *hardship* 64
    2.2 A Resolução por justa causa nos Princípios do UNIDROIT. 68
        2.2.1 A Reforma de 2016 76
            2.2.1.1 A delimitação do escopo da revisão dos Princípios. 78

2.2.1.2. Desenho final das propostas 85
2.2.1.3. O conceito de contrato de longa duração............. 85
2.2.1.4. *Termination for Compelling Reasons* 87
2.2.1.5. O encontro de Oslo e a virada contra a Resolução
por justa causa 90
2.2.1.6. O Relatório final e a rejeição à proposta
pelo *Governing Counciul* 91
2.2.1.7. Relatório final 92
2.2.5.8. Sessão do *Governing Counciul* 94
2.3. Conclusão...................................... 95

Capítulo 3
As Raízes Germânicas da Resolução do Contrato de Longa Duração pela Quebra de Confiança 97

3.1. A origem germânica e a lacuna preenchida pelo §314 do BGB 98
3.2. A construção jurisprudencial do instituto e sua positivação
na Reforma de 2002 102
3.3. O reconhecimento do instituto na doutrina portuguesa 104

Capítulo 4
Elementos da Resolução conforme o §314 do BGB: Contrato de Longa Duração e Justa Causa 109

4.1. O contrato de longa duração como *locus* do instituto 109
    4.1.1. Os contratos relacionais e a quebra absoluta da confiança
    como elemento intrínseco 113
    4.1.2. Conclusão 125
4.2. Definição de justa causa 126
    4.2.1. A quebra absoluta da confiança como critério
    determinante 130
    4.2.2. Justa causa como inadimplemento e quebra
    da confiança *strictu sensu* 132
        4.2.2.1. A justa causa como inadimplemento 133
        4.2.2.2. A utilidade do instituto para outros ordenamentos 137
        4.2.2.3. A reforma de 2002 e o regime do §314 aplicável
        ao inadimplemento 143

4.2.3. A justa causa como quebra absoluta da confiança
strictu sensu. 147
    4.2.3.1. A casuística da Resolução pela quebra da confiança
    em sentido estrito 152
    4.2.3.2. A ruptura da confiança e a violação dos deveres
    anexos da boa-fé 157
    4.2.3.3. Boa-fé e confiança como conceitos independentes 160
    4.2.3.4. A confiança em sentido estrito. 166
    4.2.3.5. A "confiança relacional" distinta da
    "confiança fiduciária" 170
4.2.4. Conclusão. 174

Capítulo 5
**A Resolução pela Quebra da confiança e Institutos Similares:
Inadimplemento Substancial e Alteração das Circunstâncias** 177

5.1. A Resolução pela quebra da confiança e o inadimplemento
substancial (*fundamental breach*) 179
5.2. A Resolução pela quebra da confiança no contexto
da "alteração das circunstâncias" 188
    5.2.1. A origem comum na cláusula *rebus sic stantibus* 190
    5.2.2. Da teoria do risco e o caráter incompleto
    dos contratos de longa duração 194
        5.2.2.1. A Resolução pela quebra da confiança
        e a impossibilidade superveniente ou força maior 203
        5.2.2.2. A Resolução pela quebra da confiança e a frustração
        do fim do contrato 205
        5.2.2.3. A Resolução pela quebra da confiança, a quebra da base
        do negócio e o Hardship 207
        5.2.2.4. Conclusão 219

Capítulo 6
**Outros Aspectos Relevantes da Resolução:
Qualificação, Efeitos, Perdas e Danos e Renúncia**. 221

6.1. Resolução ou resilição? 221
6.2. Efeitos da Resolução pela quebra da confiança. 228

6.3. Perdas e danos na resolução pela quebra da confiança 233
6.4. Renúncia à Resolução pela quebra da confiança 237

Capítulo 7
Aplicação do Instituto ao Direito Brasileiro 245

Conclusões 257

Referências 263

INTRODUÇÃO

Este trabalho é fruto da dissertação produzida para a o Mestrado em Direito Internacional e Integração Econômica da Universidade do Estado do Rio de Janeiro (UERJ), defendida em fevereiro de 2018, perante a banca formada pela Professora Carmen Tibúrcio (orientadora) e os professores Gustavo Kloh e Lauro Gama Jr.

A bibliografia explorada é, quase integralmente, fruto de pesquisa realizada no Instituto Max Planck de Direito Internacional e Comparado (*Max-Planck-Institut für ausländisches und internationales Privatrecht*), em Hamburgo, na Alemanha, onde o autor foi pesquisador-visitante. O primeiro contato com o tema, no entanto, foi no II Workshop sobre os Princípios do UNIDROIT e o Direito brasileiro, realizado na PUC-Rio em 07.11.2016, sob a coordenação do prof. Lauro Gama Jr. e do Dr. José Ângelo Estrella-Faria, Secretário do UNIDROIT à época, de cuja organização o autor teve a honra de participar. Nesta oportunidade, discutiu-se a Reforma dos Princípios, que resultou na versão publicada em maio de 2016.

A Reforma teve como objetivo inserir uma série de dispositivos que tratassem especificamente dos Contratos de longa duração, tais como o dever de renegociar diante da alteração das circunstâncias, a regulação dos grupos de contratos e o dever de cooperação. Uma das propostas mais importantes foi a *Termination for Compelling Reasons*, tema deste trabalho, um instituto inspirado no §314 do Código Civil alemão (BGB), que permite que diante de uma "justa causa" (*Compelling reason*) que leve à ruptura da confiança entre as Partes, seja possível a resolução do contrato antes do final do seu prazo.

A discussão sobre o tema no evento foi intensa. Muitos manifestaram preocupação com a possível incerteza gerada pelos institutos, sobretudo diante da importância econômica e social que os contratos de longa duração costumam ter. No entanto, houve consenso de que há, de fato, hipóteses em que a confiança na relação é tão importante que, diante de um evento que leve à sua ruptura, o ordenamento deveria permitir a sua resolução, sobretudo no contexto conturbado que o país enfrentava (enfrenta?) à época.

Os debates ocorridos no evento no Rio de janeiro foram, guardadas as proporções, muito similares aos enfrentados no seio do *Working Group* para a Reforma dos Princípios. Infelizmente, no entanto, o *Governing Counciul* do UNIDROIT optou por rejeitar a proposta para a inclusão da *Termination for Compelling Reasons*, sob o entendimento de que (i) tratava-se de uma particularidade do direito alemão e não de uma prática consagrada e (ii) a hipótese poderia gerar muita insegurança e imprevisibilidade, sobretudo pela perspectiva do *pacta sunt servanda* e da conservação dos negócios jurídicos, que são elementos nucleares dos Princípios do UNIDROIT.

O tema, portanto, é desafiador. A Reforma dos Princípios chamou atenção para uma questão essencial no debate sobre direito contratual: os contratos de longa duração têm particularidades em relação aos contratos de execução imediata, que os fazem merecedores de tratamento específico, sistematizado, que não é oferecido por nenhum ordenamento consolidado.

Dentre estes elementos particulares, chama atenção a importância do vínculo de confiança nos contratos de longa duração, sobretudo aqueles com forte carga relacional. De acordo com a *Termination for Compelling Reasons*, a importância é tamanha que sua ruptura deveria permitir a resolução precoce de contrato. Analisando os exemplos hipotéticos apresentadas na proposta, como o caso em que um distribuidor seria adquirido por um concorrente direto do fabricante, percebe-se que, diante deste "evento disruptivo", a confiança na continuidade da relação fica abalada, sobretudo pela possibilidade de o concorrente ter acesso a informações estratégicas do fabricante. Assim, ainda que não haja inadimplemento, haveria uma ruptura na confiança que deveria permitir a resolução do contrato antes do prazo.

Este racional pode se aplicar perfeitamente ao cenário brasileiro, seja por conta dos eventos inegavelmente disruptivos que o país vem enfrentando, seja pelo fato de que o mundo como um todo vem mudando radicalmente nos últimos anos – haja vista a pandemia da COVID-19, que afetou o planeta em escala vista, *talvez*, somente na 2ª Guerra Mundial.

Não é incomum, no entanto, que os contratos de longa duração tenham sido elaborados num outro contexto, num mundo bastante diferente, quando as partes não podiam contemplar certas mudanças de cenário. Fatos que não tinham relevância no mundo dos negócios agora têm, como questões relacionadas à agenda ESG (*Environmental, social and corporate governance*). Pode-se contemplar inúmeros exemplos *hipotéticos*: um atleta ou um *influencer digital* pode ser visto violando medidas de isolamento em meio à pandemia da COVID-19, levando à ruptura do contrato por seu patrocinador; um fabricante pode descobrir que um de seus fornecedores usa trabalho infantil ou madeira de origem ilegal em sua linha de produção, violando políticas de *compliance* não previstas quando o contrato fora assinado; um parceiro numa *Joint-venture* pode ser pego num escândalo de corrupção, causando danos reputacionais insuportáveis, inviabilizando a parceria, etc[1]. As possibilidades desafiam a criatividade – afinal, não há roteirista que supere a realidade, que vez por outra nos surpreende com um "cisne negro" diferente. O *bottom line* é que contratos de longa duração são sensíveis à ocorrência de eventos disruptivos que podem afetar a relação de modo a tornar inexigível a sua continuidade até o final.

Isso ocorre porque os contratos de longa duração tem como característica marcante serem "incompletos", no sentido de que as partes não tem condições, sequer cognitivas, de prever todas as contingências a que a relação contratual pode estar sujeita durante a sua vigência, que pode ser de anos ou mesmo décadas. Ainda que essa previsão fosse possível, num esforço incomum de futurologia, seria economicamente ineficiente, na medida em que os contratos seriam literalmente imensos (ainda maiores que já o são) e caríssimos – e ainda assim estariam sujeitos a eventos disruptivos imprevistos ou de consequências imprevistas.

Por conta desta natureza incompleta, os contratos de longa duração são mais sensíveis a "alterações das circunstâncias", que podem se manifestar não apenas na impossibilidade do cumprimento (força maior) ou no desequilíbrio

---

[1] Importante notar que os exemplos em questão não implicam, necessariamente, à quebra da confiança de um contrato. Como se verá, essa análise é casuística e depende das particularidades de cada relação contratual.

econômico-financeiro (*hardship*), mas também na ruptura do vínculo de confiança que mantém a relação contratual. A *Termination for Compelling Reasons* buscava contemplar justamente esta hipótese – no entanto, infelizmente foi rejeitada pelo UNIDROIT, que optou por não incluí-la na última versão dos Princípios.

Mesmo assim, certo de que o tema é útil e desafiador, optamos por mergulhar no tema a fim de entender não apenas a proposta apresentada ao UNIDROIT e as razões para a sua rejeição, mas as suas raízes germânicas, a fim de descobrir, afinal de contas, porque o direito alemão permite que um contrato de longa duração seja resolvido antes do final do prazo diante de uma "justa causa".

Para tanto, foram essenciais as pesquisas feitas no Instituto Max Planck de Direito Internacional e Comparado, onde o autor pôde se debruçar sobre o tema, concluindo que, ao permitir a Resolução pela quebra absoluta da confiança, o direito alemão se coloca na vanguarda do direito contratual, por reconhecer a importância do vínculo de confiança nos contratos de longa duração, cuja ruptura deve permitir o encerramento precoce da relação – não apenas para alguns contratos típicos, como os de agência, distribuição, prestação de serviços e sociedade, mas para todos os contratos de longa duração.

Para tanto, o trabalho foi organizado da seguinte forma:

a) **Capítulo 1** – neste capítulo, apresentamos a premissa maior de que os Contratos de longa duração vêm alcançando cada vez mais importância no cenário econômico mundial, sobretudo por conta na mudança no perfil da economia nas últimas décadas. A produção internacional passou a se dar por meio de "Cadeias Globais de Valor" (*Global Value Chains*), nas quais os produtos são produzidos de forma fragmentada, por empresas diferentes e em países diferentes. Estas cadeias são mantidas por meio de contratos de longa duração. Além disso, o perfil do comércio internacional também mudou, abandonando o modelo de compra e venda de mercadorias rumo a uma economia de serviços, que também envolve relações de longo prazo. Argumentamos que a dogmática contratual clássica, baseada no paradigma do contrato de execução imediata, não atende à demanda deste novo contexto. Por isso, é necessário desenvolver um novo arcabouço jurídico que contemple as particularidades destas relações de longa duração, que não raro contém também elementos relacionais. A Reforma dos Princípios do UNIDROIT se insere neste contexto e a *Termination for Compelling Reasonsons* é um destes institutos que atende às particularidades do contrato de longa duração;

b) **Capítulo 2** – neste capítulo analisamos a trajetória da proposta da *Termination for Compelling Reasonsons* no UNIDROIT, que remonta ao processo de elaboração da terceira edição dos Princípios, publicada em 2010. O capítulo faz uma breve análise da origem, natureza e a função dos Princípios, que vem se consolidando como a *Global Background Law*, ou seja, uma referência de boas práticas contratuais. Analisamos também o debate sobre em que medida os Princípios, que se organizam como um *Restament* devem inovar, propondo normas que não são amplamente adotadas ou se devem se limitar a reunir apenas as práticas consagradas. Por fim, analisamos a tramitação da Reforma concluída em 2016, a fim de entender não apenas o teor da proposta da *Termination for Compelling Reasonsons*, mas também as razões que levaram à sua rejeição;

c) **Capítulos 3 a 6** – nestes capítulos analisamos as raízes germânicas da Resolução por justa causa (*Kündigung aus wichtigem Grund*), com foco no §314 do BGB. Iniciamos (cap. 3) analisando a origem do instituto no direito alemão e o reconhecimento da hipótese pela doutrina portuguesa, o que é importante para demonstrar que não se trata de um instituto insular, uma particularidade germânica, mas de um instituto inerente ao regime aplicável aos contratos de longa duração. Na sequência, analisamos (cap. 4) os elementos nucleares do instituto, que são os contratos de longa duração, com foco no seu aspecto relacional e o conceito de "justa causa", deixando claro que pode se manifestar como um inadimplemento ou como a ruptura da confiança "pura", em sentido estrito, ou seja, sem envolver um inadimplemento. Neste ponto em particular, buscamos ir mais fundo na análise da relação de confiança que existe nos contratos de longa duração e, inspirados pela doutrina de Carneiro da Frada, propomos o conceito de "confiança relacional", que é justamente o vínculo, a argamassa que mantém as partes unidas. Depois (cap. 5) comparamos o instituto com outros semelhantes, como o inadimplemento substancial (*fundamental breach*) e os institutos que tratam da "alteração das circunstâncias", como a impossibilidade superveniente, a frustração do fim do contrato e o *hardship*. Depois analisamos os aspectos procedimentais, os efeitos da Resolução, as particularidades das perdas e danos e a possibilidade de renúncia prévia à resolução pela quebra absoluta da confiança (cap. 6);

d) **Cap. 7** – neste capítulo apresentamos algumas reflexões sobre a possibilidade de aplicação do instituto no direito brasileiro;

e) **Conclusão** – por fim, sumarizamos a conclusão do trabalho, com destaque para (i) a necessidade de desenvolver um tratamento sistêmico para os contratos de longa duração diante da insuficiência da dogmática tradicional, (ii) o fato de que a Resolução pela quebra absoluta da confiança ser um aspecto inerente aos contratos de longa duração.

Por último, chamamos atenção para as nomenclaturas adotadas.

Adotamos a nomenclatura "Contrato de longa duração" com base no conceito adotado pelos Princípios do UNIDROIT. Ressaltamos, no entanto, que ainda há divergência doutrinária doutrinário sobre o tema, havendo tanto diferentes nomenclaturas (contratos complexos, *life-time contracts*, etc.) como diferentes concepções de contratos de longa duração. Entendemos, no entanto, que o conceito adotado pelo UNIDROIT é o mais adequado por contemplar três variáveis essenciais: o tempo, a complexidade e o aspecto relacional.

Quanto à tradução de *Termination for Compelling Reasons* ou *Kündigung aus wichtigem Grund*, adotamos "Resolução por justa causa". Além disso, adotamos a nomenclatura "Resolução por quebra absoluta da confiança" porque, na essência, é do que o instituto se trata – a "justa causa" nada mais é que um evento disruptivo que causa a ruptura do vínculo de confiança entre as Partes, legitimando a resolução.

Sobre as fontes em língua estrangeira, as transcrições do BGB foram feitas em inglês, de acordo com a tradução oficial disponível em https://www.gesetze-im-internet.de/englisch_bgb/. As fontes em inglês foram mantidas neste idioma, sendo transcritas em português apenas na existência de tradução oficial, como ocorre com os Princípios do UNIDROIT (versão de 2010) e com a CISG. As fontes de idiomas latinos (espanhol e francês) foram mantidas no original.

A expressão *hardship* foi utilizada para se referir indistintamente a todas as teorias que tratem do desequilíbrio contratual superveniente, como a "perda da base do negócio" do direito alemão e a "onerosidade excessiva" do direito brasileiro. Sabemos que há diferença entre os institutos, mas todos compartilham de um núcleo comum, que é a ocorrência de um desequilíbrio econômico-financeiro superveniente.

As referências à CISG (United Nations Convention on Contracts for the International Sale of Goods), PECL (Principles of European Contract Law), DCFR (Draft of the Common Frame of Reference) e CESL (Common European Sales Law) serão feitas apenas através das respectivas siglas.

O mesmo ocorre com o UNIDROIT (International Institute for the Unification of Private Law) e com os Princípios do UNIDROIT (UNIDROIT Principles of International Commercial Contracts), quando será utilizada apenas a nomenclatura "Princípios" ou "Princípios do UNIDROIT".

Capítulo 1
O Contrato de Longa Duração como o Novo Paradigma, a Reforma dos Princípios do UNIDROIT e o §314 do BGB

> *"LTICT's [Long-Term International Commercial Transactions] are becoming more the norm than the exception in the sphere of international trade. The reason for this is that they are the most appropriate tool available to meet the demands of an ever-increasing sophistication in prevailing technological and financial techniques. They mobilize financial, operational and manpower capacities that are beyond the means of any single enterprise. Long gone are the days when the discrete direct exchange dominated cross-border transactions. Even international sales contracts nowadays encompass a long-term commitment, such as periodical sales. It is this enormous increase in the use of LTICTs that renders a study of their conceptual basis of significant importance and interest."*[2]

O tema dos contratos de longa duração vem, há anos, sendo alvo de grande inquietação na doutrina internacional, em função da sua crescente importância econômica e social[3]. Há, inclusive, diversas nomenclaturas diferentes

---

[2] NASSAR, Nagla, **Sanctity of Contracts Revisited: A Study in the Theory and Practice of International Commercial Transactions**, Boston: Springer, 1994, p. 1.

[3] *"First of all, the complex long-term contract differs from many other contracts on that it is not geared to a unique, discrete, transaction. As pointed out by Otto von Gierke in 1914, this model of the once-only, discrete transaction underlies the general approach to the law of contracts to be found in the German Civil Code (BGB). Otto von Gierke's concern was with so-called Dauerschuldverhältnisse, i.e., contracts for the*

que tratam do fenômeno dos contratos de longo prazo e que vão além dos contratos de "execução continuada ou diferida", como previsto no art. 478 do Código Civil brasileiro.

O UNIDROIT adotou a nomenclatura *Long-term contracts* (Contratos de longa duração), que entendemos ser a mais adequada, na medida em que contempla o aspecto relacional do contrato e a complexidade da operação econômica. Paulo Araújo, por sua vez, menciona a existência dos *contratos di duratta* na doutrina italiana e dos *contrats successifs* na doutrina francesa, além de propor um conceito de contrato de longa duração que se difere do adotado nesta obra, que toma por base o adotado pelos Princípios do UNIDROIT[4].

Na Europa, podemos mencionar o *European Social Contract* (EuSoCo), grupo de estudos que desenvolve um arcabouço teórico para os chamados *Life-time contracts*, que seriam contratos que tem grande importância na vida

---

performance of continuing obligations to a recurrent and largely unchanging nature such as rentals, loans, periodical services, etc., and he proposed general principles for the handling of these. The courts and the legal literature followed his suggestions and an ever more precise and exhaustive system of regulations for this specific kind of contractual relation has been the result. Between the discrete transaction agreement and the 'Dauerschuldverhältnisse' we have the complex long-term contract (...) The main difference between classical 'Dauerschuldverhältnisse'" (rentals, etc.) on the one hand and complex long-term contracts on the other is that in the former case the parties recurrently exchange goods or services against payment for the duration of the contract. In complex long-term contracts, however, we are dealing with the joint performance of a project, usually involving a large number of participants and extending over a lengthy period of time". VELLOSO, Adolvo Alvarado *et al*, **The Complex Long-Term Contract**, 6a. ed. Heidelberg: C.F. Muller Juristischer Verlag, 1986, p. 25.

[4] Em seu trabalho, Paulo Araújo analisa algumas correntes contemporâneas que tratam da disciplina dos contratos de longa duração. O autor analisa as obras do Giorgio Oppo e seus *Contratti di Duratta*, que destacou a necessidade de tratamento específico destes contratos, a obra de Ian Macneil e os "contratos relacionais", que é primordial para este trabalho, a obra de Jaques Azéma, com os *"contratos sucessiffs"*, que destaca a diferença entre contratos com prazo determinado e indeterminado e finalmente a teoria da profa. Claudia Lima Marques e os "contratos cativos de longa duração" no campo do consumidor. Ao final, Araújo propõe uma classificação de "contratos de longa duração" que difere da adotada nos Princípios do Unidroit. Para ele, os contratos de longa duração "são feitos para durar", o que excluiria, por exemplo, contratos de empreitada. ARAUJO, Paulo Dóron Rehder de, **Prorrogação compulsória de contratos a prazo**, Universidade de São Paulo, 2011, cap. 3. Nosso entendimento é diverso, na medida em que não se deve excluir os contratos de escopo limitado, porém de longa duração, desta classificação, pois eles estão igualmente sujeitos à incidência de "efeitos disruptivos" que podem legitimar a sua resolução.

das pessoas, impactando na sua moradia (locação), sustento (trabalho) ou aquisição de bens (crédito)⁵.

Além disso, há também os chamados *organizational contracts*, um conceito desenvolvido no seio de outra iniciativa europeia, chamada Society of European Contract Law (SECOLA). Estes contratos tratariam de um fenômeno que vai além dos contratos de execução imediata e que regulam operações econômicas complexas⁶. Ainda nesta linha, existem também os *Complex Long-term contracts*, uma nomenclatura adotada na arbitragem internacional, que se refere a contratos envolvendo grandes operações de infraestrutura, transporte e exploração de recursos naturais estruturados por meio do *Project finance*⁷.

Essas diferentes iniciativas e nomenclaturas demonstram que o direito contratual se encontra num momento de "caos criativo" e compartilham um elemento comum: desenvolver um arcabouço jurídico que lide com operações

---

⁵ *"The book is concerned with life-time contracts, the group of contracts that generally have the most important role to play in people's daily lives and existence. These establish social long-term relations that, with regard to certain periods of the lifetime of the individuals, provide essential goods, services, labor and income opportunities for self-realization and participation"*. NOGLER, Luca; REIFNER, Udo, The new dimensions of life time in the law of contracts and obligations, *in*: NOGLER, Luca; REIFNER, Udo (Orgs.), **Life Time Contracts**, The Hague: Eleven International Publishing, 2014, p. 1. O manifesto do Grupo pode ser encontrado em **EuSoCo Declaration**, disponível em: <http://www.eusoco.eu/?page_id=685>, acesso em: 12 jan. 2018.

⁶ *"The phenomenon is – broadly speaking – that within contracts a more radical distinction should be made between those which regulate single or spot exchanges and those that organize complex economic activities without creating a new legal entity. This distinction goes beyond that between spot and relational contracts because it focuses on the organizational dimension of contracting and its governance features"*. GRUNDMANN, Stefan; CAFFAGI, Fabrizio; VETTORI, Giuseppe, **The Organizational Contract – from exchange to long-term network cooperation in European Contract Law**, London: Routledge, 2013, p. 1.

⁷ Estes contratos "complexos" teriam elementos que ultrapassariam não apenas os contratos de execução imediata, mas os contratos de longa duração "simples", na medida em que se mantém por meio do fluxo de caixa gerado pelo próprio projeto em questão (*Project finance*): *"there is a significant difference between typical synallagmatic contracts, such as sales and construction contracts, and complex long-term contracts based on income stream. In typical synallagmatic contracts the purpose of the contract is the delivery of goods or services to the other party against the payment of the price agreed. In complex long-term contracts based on income stream, such as joint venture agreements, concessions for toll roads, PPPs or BOT projects, the parties contribute assets of any kind including concessions in order to generate income from a third party, which is the market. As a result, the generation of the income stream is the very purpose of such contracts"*. WÖSS, Herfried et al, **Damages in International Arbitration under complex long-term contracts**, Oxford: Oxford University Press, 2014, p. Item 3.42.

econômicas complexas e que não são atendidas adequadamente pela dogmática tradicional, baseada nas teorias voluntaristas e na ordem econômica pós-revolução industrial, que tem no contrato de compra e venda seu paradigma.

Tudo isso é verdadeiro, pois a economia vem se tornando cada vez mais complexa nas últimas décadas. O comércio internacional, outrora baseado em trocas de *commodities* e produtos fabricados integralmente em determinados países, passou a se estruturar por meio de cadeias de distribuição globais (*Global Value Chains*) nas quais cada parte de um determinado produto é produzida numa parte do mundo[8], muitas vezes por empresas diferentes[9]. Estas cadeias são ligadas por relações contratuais de longo prazo, nas quais o traço mais importante não é somente a "troca" de mercadorias, mas o fluxo contínuo e o aspecto relacional, o que se traduz na crescente importância dos serviços em relação às operações de compra e venda[10], sendo comuns os casos

---

[8] O relatório produzido pela Organização Mundial do Comércio (OMC) não deixa dúvida quanto à centralidade das cadeias de distribuição globais (*"Any discussion today of international trade and investment policy that fails to acknowledge the centrality of global value chains (GVCs) would be considered outmoded and of questionable relevance"*). ELMS, Deborah K; LOW, Patrick, **Global value chains in a changing world**, Geneva: WTO, 2013. O vídeo produzido pela OCDE resume de forma bastante clara como funciona o processo de produção no seio das cadeias globais de valor: **Global Value Chains (GVCs) – OECD**, disponível em: <http://www.oecd.org/sti/ind/global-value-chains.htm>, acesso em: 12 jan. 2018.

[9] A cadeia de produção do Iphone é um exemplo perfeito deste novo tipo de integração comercial que vem prevalecendo no comércio internacional. Diversas empresas participam da produção de cada parte do produto, como a Bosch, na Alemanha, a Samsung, na Coréia do Sul, semicondutores nos Estados Unidos, câmeras no Japão, etc. A montagem, por sua vez, ocorre principalmente na China. Informações sobre a cadeia de produção da Apple, com imagens, podem ser encontradas em **Where are Apple products made? How much does the iPhone cost to make? – Macworld UK**, 17.09.2017, disponível em: <https://www.macworld.co.uk/feature/apple/where-are-apple-products-made-3633832/>, acesso em: 12 jan. 2018; **Apple's Supply Chain Gearing-up for 80Million iPhone Sales in 2014 – Supply Chain 24/7**, disponível em: <http://www.supplychain247.com/article/apples_supply_chain_gearing_up_for_80million_iphone_sales_in_2014>, acesso em: 12 jan. 2018; **The global supply chain behind the iPhone 6**, disponível em: <https://betanews.com/2014/09/23/the-global-supply-chain-behind-the-iphone-6/>, acesso em: 12 jan. 2018.

[10] O relatório da OMC ressalta a importância dos serviços nas cadeias de distribuição globais (*"Services have sometimes been referred to as the glue that holds supply chains together and ensures that they function in a fluid manner"*). ELMS; LOW, **Global value chains in a changing world**. A observação é reforçada por um relatório produzido pelo Forum Econômico Mundial, que afirma que bens e serviços são inseparáveis no contexto das cadeias globais de valor (*"Services are playing a key role in the operation of these GVCs and international production networks, especially*

em que, por exemplo, a venda de uma máquina industrial está atrelada a um contrato de prestação de serviços de manutenção. A questão é muito bem colocada por Leandro Tripodi, ao discutir as diferenças contextuais no perfil do comércio internacional antes e depois da edição da CISG, o que poderia, inclusive, levar à sua obsolescência[11]:

> Globalization has also introduced greater interdependence between economic agents. Interdependence of economic agents translates into the interdependence of their contracts. Decentralized manufacturing and the transition from an industrial to a service economy have had a deep impact for both economic agents and economic transactions. Production chains have become less stable and are now characterized by pulverization and the volatility of business links, as well as by a network architecture. Contracts involving both complexity (sale of goods combined with the provisions of services, agency, franchise, licensing, etc.) and colligation (i.e., contracts bearing ties with each other) have become commonplace. The contract is now an instrument of innovation and competition, not only of the circulation of merchandise.

---

transport, communications, and other business services, the fastest-growing component of world trade. Goods and services are now fully intertwined and inseparable in production, and investment decisions are pushing international trade flows and patterns". STEPHENSON, Sherry, **Global Value Chains: The New Reality of International Trade**, Geneva: International Centre for Trade and Sustainable Development (ICTSD) and World Economic Forum, 2014. Um resumo em português pode ser encontrado em SHERRY M. STEPHENSON, **Cadeias globais de valor: a nova realidade do comércio internacional | International Centre for Trade and Sustainable Development**, disponível em: <https://www.ictsd.org/bridges-news/pontes/news/cadeias-globais-de-valor-a-nova-realidade-do-comercio-internacional>, acesso em: 12 jan. 2018.

[11] TRIPODI, Leandro, **O Direito Uniforme da Venda no Século 21: Caducidade e Renovação da CISG**, Universidade de São Paulo, 2014, p. 30. Sobre a inadequação da CISG para este novo contexto, o autor afirma o seguinte: *"The CISG is a pre-servitilization legal text. Its approach to goods considers it possible to attain a clear estimation of the gods component and the service component involved in a sales transaction. Such estimation is in turn used to make a decision on the applicability of the Convention. The CISG also embraces the premise that goods have a sufficiently definite purpose, which is considered as the prevailing factor in determining their conformity to the contract, should contractual provisions to that effect be absent or insufficient. Non-servitized products pas excellence, such as basic materials, are not the CISG's forte on the other hand".* P. 70.

Além disso, as grandes parcerias comerciais não precisam necessariamente ocorrer no seio de sociedades empresárias, como ocorreu historicamente[12], passando a se estruturar por meio de parcerias como as *joint-ventures* contratuais[13], notadamente no mercado de energia, assim como os Consórcios, muito comuns no setor de infraestrutura.

O futuro, inclusive, testemunhará uma mudança na relação das pessoas com os bens, que não serão mais *comprados*, mas *utilizados*, passando de uma relação de compra para uma relação de uso[14]. É a "economia compartilhada", que já vem gerando inequívocos efeitos disruptivos no mundo todo, num processo que está longe de se estabilizar[15].

---

[12] Sobre a importância da sociedade por ações (a "companhia") no desenvolvimento de grandes projetos na história da humanidade, ver MICKLETHWAIT, Jonh; WOOLDRIDGE, Adrian, **The Company: a short history of a revolutionary idea**, New York: Modern Library, 2003. Na conclusão do trabalho, o autor sugere que o futuro da "companhia" envolveria justamente a integração entre diferentes empresas no processo de produção, o que de fato é a tendência atual (*"The trend at the moment is for the corporation to become ever less "corporate": for bigger organizations to break themselves down into smaller entrepreneurial units"* – loc. 2530-2531).

[13] Segundo a profa. Marilda Rosado, a joint venture seria *"uma 'reunião de forças entre duas ou mais empresas do mesmo ramo ou de diferentes países, com finalidade de realizar uma operação específica (industrial, comercial, de investimento, produção ou comercialização externa)"*. A autora discorre com propriedade sobre a importância das joint-ventures na indústria do petróleo, ressaltando se tratam de modalidades de associação empresarial que podem ocorrer pela via societária ou pela via contratual. ROSADO, Marilda, **Direito do Petróleo**, Rio de Janeiro: Renovar, 2014, p. 147/224.

[14] Especula-se que o futuro do mercado automobilístico está no uso do veículo, no seu compartilhamento e não na sua propriedade pelos usuários. Isso se prova pela recente explosão de serviços de "carro por assinatura", em que o motorista tem direito a usar o carro por um período longo, em lugar de comprometer seu capital em uma aquisição. Segundo matéria do Wall Street Journal, *"Cars are going to undergo a lot of changes in the coming years. One of the biggest: You probably won't own one (...) Thanks to ride sharing and the looming introduction of self-driving vehicles, the entire model of car ownership is being upended—and very soon may not look anything like it has for the past century. Drivers, for instance, may no longer be drivers, relying instead on hailing a driverless car on demand, and if they do decide to buy, they will likely share the vehicle—by renting it out to other people when it isn't in use"*. **The End of Car Ownership – WSJ**, 20.06.2017, disponível em: <https://www.wsj.com/articles/the-end-of-car-ownership-1498011001>, acesso em: 12 jan. 2018.

[15] Além dos evidentes exemplos de companhias como a Uber e o AirBnb, que prestam serviços de transporte e hospedagem sem possuir carros ou propriedades, a tendência é que toda a relação com o consumo mude, saindo de um paradigma da acumulação através da aquisição de bens para alguma forma de uso compartilhado, ou da predominância da locação. Neste sentido, *"Collaborative Consumption is not a niche trend, and it's not a reactionary blip to the 2008 global financial crisis. It's a growing movement with millions of people participating from all corners of the world (...). The convergence of social networks, a renewed belief in the importance of community, pressing*

O direito contratual clássico não foi feito para este contexto. A dogmática tradicional foi elaborada para uma outra ordem econômica e filosófica. Há consenso na doutrina quanto à insuficiência do direito da ordem voluntarista diante da complexidade da sociedade atual. O direito, no entanto, não desenvolveu um arcabouço teórico e institucional que possa lidar, por completo, com as relações contratuais contemporâneas[16], que são um reflexo da complexidade das relações econômicas e sociais atuais. A pretensão napoleônica de construir um Código – e um direito civil – que desse conta de todas as relações fracassou diante do dinamismo da história.

A doutrina, é bem verdade, superou a dogmática liberal clássica. No que diz respeito ao direito contratual, no entanto, o arcabouço teórico ainda se baseia fortemente no paradigma da compra e venda, no qual a formação do contrato ocorre num dado momento fixo do tempo, as obrigações são claras e os riscos são bem delimitados. Os contratos de longa duração, em toda a sua complexidade, não funcionam desta maneira. Nestes, a formação do contrato é contínua e o contrato se adapta no tempo, evoluindo de acordo com as interações entre as partes durante a sua vigência[17].

environmental concerns, and cost consciousness are moving us away from the old top-heavy, centralized, and controlled forms of consumerism toward one of sharing, aggregation, openness, and cooperation". BOTSMAN, Rachel; ROGERS, Roo, **What's Mine Is Yours: The Rise of Collaborative Consumption**, New York: HarperCollins, 2010, p. loc. 227.

[16] *"For a large variety of Reasons, most of them historical, the majority of legal systems are oriented, as fas as contract regulation is concerned, towards the classical discrete transaction model. There is hence either total neglect or insufficient consideration of the complex long-term contract, which in connection with the progress made in science and technology is becoming an increasingly significant feature of legal reality"* VELLOSO et al, **The Complex Long-Term Contract**, p. VII.

[17] Paulo Araújo afirma que *"nas relações jurídicas de duração alongada a interação entre as partes é cíclica e periódica, repetindo-se de tempos em tempos (...) Esse vai e vem entre proximidade e distanciamento, entre alta e baixa intensidade de relacionamento leva a doutrina francesa a dizer que o tempo contratual nas relações jurídicas duradouras não é linear, mas circular. A cada período, as partes emitem declarações de vontade novas, geram obrigações novas, cumprem essas obrigações e voltam ao estado de espera em que se encontravam. É um ir e vir repetitivo que marca a relação jurídico-contratual (...) Diante disso, afirma-se que o contrato ou a relação contratual de longa duração está em constante formação. Não há propriamente um único momento em que todas as regras e condições contratuais estão definidas, como queriam os voluntaristas. Há uma combinação construtiva entre o contrato e o tempo, que permite ao contrato superar os obstáculos ligados à inconstância do tempo, permitindo assim sua evolução ao longo da duração da relação jurídico contratual. O pacto contratual vai sendo construído pelas partes ao longo do tempo, conforme a relação jurídica entre elas se desenvolve".* ARAUJO, **Prorrogação compulsória de contratos a prazo**, p. 71/73.

Além disso, estes contratos são necessariamente incompletos, na medida em que é humanamente impossível – e economicamente inviável – prever todas as contingências as quais estarão sujeitos durante a sua vida contratual, que pode durar anos, décadas ou mesmo uma vida inteira[18]. Por isso, contratos de longa duração são mais sensíveis a eventos supervenientes, sobretudo aos "cisnes negros", que, por sua natureza, não fazem parte do cálculo de risco dos agentes[19] – como a pandemia que deixou a economia global em estado de hibernação[20].

[18] *"Long-term contracts are incomplete, often both literally and economically. Literal incompleteness refers to the situation where the contract does not deal with all possible situations, either because there is no clause dealing with the current problem (linguistic under-determination) or because some contractual clauses conflict in the circumstance (literal over-determination). Both situations are part of the general class of 'unforeseen contingencies', meaning that the contract does not foresee a way of dealing with the current circumstances regardless of the fact that the parties have or could have foreseen the situation themselves (...) The incomplete contract literature deviates from the complete transacting assumption in an attempt to create a theory that explains the prevalence of highly incomplete contracts in practice".* VAN DER BEEK, Nick, Long-term Contracts and Relational Contracts, *in*: GEEST, Gerrit De (Org.), **Contract Law and Economics,** Washington: Edward Elgar Publishing, 2011, p. 189. Sobre o tema, em português, ver CATEB, Alexandre Bueno; GALLO, José Alberto Albeny, Breves Considerações sobre a Teoria dos Contratos Incompletos, **Latin American and Caribbean Law and Economics Association (ALACDE) Annual Papers,** 2007.

[19] "Cisne negro" é uma nomenclatura cunhada por Nassim Nicholas Taleb para se referir a um acontecimento excepcional, impactante e imprevisível: *"First, it is an outlier, as it lies outside the realm of regular expectations, because nothing in the past can convincingly point to its possibility. Second, it carries an extreme impact (unlike the bird). Third, in spite of its outlier status, human nature makes us concoct explanations for its occurrence after the fact, making it explainable and predictable"* (pos. 270). Mas não se trata somente de um evento imprevisível. Na lógica de Taleb, existem os fatos que sabemos que sabemos – todos sabemos que o sol nascerá amanhã –, os fatos que sabemos que *não* sabemos – eu sei que *não* sei se irá chover daqui a 135 dias – e os fatos que *não sabemos que não sabemos.* São esses os cisnes negros, ou seja, fatos cujo desconhecimento é tamanho que sequer podemos nos prevenir quanto ao seu impacto e, por consequência, não compõem o cálculo do risco dos contratantes na elaboração de um contrato de longa duração. Afinal, as partes podem assumir riscos sobre fatos previsíveis (concluir a terraplenagem de um terreno antes da temporada de chuvas) e precificar riscos sobre fatos imprevisíveis (considerar que uma greve não é evento de força maior), se protegendo através da contratação de um seguro, por exemplo. No entanto, é virtualmente impossível prever e tomar medidas preventinas sobre aquilo que não se sabe que não se sabe. Nas palavras de taleb: *"How can we know the future, given knowledge of the past; or, more generally, how can we figure out properties of the (infinite) unknown based on the (finite) known?"* TALEB, Nassim Nicholas, **The Black Swan: the impact of the highly improbable,** 2nd (kindl. New York: Random House, 2007, pos. 1182.

[20] Curioso verificar que o autor já declarou não considerar a pandemia um "Cisne negro", por considerar se tratar de evento previsível (BERNARD AVISHAI, **The Pandemic Isn't a**

CAPÍTULO 1- O CONTRATO DE LONGA DURAÇÃO COMO O NOVO PARADIGMA...

Há décadas os economistas descobriram esta lacuna, chamando atenção para as particularidades das relações contratuais de longo prazo e, principalmente, para os chamados "contratos relacionais", que se diferem pela forte interação e cooperação entre as partes, e uma expectativa com o futuro que não ocorre nos contratos de execução imediata.[21]

Existe, portanto, uma insuficiência estrutural no direito contratual, que vem sendo fruto de intensos debates nos últimos anos. Obviamente, o direito não é completamente estranho a estas situações, de modo que uma série de institutos foram se desenvolvendo no último século em função de novas situações cuja solução não se encontrava nos grandes códigos, tendo como exemplo marcante os institutos que tratam da alteração das circunstâncias[22],

---

Black Swan but a Portent of a More Fragile Global System, The New Yorker, disponível em: <https://www.newyorker.com/news/daily-comment/the-pandemic-isnt-a-black-swan-but-a-portent-of-a-more-fragile-global-system>, acesso em: 21 jun. 2021. A afirmação, a nosso ver, é questionável, pois, por mais que pandemias sejam previsíveis – a da COVID-19 não foi a primeira e não será a última – é muito difícil prever a dimensão do impacto da próxima pandemia, que pode ser relativamente pequeno, como pode ser ainda mais catastrófico. De todo modo, a avaliação do impacto de um evento semelhante num determinado contrato deve ser sempre casuística, levando em consideração as particularidades daquela relação específica e não uma qualificação genérica.

[21] *"Research on long-term contracts and their characteristics was first conducted in the disciplines of economics, and the economic analysis of contract law. Here, long-term contracts and their characteristics have been a field of research for many decades"*. DORALT, Walter, Right to Terminate for Compelling Reason (Commentary to Art. 6.3.1 PICC), *in*: JANSEN, Nils; ZIMMERMANN, Reinhard (Orgs.), **Commentaries on European Contract Laws**, Oxford: Oxford University Press, 2018, p. 912–918. No mesmo sentido, sobre as diferenças entre contratos relacionais e de execução imediata: MACNEIL, Ian R., **The new social contract – an inquiry into modern contractual relations**, New Haven: Yale University Press, 1981; EISENBERG, Melvin, Relational Contracts, *in*: BEATSON, Jack; FRIEDMAN, Daniel (Orgs.), **Good faith and fault in contract law**, Oxford: Oxford University Press, 1995, p. 291–304; OLIVER HART; BENGT HOLMSTRÖM, **Contract Theory**, 10.10.2016, disponível em: <https://www.nobelprize.org/nobel_prizes/economic-sciences/laureates/2016/advanced-economicsciences2016.pdf>, acesso em: 24 dez. 2017; FARRAJOTA, Joana, **A Resolução do Contrato Sem Fundamento**, 1a. ed. Coimbra: Almedina, 2015; ARAUJO, **Prorrogação compulsória de contratos a prazo**.

[22] *"A alteração das circunstâncias e a interpretação criativa do Direito interligam-se, em vários níveis. A alteração das circunstâncias traduz, por definição, uma das formas de adaptar estruturas envelhecidas a novos circunstancialismos; ela deixa adivinhar uma contradição enérgica de Princípios capaz de gerar algo de semelhante a uma lacuna; ela utiliza, por fim, dentro das directrizes que a lei dá a seu propósito, múltiplos conceitos indeterminados"*. CORDEIRO, António Menezes, **Tratado de Direito Civil português II, tomo IV**, Coimbra: Almedina, 2010, p. 266.

como a teoria da perda da base do negócio (*Wegfall der Geschäftsgrundlage*), e a "onerosidade excessiva", prevista no art. 478 do Código Civil brasileiro.

Falta, no entanto, elaborar um arcabouço jurídico que ofereça tratamento sistemático aos contratos de longa duração, atendendo às suas especificidades, evitando que a solução dos problemas causados, por exemplo, pela sua intrínseca natureza incompleta, dependa apenas da criatividade da doutrina e da jurisprudência.

Atento a esta necessidade, o UNIDROIT decidiu reformar os Princípios[23] para contemplar disposições aplicáveis especificamente aos contratos de longa duração.[24]

Dentre as diversas novidades estaria a *Termination for Compelling Reasons*, um instituto baseado no §314 do Código Civil alemão que, em poucas palavras, permite que, diante de um evento superveniente que leve à ruptura da confiança entre as Partes, seja possível a Resolução do contrato antes do prazo final.

Como veremos adiante, o §314 do BGB (*Kündigung aus wichtigem Grund*) foi incluído na reforma do direito obrigacional alemão realizada em 2002, juntamente com a positivação da teoria da "Quebra da base do negócio" (*Wegfall der Geschäftsgrundlage*). Ambos os institutos são fruto da atividade criativa da jurisprudência alemã, que foi responsável pela evolução do BGB em diversos aspectos e buscam dar tratamento à ocorrência de eventos supervenientes que afetem os contratos de longa duração.

No caso da "Resolução pela quebra da confiança" – nomenclatura que utilizaremos nesta obra –, a jurisprudência alemã teve o mérito de reconhecer,

---

[23] Nos referimos aos "Princípios do UNIDROIT sobre Contratos Comerciais Internacionais", um dos projetos mais importantes do UNIDROIT. A origem, a natureza e a função deste instrumento serão analisadas adiante, no Cap. 2.

[24] O memorando apresentado na 92ª reunião do Governing Council do Unidroit ressalta o crescente número de decisões envolvendo contratos de longa duração (*"there is an increasing number of decisions relating to long-term contracts such as distributorship, licensing, contractual joint ventures, etc."*) e o fato de que há questões relevantes para estes contratos que não eram contempladas pelos Princípios (*"there can be no doubt that there are still issues particularly relevant in the context of long-term contracts in general, and investment contracts in particular, which the UNIDROIT Principles in their present form do not address at all or do so insufficiently"*) justificariam a revisão dos Princípios para contemplar tais disposições. **UNIDROIT 2013 C.D. (92) 4 (b) – Governing Council 92nd session**, disponível em: <https://www.unidroit.org/english/governments/councildocuments/2013session/cd92-04b-e.pdf>, acesso em: 10 jan. 2018, p. 1/2.

CAPÍTULO 1- O CONTRATO DE LONGA DURAÇÃO COMO O NOVO PARADIGMA...

já no início do século XX, que os contratos de longa duração são sustentados por um tipo particular de vínculo, cuja ruptura não se dá somente diante de um inadimplemento, ainda que grave, ou mesmo de um evento disruptivo que o torne financeiramente desequilibrado, mas por conta da quebra da confiança que afeta a relação de tal maneira que torna inadmissível a sua continuidade até o final previsto.

Assim, tornou-se possível aperfeiçoar a análise do inadimplemento nos contratos de longa duração. Segundo a doutrina, esta avaliação deve se dar sempre de forma prospectiva e não com base apenas na gravidade do descumprimento.[25] Ou seja, o inadimplemento que legitima a Resolução do contrato de longa duração é aquele que inviabiliza o futuro do contrato. Desta forma, dependendo das circunstâncias, a Resolução antes do prazo pode ocorrer em função de um inadimplemento significativo ou de uma sequência de descumprimentos de menor importância, mas que, em conjunto, tornem inexigível a continuidade da relação.[26] O mesmo se aplica à violação dos

---

[25] *"O credor terá normalmente interesse nas prestações subsequentes. Mas um inadimplemento, ainda que de menor importância, já poderá legitimar a resolução se, pela sua natureza e pelas circunstâncias de que se rodeou (p. Ex., desordem nos negócios do vendedor, desorganização da empresa fornecedora ou graves danos sofridos por esta) for de molde a fazer desaparecer a confiança no credor no exacto e fiel cumprimento das prestações subsequentes, ou das obrigações contratuais gerais, para futuro. Ora, esta perda de confiança não tem directamente a ver com a gravidade do inadimplemento, o qual, ainda que em si pouco prejudicial para o interesse do credor, pode legitimar a resolução se as causas que estão na sua origem ou as circunstâncias que o acompanham são de molde a justificar um justo receio quanto ao cumprimento futuro das obrigações contratuais. Aqui o inadimplemento tem a função ou o valor de um elemento sintomático: o que se pergunta é se ao inadimplemento de uma só prestação (ou qualquer forma de inadimplemento) se pode atribuir o referido significado".* MACHADO, João Baptista, Pressupostos da Resolução por Incumprimento, *in:* VASCONCELOS, Pedro Bacelar de (Org.), **João Baptista Machado Obra Dispersa**, 1a. ed. Braga: Scientia Ivridica, 1991, p. 139.

[26] *"A diferença para a resolução dos demais contratos fica patente. Enquanto, nestes, a faculdade de desvinculação imediata pressupõe um incumprimento (lato sensu) de uma obrigação, que revista certa importância ou gravidade (mas que não tem de ser necessariamente culposo), apreciando-se a relevância do não cumprimento a partir do interesse que o credor tem na prestação, a resolução de um contrato duradouro implica um juízo mais global, que atenda à inteira relação existente entre as partes e aos interesses de ambos os contraentes, postulando, além disso, a realização de um prognóstico sobre a viabilidade futura dessa mesma relação. Por outras palavras: em atenção às suas características próprias, nas relações obrigacionais duradouras não está meramente em causa o sinalagma entre duas obrigações avulsas, nem, singelamente, o interesse do credor na realização da prestação devida (e que se conexiona com uma outra, que está a seu cargo); importa, sobretudo, o relacionamento global entre os contraentes e determinar em que medida a sua continuidade fica, ou não, irremediavelmente comprometida por um acontecimento que se*

deveres anexos, cuja importância no contexto das relações de longo prazo é inquestionável.

A maior contribuição do instituto, no entanto, é no contexto da alteração das circunstâncias.[27] Em função do caráter incompleto dos contratos de longa duração, eles são mais sensíveis à ocorrência de "eventos disruptivos" que possam afetar a relação de confiança que os mantém unidos e inviabilizar a continuidade do contrato.[28]

Há diversos cenários em que isso pode ser discutido, como na hipótese de aquisição do distribuidor por um concorrente do fabricante, a ocorrência de crise financeira que levante suspeitas sobre a viabilidade econômica da contraparte ou mesmo o envolvimento do parceiro comercial com suspeitas de corrupção[29] e desvios éticos de toda sorte – o que é particularmente sensível

---

desencadeia após o início da relação". PINTO, Fernando A. Ferreira, **Contratos de Distribuição**, 1a. ed. Lisboa: Universidade Católica Editora, 2013, p. 396/397.

[27] *"If the right to terminate a relational contract for irreconcilable differences were accepted under general contract principles, its scope of application should be limited to situations where, due to a change of circumstances, the confidence between the parties is irrevocably destroyed so as to make it unbearable and impracticable for a party to continue to perform the contract until the agreed termination date or until the end of a notice period"*. BRUNNER, Christoph, Force Majeure and *Hardship* under General Contract Principles: Exemption for Non-performance in International Arbitration, **Kluwer Law International**, 2008, p. 519.

[28] *"The more complex a contract, and the longer its duration, the more incomplete it will necessarily be. Incompleteness is therefore the first challenging aspect"*. DORALT, Right to Terminate for Compelling Reason (Commentary to Art. 6.3.1 PICC). Na doutrina portuguesa, Joana Farrajota segue na mesma linha, afirmando: *"O longo período de vigência destas relações, frequentemente aliado e reflectido na complexidade do programa contratual, reclama uma certa adaptabilidade e flexibilidade perante elementos supervenientes nunca inteiramente previsíveis no momento da estipulação do clausulado que irá reger o negócio. A fixação detalhada do programa contratual é impossível e, não raras vezes, indesejável, na medida em que uma excessiva rigidez pode constituir obstáculo à prossecução dos interesses das partes. O contrato deve ser mantido relativamente aberto. Esta abertura pode realizar-se por duas vias: seja por meio de uma menor densidade do tecido normativo contratual, seja através da previsão de mecanismos de adaptação do contrato"*. FARRAJOTA, **A Resolução do Contrato Sem Fundamento**, p. 340.

[29] Dessemontet, no *position paper* apresentado ao Unidroit em 2007, menciona um caso em que, numa *joint venture* publicitária, uma das partes se viu envolvida em acusações de corrupção. A parte contrária, por sua vez, resolveu o contrato para evitar danos à sua reputação. DESSEMONTET, François, **UNIDROIT 2007 Study L – Doc. 104 – Position Paper with Draft Provisions on Termination of Long Term Contracts for Just Cause**, disponível em: <https://www.unidroit.org/english/documents/2007/study50/s-50-104-e.pdf>, acesso em: 10 jan. 2018.

nos dias de hoje,[30] em que o *compliance*, as políticas ESG e o capitalismo de *stakeholders* são uma tendência irreversível[31].

O estudo da "Resolução pela ruptura absoluta da confiança", portanto, nos permite avançar na disciplina dos contratos de longa duração, que é, sem dúvida, uma das mais importantes "fronteiras" do direito contratual

---

[30] Conforme explica Ingeborg Schwenzer, no mundo atual a responsabilidade corporativa (*Corporate Social Responsibility*) é uma obrigação inerente aos negócios no contexto internacional. SCHWENZER, Ingeborg; LEISINGER, Benjamin, Ethical Values and International Sales Contracts, *in*: CRANSTON, Ross; RAMBERG, Jan; ZIEGEL, Jacob (Orgs.), **Stockholm Centre for Commercial Law Juridiska institutionen**, Stockholm: Justus, 2007, p. 249/275. Leandro Tripodi confirma esta tendência: "*Sustainability was also not a concern of multinational enterprises in 1980 (...) It now reaches beyond discourse and influences foreign investment policies. Countries increasingly target foreign investments that can improve their social and environmental well-being, which in turn leads enterprises to adjust their business models so as to slot in corporate social responsibility standards (...) Whether one likes or not, old-fashioned, business-as-usual international trade has fallen into disrepute*". TRIPODI, **O Direito Uniforme da Venda no Século 21: Caducidade e Renovação da CISG**, p. 31.

[31] Segundo o Fórum Econômico Mundial, o capitalismo de stakeholders "*is a form of capitalism in which companies do not only optimize short-term profits for shareholders, but seek long term value creation, by taking into account the needs of all their stakeholders, and society at large*." (KLAUS SCHWAB; PETER VANHAM, **What is stakeholder capitalism? It's History and Relevance**, World Economic Forum, disponível em: <https://www.weforum.org/agenda/2021/01/klaus-schwab-on-what-is-stakeholder-capitalism-history-relevance/>, acesso em: 21 jun. 2021. Esse movimento vem ganhando tração nos últimos anos. Podemos tomar como referência o manifesto (*statement*) publicado pela Business Roundtable – uma associação que reúne executivos de grandes empresas norte-americanas – em 2019, no qual centenas de CEO's defendem "um novo propósito para as Corporações", que não deveria se limitar à geração de valor para os acionistas, mas também para os trabalhadores e a sociedade em geral (**Statement on the Purpose of a Corporation**, Business Roundtable, disponível em: <https://system.businessroundtable.org/app/uploads/sites/5/2021/02/BRT-Statement-on-the-Purpose-of-a-Corporation-Feburary-2021-compressed.pdf>, acesso em: 21 jun. 2021). A agenda do capitalismo de stakeholders, que se reflete na sigla ESG (Enviromental, Social and Governance) parece ter se consolidado como uma tendência irreversível, havendo iniciativas concretas de diversas instituições financeiras, no Brasil e no mundo. Há quem diga, inclusive, que "no futuro, investimentos serão ESG ou não existirão" (**"No futuro, investimentos serão ESG ou não existirão", diz sócio do BTG**, Exame invest, disponível em: <https://invest.exame.com/esg/no-futuro-investimentos-serao-esg-ou-nao-existirao-diz-socio-do-btg>, acesso em: 21 jun. 2021.). Sobre o tema, recomendamos acessar o relatório com a estratégia ESG do Banco BTG (**INSIDE ESG investindo de forma sustentável**, Banco BTG Pactual, disponível em: <https://static.btgpactual.com/media/report-anual-esg-btg-pactual.pdf?fbclid=IwAR0snfx0w7c_D9CUuGX6NCfIkR_dAPC2MkuVMp9flngi4Nb8QpTRTsS0cII>, acesso em: 21 jun. 2021.) Mais informações sobre o tema em KLAUS SCHWAB; PETER VANHAM, **Stakeholder Capitalism: A Global Economy that Works for Progress, People and Planet**, New Jersey: Wiley, 2021.

contemporâneo, juntamente com o processo de harmonização do direito contratual, que vem se consolidando a olhos vistos nos últimos anos.

1.1. A proposta da *Termination for Compelling Reasons* no UNIDROIT

Os Princípios do UNIDROIT são um *Restatement*[32], cuja missão é consolidar as melhores e mais consagradas práticas contratuais no contexto internacional, que passa por reformas frequentes desde sua primeira edição, publicada em 1994.

Em 2013, pouco tempo depois da conclusão da 3ª edição, publicada em 2010, o UNIDROIT decidiu fazer uma nova reforma, desta vez para incluir disposições aplicáveis especificamente aos contratos de longa duração. Além de atender a uma demanda doutrinária pela adoção de normas que atendessem às particularidades destes contratos, observava-se um aumento nos litígios envolvendo este tipo de contrato nas arbitragens internacionais.

Uma das principais propostas era a *Termination for Compelling Reasons*, cuja inclusão já havia sido considerada durante o processo de elaboração da 3ª edição dos Princípios, mas que não foi incluída a tempo em função de questões internas que serão comentadas adiante.

A motivação para a inclusão do instituto, desde o início, era justamente alcançar as hipóteses em que os contratos de longa duração com forte carga relacional eram afetados por eventos que levassem à ruptura da confiança entre as partes.

A proposta de inclusão do arts. 6.3.1, apresentada na reforma de 2015, era a seguinte[33]:

---

[32] Como veremos adiante, no capítulo 2, o "Restament" é um compêndio que consolida normas dispersas num determinado ordenamento. Tem origem no direito norteamericano, consolidando o direito aplicável nos diferentes estados daquela federação. Os Princípios do UNIDROIT são um compêndio que, de certa forma, consolida as melhores práticas em termos de direito contratual.
[33] **UNIDROIT 2016 Study L – Misc. 32 – Report 2nd Session of the Working Group on Long-Term Contracts (Hamburg Report)**, disponível em: <https://www.unidroit.org/english/documents/2016/study50/s-50-misc32-e.pdf>, acesso em: 11 jan. 2018, p. 87.

ARTICLE 6.3.1

(Right to terminate for compelling reason)

(1) A party may terminate a long-term contract if there is compelling reason for doing so.

(2) There is compelling reason only if, having regard to all the circumstances of the case, it would be manifestly unreasonable for the terminating party to be expected to continue the contractual relationship.

(3) The right of a party to terminate the contract is exercised by notice to the other party.

(4) Termination of the contract for compelling reason takes effect as from the time of notice.

Como se observa, o núcleo do instituto, conforme o desenho proposto, previa que a Resolução seria possível quando, de acordo com as circunstâncias do caso, não fosse "razoável" exigir a manutenção da relação. Discutiremos a proposta em detalhes adiante, mas é importante adiantar que, após intensos debates no âmbito do Grupo de trabalho, a mesma acabou sendo rejeitada, essencialmente por (i) ser uma norma específica do direito germânico e (ii) pela alegada insegurança gerada pelo desenho adotado[34].

Conforme demonstraremos adiante, discordamos da decisão adotada pelo UNIDROIT. O fato de apenas o Código Civil alemão ter disposição semelhante à proposta apresentada não tira o seu mérito. Os Princípios do UNIDROIT não se prestam apenas a reproduzir normas consolidadas, mas também para propor normas inovadoras, que sejam adequadas ao direito contratual[35] e, como demonstraremos, a Resolução pela quebra absoluta da confiança é uma

---

[34] **UNIDROIT C.D. (95) 3 – 95th Session of the Governing Council,** disponível em: <https://www.unidroit.org/english/governments/councildocuments/2016session/cd-95-03-e.pdf>, acesso em: 11 jan. 2018.

[35] BONNEL, Michael Joachim, The UNIDROIT Principles of International Commercial Contracts: preparation and sources of inspiration, *in*: BONNEL, Michael Joachim (Org.), **An international restatement of contract law – the Unidroit Principles of International Commercial Contracts,** New York: Transnational Publishers, 2004, p. 48/49.

norma que se adequa perfeitamente a um regime que busque tratar das especificidades dos contratos de longa duração.

Vale lembrar que o UNIDROIT já inovou em outras oportunidades, como na adoção das disposições sobre *hardship*, que existem desde a primeira versão dos Princípios. Naquela época também houve forte resistência, sob os mesmos argumentos de que se trataria de uma flexibilização intensa do *pacta sunt servanda*[36]. Hoje, no entanto, a estrutura adotada nos Princípios, sobretudo com relação à existência de um "dever de renegociar" é um sucesso consolidado, tendo sido adotada em ordenamentos domésticos reformados recentemente, como o francês[37] e o argentino[38] e o alemão[39], e em instrumentos internacionais[40] como o PECL[41], o DCFR[42] e a CESL[43].

Nosso entendimento, portanto, é de que o UNIDROIT perdeu uma oportunidade de adotar uma norma essencial ao regime dos contratos de longa duração. A rejeição, por outro lado, não impede o seu estudo e tampouco tira o mérito da proposta, que continua servindo de referência para o estudo e

---

[36] Ewan McKendrick, nos comentários aos Princípios, ressalta que, muito embora as cláusulas de *hardship* fossem comuns na prática internacional, poucos ordenamentos adotavam o instituto conforme a mesma estrutura, o que gerou resistência por representantes da Common Law e da Civil Law, que também apontaram uma possível sobreposição com as disposições sobre força maior (*force majeure*). Além disso, o autor confirmou que os Princípios inovaram, prevendo, inclusive, que viriam influenciar outros ordenamentos – o que de fato aconteceu. MCKENDRICK, Ewan, Commentary on Section 6.2 (*hardship*), *in*: VOGENAUER, Stephan (Org.), **Commentary on the UNIDROIT Principles of International Commercial Contracts (PICC)**, 2. ed. Oxford: Oxford University Press, 2015, p. 808/809.

[37] Art. 1195.

[38] Art. 1091.

[39] §313 BGB. Uma análise sobre a relação entre o §313 do BGB e outros dispositivos semelhantes que tratam da alteração das circunstâncias pode ser encontrada em ROSLER, Hannes, *Hardship* in German Codified Private Law – In Comparative Perspective to English, French and International Contract Law, **European Review of Private Law**, v. 15, n. 4, 2007.

[40] Há controvérsia quanto à existência de previsão de *hardship* na CISG. De todo modo, uma análise das disposições sobre alteração das circunstâncias nos principais instrumentos internacionais pode ser encontrada em URIBE, Rodrigo Momberg, International instruments of contract law – the approach of the CISG, the PECL and the DCFR, *in*: **The effect of a change of circumstances on the binding force of contracts**, Cambridge: Intersentia, 2011.

[41] Art. 6:111 (Change of Circumstances).

[42] III – 1:110 (Variation or termination by court on a change of circumstances).

[43] Art. 89 (Change of circumstances).

aperfeiçoamento do regime jurídico dos contratos de longa duração, particularmente para a realidade brasileira.

1.2. O §314 do BGB e sua estrutura

A proposta da *Termination for Compelling Reasons* tem incontroversa origem no §314 do BGB.[44] Como veremos com mais detalhes adiante, muito embora tenha sido incluído na Reforma de 2002, o instituto é uma construção jurisprudencial que vem desde o início do século XX, assim como a "perda da base do negócio" (§313 do BGB).[45] Existe uma relação de proximidade entre ambos os institutos, mas os requisitos e as hipóteses de incidência são diferentes.

O §314 (1) do BGB prevê, em resumo, que qualquer das partes pode resolver um contrato de longa duração se estiver diante de uma "justa causa" (*wichtiger Grund*), que ocorrerá quando, de acordo com as circunstâncias, a delimitação dos riscos e os interesses das partes, não for razoável exigir a continuidade da relação até o seu prazo final. Vejamos:

> §314(1) Each party may terminate a contract for the performance of a continuing obligation for a compelling reason without a notice period. There is a compelling reason if the terminating party, taking into account all the circumstances of the specific case and weighing the interests of both parties, cannot reasonably be expected to continue the contractual relationship until the agreed end or until the expiry of a notice period.

---

[44] VOGENAUER, Stefan, Termination of Long-term Contracts "for Compelling Reasons" under the UNIDROIT Principles: The German Origins, *in*: **Eppur si muove: The Age of Uniform Law**, Roma: International Institute For The Unification of Private Law (Unidroit), 2016, p. 1702.

[45] ZIMMERMANN, Reinhard; WHITTAKER, Simon, Good Faith in European Contract Law: surveying the legal landscape, *in*: ZIMMERMANN, Reinhard; WHITTAKER, Simon (Orgs.), **Good Faith in European Contract Law**, 1a. ed. Cambridge: Cambridge University Press, 2000, p. 32.

O §314(2), (3) e (4), por sua vez, tratam da hipótese em que a justa causa constitui, também, um inadimplemento, e do aspecto procedimental da Resolução, relativo à notificação a ser enviada, além da previsão de que a Resolução não excluirá a indenização por perdas e danos. Observe:

> §314(2) If the compelling reason consists in the breach of a duty under the contract, the contract may be terminated only after the expiry without result of a period specified for relief or after a warning notice without result. Section 323 (2) number 1 und 2 applies, with the necessary modifications, as regards the dispensability of specifying a period for such relief and as regards the dispensability of a warning notice. Specifying a period for relief and issuing a warning notice can also be dispensed with if special circumstances are given which, when the interests of both parties are weighed, justify immediate termination.
>
> (3) The person entitled may give notice only within a reasonable period after obtaining knowledge of the reason for termination.
>
> (4) The right to demand damages is not excluded by the termination.

Nos capítulos seguintes, faremos uma análise mais profunda do instituto com base nas suas origens no direito alemão, mas podemos adiantar que a Resolução pode ser causada tanto por um (i) inadimplemento "qualificado" quanto por um (i) "evento disruptivo", sendo que em ambos os casos o critério distintivo é a ruptura do que chamaremos de "confiança relacional".

Acerca do aspecto procedimental e das perdas e danos, ressaltamos que o regime alemão prevê que os efeitos da Resolução são, em regra, prospectivos (*ex nunc*). Quanto às perdas e danos, não há polêmica quanto à cumulação do pleito indenizatório com a Resolução, mas é importante ressaltar que a ocorrência de dano não é um requisito, sobretudo quando não houver inadimplemento. Nestes casos, o interesse maior da parte será na liberação do contrato antes do prazo em função da quebra da confiança, sendo o pleito indenizatório secundário.

1.3. Conclusão

A mudança no perfil da economia mundial, que se tornou muito mais complexa, contribuiu para a mudança no paradigma dos contratos, que vem se distanciando do modelo de execução imediata rumo a relações mais duradouras e com forte carga relacional. Esse cenário motivou o desenvolvimento de uma nova dogmática contratual, em superação à clássica, que é baseada no paradigma da compra e venda, que era o contrato por excelência da revolução industrial e da economia neoclássica.

Estas discussões vêm afetando os estudos sobre o direito dos contratos internacionais, o que motivou o UNIDROIT a reformar os Princípios para contemplar disposições aplicáveis especificamente sobre os contratos de longa duração.

Os contratos de longa duração têm como característica marcante serem incompletos, no sentido de não preverem todo e qualquer cenário que possa interferir na relação durante a sua vigência, que pode ser de muitos anos. O contrato, no momento de sua formação, nasce num determinado momento, com certas expectativas, num determinando "mundo". Depois de dez ou vinte anos, o contrato pode ser o mesmo, mas o mundo certamente terá mudado. E mudam as partes. E muda, assim, a essência da relação e, por consequência, o contrato.

Desta forma, se neste intervalo a relação é atingida por um evento que torne o contrato sem sentido, o direito deve reconhecer a hipótese e, como diz Eisenberg,[46] permitir que as partes encerrem a relação "*in good terms*".

Obviamente existem temores com a insegurança, além da preocupação com a manutenção dos negócios jurídicos, sobretudo aqueles que possuem maior relevância econômica e social. Tudo isso é verdadeiro. No entanto, mesmo nestes contratos não é possível forçar a manutenção do contrato a qualquer custo. Há casos em que a Resolução é realmente *imperativa*, sob pena de causar prejuízos graves à parte remanescente – basta pensar na hipótese do distribuidor ou do parceiro comercial numa *joint-venture*, que é adquirido pelo concorrente e poderá ter acesso a informações sigilosas da empresa.

---

[46] EISENBERG, Melvin, Why There Is No Law of Relational Contracts?, **Berkeley Law Scholarship Repository**, p. 805–821, 1999, p. 819/820.

Neste caso, pode não haver inadimplemento ou qualquer desequilíbrio na relação, mas não há dúvida de que o direito deve ao menos considerar a possibilidade de Resolução antes do prazo. É possível considerar diversos outros cenários – ou mesmo cenários impensáveis no momento da formação do contrato, mas que podem ocorrer num futuro distante. A realidade nunca deixa de surpreender – afinal, como diz Taleb, *"How can we know the future, given knowledge of the past; or, more generally, how can we figure out properties of the (infinite) unknown based on the (finite) known?"*[47].

A verdade é que há toda a sorte de evento "disruptivo" que pode afetar seriamente o contrato de longa duração e que não implicará, necessariamente, na impossibilidade do cumprimento ou mesmo no desequilíbrio superveniente, mas que podem afetar a relação de confiança, tornando a sua continuidade um fardo insuportável para a parte remanescente.

Nestes casos, o direito deve conceder uma saída legítima à parte interessada. O §314 do BGB permite isso, o que o coloca na vanguarda do direito contratual. No nosso entendimento, o Direito brasileiro também admite a hipótese, seja por meio ao art. 473 do Código Civil ou mesmo por uma interpretação adequada da concepção de inadimplemento, nos termos do art. 475, como se verá adiante. O UNIDROIT teve mérito ao chamar atenção para o instituto, permitindo que outros ordenamentos o adotem, ainda que pela via doutrinária – o que é perfeitamente possível.

Ao final deste trabalho, veremos que não há grande diferença, ao menos do ponto de vista estrutural, entre a proposta da *Termination for Compelling Reasons* apresentada e rejeitada pelo UNIDROIT e o §314 do BGB.

No entanto, nosso entendimento é de que, muito embora as críticas e temores apresentados no processo de revisão dos Princípios sejam razoáveis, sobretudo com relação à segurança jurídica, o instituto da resolução pela quebra de confiança é sólido. Veremos adiante que um regime que vise reconhecer as particularidades do contrato de longa duração não pode prescindir de uma norma que permite a Resolução do contrato diante da ocorrência de um evento superveniente que rompa a confiança entre as partes.

---

[47] TALEB, **The Black Swan: the impact of the highly improbable.**, pos. 1186.

Capítulo 2
A *Termination for Compelling Reasons* na Reforma dos Princípios do UNIDROIT

Neste capítulo, faremos uma breve introdução sobre as origens, a natureza e a função dos Princípios do UNIDROIT, com destaque para o seu papel como *Global Background law*, na qual serve como referência de melhores práticas em direito contratual. Assim, os Princípios têm condições de "pautar o debate" sobre a evolução da disciplina em termos globais, que é de fato o que ocorreu na reforma de 2016.

Na sequência, analisaremos a trajetória da proposta para a inclusão de disposições sobre a *Termination for Compelling Reasons*, que foi apresentada inicialmente durante a elaboração da 3ª versão dos Princípios. A análise será útil sobretudo para identificar as críticas ao instituto, que serão devidamente enfrentadas nos capítulos seguintes, quando apresentaremos um estudo aprofundado do instituto em suas origens germânicas e sua possível aplicação não apenas ao direito brasileiro como ao direito contratual como um todo, dado que se trata de fenômeno da realidade, ínsito a relações de longa duração com forte caráter relacional.

2.1. Origem e função dos Princípios do UNIDROIT

O Instituto Internacional para a Unificação do Direito Privado (UNIDROIT) foi criado em 1926 como um órgão da antiga Liga das Nações, precursora da

ONU. O instituto teve suas atividades interrompidas em função do fracasso da Liga e a eclosão 2ª Guerra Mundial. Em 1940, no entanto, ressurgiu como uma instituição internacional autônoma, com o apoio de diversos países, dentre eles o Brasil. Sua sede fica em Roma, na Itália.[48]

O instituto atua em diversas frentes. Desde sua criação, já desenvolveu leis-modelo, modelos de cláusulas contratuais, propostas de Tratado, etc. No entanto, um de seus trabalhos mais influentes e bem-sucedidos são os "Princípios do UNIDROIT sobre Contratos Comerciais Internacionais".[49]

Os Princípios foram criados na esteira dos esforços de uniformização e harmonização do direito do comércio internacional, que tem suas raízes no

---

[48] GAMA JR., Lauro, **Contratos internacionais à luz dos Princípios do UNIDROIT 2004**, Rio de Janeiro: Renovar, 2006, p. 200/201. Mais informações sobre o histórico da instituição e dos Princípios podem ser encontradas em VOGENAUER, Stefan; MCKENDRICK, Ewan, **Commentary on the UNIDROIT Principles of International Commercial Contracts (PICC)**, Oxford: Oxford University Press, [s.d.]; BONNEL, The UNIDROIT Principles of International Commercial Contracts: preparation and sources of inspiration; BONNEL, Michael Joachim, The Unidroit Initiative for the Progressive Codification of International Trade Law, **The International and Comparative Law Quarterly**, v. 27, n. 2, 1978; FARNSWORTH, Allan, An International Restatement: The Unidroit Principles of International Commercial Contracts, **University of Baltimore Law Review**, v. 26, n. 3, 1996.

[49] Segundo Lauro Gama Jr., inicialmente o Instituto se dedicava à produção de convenções internacionais, normas vinculantes, cuja vigência depende da *"incorporação formal no ordenamento interno de cada Estado signatário"*. O Autor afirma que dez convenções produzidas pelo Instituto já foram aprovadas em Conferências Internacionais. Diante das dificuldades enfrentadas na aprovação destes instrumentos, o UNIDROIT passou a se dedicar a produzir *"formas alternativas de unificação jurídica"*, como leis-modelo, que podem ou não ser adotadas por Estados, guias legais e, finalmente, os *restatements*, como os Princípios sobre Contratos Comerciais Internacionais e sobre Processo Civil Transacional. GAMA JR., **Contratos internacionais à luz dos Princípios do UNIDROIT 2004**, p. 203/206. Todos estes instrumentos podem ser encontrados no site do UNIDROIT (https://www.unidroit.org/). No mesmo sentido, Bonnel afirma que *"For decades, however, efforts towards unification have prevailingly taken the form of binding instruments, such as international conventions and uniform laws. Nor could it have been otherwise. When the unification process was first launched in Europe some one hundred years ago, legal positivism and the identification of law with State-made law were the dominant credo. As a consequence, any unification of law could also come about only in the form of uniform legislation agreed upon by the States at international level, which these States undertook to introduce into their internal legal systems. Only in relatively recent times have an increasing number of voices been raised in favor of recourse to non-legislative means of unification or harmonization of law"*. BONNEL, The UNIDROIT Principles of International Commercial Contracts: preparation and sources of inspiration, p. 1.

início do século XX.⁵⁰ Este período, chamado por muitos como a "era de ouro" do capitalismo, era caracterizado por um comércio internacional pujante e intenso, num embrião do que viria a se tornar a globalização décadas depois.⁵¹ As duas Guerras Mundiais, no entanto, interromperam este processo, sepultando os planos de uniformização do direito do comércio internacional por algumas décadas.⁵²

Anos depois, os esforços foram retomados, com a produção da ULIS e a ULF, na tentativa de uniformizar o tratamento dos contratos de compra e venda internacional.⁵³ As Convenções não foram bem-sucedidas, sobretudo pela falta de apoio dos países do "terceiro mundo", dentre os quais o Brasil.⁵⁴

---

⁵⁰ Um breve histórico sobre a retomada do processo de evolução da uniformização do direito contratual pode ser encontrado em MOREIRA, Rodrigo; MENDES, Lucas, A Interpretacao da CISG Pelo Arbitro e Sua Desvinculacao do Direito Brasileiro, **Revista de Arbitragem: Arbitragem e a Convencao de Viena sobre Compra e Venda Internacional de Mercadorias**, v. 5, p. 65–116, 2014.

⁵¹ *"O capitalismo global do fim do século XIX e início do século XX chegou perto do ideal clássico. Todos os elementos que o compunham – imigração, comércio ou investimentos internacionais – gozavam de relativa liberdade e estavam unidos pelo bem estabelecido padrão ouro (...) Nessas condições, a economia mundial cresceu mais rapidamente do que nunca (...) A liberação do comércio se auto reforçava, o padrão-ouro também, e cada um deles reforçava o outro. O padrão ouro tornava o comércio e as finanças internacionais mais atrativas, as quais por sua vez aumentavam o poder de atração do padrão ouro. A abertura econômica global levou a meios de transporte mais rápidos, a um melhor sistema de comunicações, a moedas mais confiáveis, a políticas comerciais mais livres e a uma maior estabilidade política. E todos esses fatores estimulavam uma maior abertura econômica. O ciclo virtuoso ou a espiral de abertura econômica crescente resultante se expandiu a níveis jamais vistos durante o fim do século XIX e início do XX".* FRIEDEN, Jeffry A., **Capitalismo Global**, Rio de Janeiro: Jorge Zahar, 2008, p. 71.

⁵² *Ibid.*, cap. III e IV.

⁵³ A ULIS (Uniform Law for the International Sale of Goods) e a ULF (Uniform Law on the Formation for the International Sale of Goods) foram fruto da primeira tentativa de uniformizar o direito da compra e venda de mercadorias em âmbito global. Os instrumentos não tiveram sucesso, tendo servido de base, no entanto, para a elaboração da CISG, na década de 1980. Para uma análise histórica da CISG e sua relação com estes instrumentos, ver SCHLECHTRIEM, Peter, **Uniform Sales Law – The UN-Convention on Contracts for the International Sale of Goods**, disponível em: <https://www.cisg.law.pace.edu/cisg/biblio/schlechtriem.html>, acesso em: 14 dez. 2017.

⁵⁴ Ferrari corrobora a afirmação: *"These laws, even though they constituted the most important point of reference for the discipline of international trade in that era, were not as successful as expected. Indeed, they were given force in only nine countries, only one-third of the states which participated at The Hague Conference. Such failure can in part be attributed to the scarce role that both Socialist and the Third World countries played in the elaboration and compilation of the aforementioned Conventions, and which resulted in those countries' refusal to enact the 1964 Hague Conventions which they considered*

Mesmo assim, o esforço lançou as bases para um movimento que se intensificou nos anos seguintes. No final da década de 60, O UNIDROIT começou a discutir a possibilidade de elaborar um *Restatement* sobre o direito aplicável aos contratos comerciais internacionais. Em 1971, uma comissão foi formada e os trabalhos se iniciaram. Daí em diante o movimento de "aproximação"[55] do direito do comércio internacional se intensificou, com a promulgação da CISG[56], a elaboração da Lei-modelo da UNCITRAL sobre arbitragem internacional, entre outras iniciativas[57].

as being modelled on the sole exigencies of the industrialized nations". FERRARI, Franco, **Uniform Interpretation of The 1980 Uniform Sales Law**, Georgia Journal of International and Comparative Law, disponível em: <http://www.cisg.law.pace.edu/cisg/biblio/franco.html>. Sobre a participação do Brasil na Conferência de Haia em 1964, ver RODAS, João Grandino; MONACO, Gustavo Ferraz de Campos, **Conferência da Haia de Direito Internacional Privado: A Participação do Brasil**, Brasília: Fundação Alexandre Gusmão, 2007.

[55] O termo "aproximação" é utilizado por Gustavo Kulesza para contemplar os fenômenos de harmonização, unificação e uniformização do direito, que, segundo o autor, são utilizados indistintamente na doutrina: *"Não existe unidade conceitual a respeito dos termos unificação, harmonização e uniformização. A maioria dos autores os utiliza indistintamente. Neste livro, optou-se por empregar o termo aproximação como gênero para congregar os fenômenos de convergência jurídica deliberada".* KULESZA, Gustavo, **Princípio da mitigação de danos: evolução no direito contratual**, Curitiba: Juruá, 2015, p. 32.

[56] A Convenção de Viena para a Compra e Venda Internacional de Mercadorias foi aprovada em 1980 e entrou em vigor em 1988. O Brasil aderiu à Convenção em 2014, após aprovação, pelo Congresso Nacional, do Decreto Legislativo nº 538/2012, do Depósito em 2013 e da promulgação do Decreto nº 8327/2014, pela Presidência da República.

[57] Segundo Bonnel, uma série de instrumentos de *soft law* foram produzidos a partir da década de 1980, além da Lei-modelo, como a lei-modelo de falência transnacional (*cross-border insolvency*), os Princípios do UNIDROIT sobre processo civil internacional, etc. BONNEL, The UNIDROIT Principles of International Commercial Contracts: preparation and sources of inspiration, p. 4/6. Este processo continuou de forma mais intensa na Europa, com a produção dos Princípios de Direito Contratual Europeu (em inglês, PECL), o Draft for the Common Frame of Reference (DCFR) e a proposta da Common European Sales Law (CESL). Sobre o processo de aproximação do direito privado Europeu, ver HARTKAMP, S. *et al* (Orgs.), **Towards a European Civil Code**, The Hague: Kluwer Law International, 2010; VOGENAUER, Stefan; WEATHERILL, Stephen (Orgs.), **The Harmonisation of European Contract Law: Implications for European Private Laws, Business and Legal Practice**, Oxford: Hart Publishing, 2006; CAFFAGI, Fabrizio *et al*, **European Private Law after the Common Frame of Reference**, [s.l.]: Edward Elgar Publishing, 2010. Há atualmente outras iniciativas, como a OHADA ("Organisation pour l'harmonisation en Afrique du droit des affaires") e mesmo uma proposta de Princípios de Direito Contratual Latino-americano, que podem ser encontrados em MOMBERG, Rodrigo *et al*, **The future of Contract Law in Latin America**, Oxford: Hart Publishing, 2017.

A partir de então o projeto ganhou "momento" e foi se aperfeiçoando, até que em 1994 foi lançada a primeira versão dos Princípios do UNIDROIT. A segunda edição foi publicada em 2004, havendo uma terceira em 2010[58]. Em 2016 os Princípios passaram por mais uma reforma, para contemplar disposições sobre os contratos de longa duração.

2.1.1. A estrutura inspirada nos *Restatements*

Em termos estruturais, os Princípios se inspiraram na experiência dos *Restatements* do direito norte-americano, que são compêndios publicados pelo *American Law Institute* e consolidam o direito aplicável numa determinada área, que, no caso dos Estados Unidos, é disperso em função das peculiaridades do seu sistema federativo – *mutatis mutandis*, o mesmo que ocorre com o direito no âmbito internacional, que conta com uma pluralidade de ordenamentos nacionais que, além de diferentes, não atendem às especificidades do comércio internacional[59].

O *Restatement* é um documento não vinculante, senão pela sua autoridade persuasiva, organizado em forma de código (*black letters*), onde cada dispositivo possui um breve comentário sobre o seu significado, inclusive com casos de incidência hipotéticas[60]. Os Princípios do UNIDROIT se estruturam da mesma forma.

---

[58] Uma análise sobre o teor das mudanças empreendidas em cada uma das revisões, até 2010, pode ser encontrada em KULESZA, **Princípio da mitigação de danos: evolução no direito contratual**, p. 69, notas 219 e 220.

[59] *"UNIDROIT's initiative to prepare the Principles of International Commercial Contracts originated, tough in an entirely different context, from quite similar considerations and is directed towards much the same objectives(...) These domestic laws may not only vary considerably in content, but are often ill-suited for the special needs of international trade"*. BONNEL, The UNIDROIT Principles of International Commercial Contracts: preparation and sources of inspiration, p. 11/12.

[60] *"One of several influential treatises published by the American Law Institute describing the law in a given area and guiding its development. The Restatements use a distinctive format of black-letter rules, official comments, illustrations, and Reporter's notes. Although the Restatements are frequently cited in cases and commentary, a Restatement provision is not binding on a court unless it has been officially adopted as the law by the jurisdiction's highest court"*. GARNER, Bryan A., **Black's Law Dictionary**, 9th. ed. New York: West, 2009, p. 1428.

2.1.2. A natureza dos Princípios e sua função como *Global background law*

Os Princípios são um instrumento de *soft law*, ou seja, uma norma de natureza não-vinculante, de uso voluntário, cuja legitimidade advém de sua "autoridade persuasiva", ou seja, do seu reconhecimento pela comunidade a ela direcionada[61]. Se opõe à *hard law*, que seria a norma cogente, vinculante, como um tratado ou, digamos, o Código Civil.

A discussão sobre a natureza dos Princípios é ampla. O instrumento se insere no contexto do "pós-positivismo" e do "pluralismo jurídico", na medida em que se coloca como uma fonte normativa autônoma, que se desvia da noção de território e soberania[62]. Nas palavras de Lauro Gama Jr.:[63]

> Os *Princípios* revelam uma tendência *pós-positivista* porque não identificam *direito* com *direito estatal*, reconhecendo a normatividade (em sentido amplo) dos Princípios gerais sobre contratos aceitos pela comunidade internacional, e, de outro lado, porque abandonam a fórmula das convenções e tratados internacionais, que exigem a ratificação dos Estados nacionais para se transformarem em norma jurídica. E, ainda, porque resultam de um *diálogo entre várias fontes* – nacionais, internacionais e não-estatais, como melhor se verá a seguir. Em segundo lugar, refletem a *descodificação* do direito privado porquanto constituem um fragmento do direito das obrigações – e não um código com pretensões totalizantes –, integrando um microcosmo formado por agentes

---

[61] "*In its broadest scope, the formula 'soft law' labels those regulatory instruments and mechanisms of governance that, while implicating some kind of normative commitment, do not rely on binding rules or on a regime of formal sanctions*". ROBILANT, Anna di, Genealogies of Soft Law, **American Journal of Comparative Law**, v. 54, n. 3, 2006, p. 499. Segundo Lauro Gama, os instrumentos de soft law, "*nada obstante seja desprovido de caráter vinculativo e atue mediante a persuasão ou pelo convencimento da sua conformidade com o direito (em sentido lato) ou com a deontologia comercial*". GAMA JR., **Contratos internacionais à luz dos Princípios do UNIDROIT 2004**, p. 220.

[62] Segundo Gustavo Kulesza, "*O positivismo deu lugar ao pluralismo jurídico. Esse pluralismo está vinculado das noções de território e soberania, que, como visto, perderam relevância após a globalização. Há diferentes espaços jurídicos sobrepostos, interpenetrados e misturados. Trata-se do direito em rede: múltiplas ordens jurídicas interagindo em diferentes níveis de intersecção*". KULESZA, **Princípio da mitigação de danos: evolução no direito contratual**, p. 30.

[63] GAMA JR., **Contratos internacionais à luz dos Princípios do UNIDROIT 2004**, p. 207.

e relações especificamente internacionais, de modo a formar um *microssistema jurídico* denominado *direito do comércio internacional*.

Ainda nessa linha, os Princípios podem ser considerados como parte da *nova lex mercatoria*[64] e também como uma consolidação dos "usos comerciais internacionais".

Quanto à sua função, os Princípios podem ser utilizados em uma série de cenários. Suas funções, de acordo com o preâmbulo, são as seguintes[65]: (i) lei aplicável conforme indicação das partes, (ii) manifestação dos "Princípios gerais do direito" ou da *lex mercatória*, (iii) na ausência de lei aplicável, podem ser aplicados como resultado das normas de conflito de leis do direito internacional privado[66], (iv) como referência interpretativa na aplicação de normas internacionais ou domésticas e (v) referência para a produção legislativa.

Fora as funções a que se arroga, o fato é que, passados mais de 20 anos da sua primeira versão, os Princípios vêm se consolidando, nas palavras de Ralf Michaels, como a *Global background law*, ou seja, uma norma de base, uma referência global sobre direito contratual, sendo residual o seu uso como lei aplicável[67]:

> Their importance seems to have stabilized, more or less. In regard to the question which institutions use them, the most important role for the PICC is no longer, if it ever was, about party choice and arbitration.

---

[64] Kulesza afirma que existe uma relação indissociável entre os instrumentos de harmonização e a lex mercatória. Isto porque estes instrumentos são, ao mesmo tempo, *"criados com o objetivo de harmonizar o direito contratual e compilações de regras e Princípios gerais que compõem o direito do comércio internacional"*. KULESZA, **Princípio da mitigação de danos: evolução no direito contratual**, p. 63/66.

[65] Uma análise detalhada das funções dos Princípios pode ser encontrada em VOGENAUER; MCKENDRICK, **Comment. UNIDROIT Princ. Int. Commer. Contract.**, p. 49/109.

[66] *"The Principles may however be applied even if the contract is silent as to the applicable law. If the parties have not chosen the law governing their contract, it has to be determined on the basis of the relevant rules of private international law. In the context of international commercial arbitration such rules are very flexible, permitting arbitral tribunals to apply 'the rules of law which they determine to be appropriate'".* **UNIDROIT Principles of International Commercial Contracts – 2016.**, Rome: International Institute For The Unification of Private Law (Unidroit), 2016, p. 4.

[67] MICHAELS, R., The UNIDROIT Principles as global background law, **Uniform Law Review – Revue de droit uniforme**, v. 19, n. 4, p. 643–668, 2014, p. 657.

How important the PICC are today is hard to assess beyond hearsay because so many arbitral awards are still not made public. What can be said with certainty, however, is that the PICC play a role in legislative reform and academic debate all around the world, and they are referred to with some frequency by the courts of a number of countries. Doctrinally, the PICC are rarely an 'applicable law' in the sense of private international law. Instead, they enter judicial opinion in a variety of other ways. The most important way is in the course of comparative legal argument for questions where judges do not find a clear and/or satisfying answer in their own legal system. In addition, they are referred to in other interesting contexts – most surprisingly, perhaps, as international custom or usage.

Em termos práticos, portanto, o maior impacto dos Princípios atualmente não é na sua utilização como lei aplicável, como se supunha no início, mas como uma referência de boas práticas internacionais. Como aponta Michaels, acadêmicos e *adjudicators* (juízes estatais e árbitros) vêm se valendo dos Princípios para apontar a legitimidade internacional de uma determinada solução.[68] É como se os Princípios fossem um "selo de qualidade", uma referência – não apenas para julgadores, mas também para legisladores.[69]

Isso é totalmente verdadeiro. Nos últimos anos, diversos ordenamentos, como o alemão, o francês e o argentino, passaram por reformas no direito contratual e todas elas, em maior ou menor grau, tomaram os Princípios como referência.

Além disso, os instrumentos de uniformização mais recentes, como o PECL, o DCFR e a CESL também dialogam com os Princípios[70], mas a larga

---

[68] "*The desire of judges seems to be to ascertain that a solution they find in domestic law is compatible with what is considered a global consensus. The PICC are not cited as applicable law nor are they usually the only source used, but their use is for the purpose of information and confirmation*". Ibid., p. 652.

[69] "*the PICC are becoming, more and more, a sort of general benchmark against which legal arguments take place*". Ibid., p. 658.

[70] Estes instrumentos foram elaborados na esteira dos Princípios do UNIDROIT e fazem parte de um movimento mais amplo de aproximação do direito contratual em termos globais. O PECL foi publicado em 1995 e 2003 pela Comissão de Direito Europeu dos Contratos, também chamada de "Comissão Lando", pois era comandada pelo prof. Ole Lando. Poucos anos depois, no início dos anos 2000, a Comissão Europeia incentivou a elaboração de um

utilização como referência de aplicação e desenvolvimento do direito doméstico é o que mais chama atenção. A CISG é anterior aos Princípios, tendo servido de inspiração e não o inverso – há, no entanto, uma relação íntima entre ambos do que diz respeito à interpretação das lacunas da CISG.

Desta forma, é possível afirmar que os Princípios do UNIDROIT "pautam o debate" internacional sobre direito contratual, apontando tendências e consolidando o que podem ser consideradas "boas práticas". É, de fato, um repositório, uma referência na qual acadêmicos, julgadores e legisladores se inspiram para fundamentar suas teses, justificar suas decisões e reformar seu ordenamento jurídico.

A reforma dos Princípios para contemplar os contratos de longa duração é um exemplo concreto da capacidade dos Princípios pautarem a discussão global sobre a evolução do direito contratual. Como vimos,[71] o direito contratual clássico, que é a base das grandes codificações e influenciou todos os instrumentos de harmonização do direito contratual, dentre os quais os Princípios e a CISG, não é mais suficiente ante a radical mudança das relações econômicas nas últimas décadas, em que os contratos de longa duração vêm paulatinamente passando a ser o paradigma, ao passo que a dogmática clássica foi construída com base no contrato de execução imediata.

Por isso, é necessário fazer adaptações dogmáticas que atendam às especificidades destes contratos de longa duração, complexos e relacionais. Esta foi a missão da reforma dos Princípios.[72] Ao reconhecer isso, o UNIDROIT chamou

---

trabalho preliminar para um "Quadro Comum de Referência" (Draft of the Common Frame of Reference) que consolidasse alguns princípios comuns em termos de direito privado europeu. A projeto deste Quadro Comum de Referência, o DCFR, foi apresentado em 2008, porém, não foi aprovado, mantendo-se como um trabalho acadêmico de grande importância. A CESL é a tentativa mais recente de uniformização do direito da compra e venda em âmbito europeu, até o momento não aprovada. Todos estes projetos de certa forma se influenciaram mutuamente, na medida em que se inspiram também nos direitos nacionais. O DCFR, neste sentido, é um exemplo concreto desta aproximação e consolidação entre os direitos nacionais e os instrumentos de harmonização. Uma análise histórica do movimento de harmonização e uniformização do direito privado pode ser encontrada em VICENTE, Dário Moura, Expectativas de Harmonização e unificação internacional do direito privado numa época de globalização da economia, *in*: **Estudos em honra do Professor Doutor José de Oliveira Ascensão**, Coimbra: Almedina, 2008.

[71] Capítulo 1.
[72] A reforma será abordada em detalhes no item 2.2 adiante

a atenção de juristas do mundo inteiro para esta questão – inspirando esta obra, por exemplo –, acelerando o processo de evolução do direito contratual.

Neste sentido, não é recomendável desenvolver um estudo profundo sobre o tema sem ao menos considerar o trabalho desenvolvido pelos Princípios. É o que buscamos nesta oportunidade.

É bem verdade, no entanto, que estamos analisando uma proposta que foi rejeitada. Mas isso não retira o mérito da reforma dos Princípios ou mesmo do instituto em análise. Nossa posição é de que a *Termination for Compelling Reasons* atende perfeitamente às peculiaridades dos contratos de longa duração e por isso deveria ter sido incluída na reforma dos Princípios do UNIDROIT, que, como veremos, não é peculiaridade do direito germânico e tampouco uma ameaça à segurança e previsibilidade das relações contratuais.[73]

Assim, nada impede que outros ordenamentos reconheçam a importância e a utilidade do instituto, mesmo diante da rejeição do UNIDROIT. A análise dos debates sobre a *Termination for Compelling Reasons*, portanto, serve principalmente para analisar e enfrentar as críticas ao instituto – que são absolutamente legítimas –, permitindo um melhor desenvolvimento e aprimoramento do desenho regulatório da Resolução do contrato de longa duração pela quebra absoluta da confiança.

Vê-se, portanto, que os Princípios pautam a discussão mesmo quando rejeitam uma proposta, o que comprova que os Princípios do UNIDROIT se consolidaram como uma das mais importantes referências em termos de direito contratual.

2.1.3. Inovação x consolidação: o exemplo do *hardship*

Um dos argumentos mais fortes contra a adoção da *Termination for Compelling Reasons* foi que não se trata de um instituto de ampla aceitação no direito contratual, mas uma particularidade do direito alemão. Ou seja, a rejeição não foi tão forte quanto ao mérito, mas quanto à "legitimidade" do instituto. O fundamento por trás desta posição é de que cabe aos Princípios consolidar as práticas contratuais mais adotadas, não tendo compromisso com a inovação.

---

[73] Cap. 3

Este debate permeia as discussões sobre os Princípios desde o início. Como aponta Bonnel, sempre existiu uma tensão entre a ala "tradicional" e a dos "inovadores".[74] Em tese, a ideia é que prevaleça um equilíbrio entre estes campos, de modo que os Princípios sirvam como um repositório de práticas amplamente adotadas, mas, ao mesmo tempo, proponha disposições mais avançadas, servindo de "catalisador" do desenvolvimento do Direito Contratual.[75]

Em poucas palavras, os Princípios devem conter sempre as melhores práticas e não apenas as consagradas, podendo inovar, caso necessário.

A verdade é que a inovação não é incomum nos Princípios.[76] As disposições sobre *hardship* são um bom exemplo. O desenho adotado no art. 6.2.2, desde a primeira edição dos Princípios, no qual o desequilíbrio contratual impõe às partes um dever de renegociar, não existia, à época, em nenhum ordenamento relevante. A revisão dos contratos era uma prerrogativa do Judiciário *ab initio* e não a *ultima ratio*, não havendo incentivo legal à adaptação pelas partes.[77]

---

[74] "*Although those involved in the preparation of the UNIDROIT Principles never considered their role to be that of legislators empowered to lay down entirely new rules, but understood their task to be essentially on of 're-stating' the existing international contract law, it cannot be denied that, especially within the Working Group, there were from the beginning two conflicting 'souls' or schools of thought. On the one side were the 'traditionalists', rather reluctant to depart from long-established principles, particularly if those principles formed part of their own legal system; on the other side were the 'innovators', more open to recent developments, even when these developments belonged to a foreign legal system and were not yet generally accepted*". BONNEL, The UNIDROIT Principles of International Commercial Contracts: preparation and sources of inspiration, p. 49.

[75] "*On the whole the two sides balanced each other out, so that it is rather difficult to ascertain the extent to which UNIDROIT Principles are innovative rather than to be seen as reflecting traditional views (...) There are, however, rules which are clearly innovative, at least for a number of domestic laws. The reason for this is to be found partly in the desire better to meet the special needs of international trade practice and partly in the necessity to take account of the different economic and political conditions existing in the world today*". Ibid.

[76] Segundo Vogenauer, "*The PICC differ from purely descriptive common core projects in that they contain some rules that do not represent a common core (...) Where the solutions of all legal systems seemed inappropriate, in particular for international contracts, they even developed entirely new solutions (...) The PICC are not entirely prescriptive, and not every one of their rules can be said to represent a general principle of contract law in a descriptive way*". VOGENAUER; MCKENDRICK, **Comment. UNIDROIT Princ. Int. Commer. Contract.**, p. 36/37.

[77] Segundo a ata da reunião em que foi discutido o teor da disposição sobre *Hardship* no contexto da elaboração da primeira versão dos Princípios, as cláusulas foram criadas justamente para evitar a interferência judicial: "*Hardship clauses were considered to be renegotiation clauses and not to give judges or arbitrators the power to adjust the contract*". **Unidroit 1992 – P.C – Misc. 16,**

A fim de mitigar a incerteza causada pela interferência dos julgadores, o mercado desenvolveu as cláusulas de *hardship*, que buscavam adaptar o contrato diante de uma alteração das circunstâncias que levasse a uma situação de desequilíbrio.[78] As partes, portanto, deveriam negociar, evitando a intervenção judicial.

Nenhum ordenamento adotava esta estrutura. Na verdade, nem a expressão *hardship* era amplamente aceita. Mesmo assim, o UNIDROIT resolveu inovar e adotou a norma sobre *hardship* no desenho que se mantém até hoje[79]. O resultado, em lugar de uma forte resistência, foi justamente o contrário. A estrutura adotada nos Princípios influenciou diversos ordenamentos, se consolidando como a melhor prática em termos de desequilíbrio contratual superveniente.[80]

Em certa medida, o mesmo ocorre com a *Termination for Compelling Reasons*. A CCI possui uma cláusula de *early termination* no contrato-modelo de distribuição que atende exatamente à hipótese em questão[81]:

---

disponível em: <https://www.unidroit.org/english/documents/1992/study50/s-50-misc16-e.pdf>, acesso em: 18 jan. 2018, p. 2.

[78] Um dos exemplos mais marcantes é a cláusula modelo da CCI, cuja primeira versão foi publicada em 1985 – **ICC (ed.), Force Majeure and Hardship, Paris 1985 (ICC Publ No. 421).** | Trans-Lex.org, disponível em: <https://www.trans-lex.org/700650/_/icc-force-majeure-and-hardship-paris-1985-/>, acesso em: 1 jan. 2018..

[79] "*The difficult process of reaching agreement on the title to Section 6.2 suggests that there is little to be gained, and much to be lost, by seeking to draw analogies with supposed equivalents in domestic legal systems. In this respect, the PICC may be said to have been a step ahead of many domestic legal systems and it is more likely that the PICC will influence the development of the law in domestic legal systems that that the rules of domestic legal systems will influence the development of Section 6.2*". MCKENDRICK, Commentary on Section 6.2 (*hardship*), p. 808/809.

[80] Veremos adiante que o §313 do BGB, assim como o novo Código Civil francês e o novo Código Civil Argentino trazem uma estruturam similar à do art. 6.2.2 dos Princípios, na medida em que contemplam o dever de renegociar diante de um evento disruptivo que cause o desequilíbrio contratual superveniente. Além disso, todos os instrumentos de harmonização posteriores aos Princípios, como o PECL, o DCFR e a CSL, adotam estrutura semelhante. Sobre uma análise ampla da disciplina da alteração das circunstâncias, ver PLAZA PENADÉS, Javier; MARTÍNEZ VELENCOSO, Luz M. (Orgs.), **European Perspectives on the Common European Sales Law**, Cham: Springer International Publishing, 2015, cap. 8; URIBE, International instruments of contract law – the approach of the CISG, the PECL and the DCFR. Entre nós, sobre o dever de renegociar, ver SCHREIBER, Anderson, **Equilíbrio contratual e dever de renegociar**, São Paulo: Saraiva, 2018.

[81] **ICC model distributorship contract**, Paris: International Chamber of Commerce, 2016.

Cl. 20.1 (Earlier termination) Each party may terminate this Contract with immediate effect, by notice given in writing by means of communication ensuring evidence and date of receipt (e.g. registered mail with return receipt, special courier), in case of a substantial breach by the other party of the obligations arising out of the Contract, or in case of exceptional circumstances justifying the earlier termination.

A estrutura da cláusula é muito similar à estrutura do 313 do BGB, que será analisado adiante.

É verdade que a proposta do UNIDROIT se aplicaria a todos os tipos de contrato, mas, a origem do instituto no direito alemão repousa justamente no reconhecimento de que essa hipótese não se restringe a contratos específicos, mas a todos os contratos de longa duração[82]. Como veremos adiante, a Resolução pela quebra da confiança é uma disposição necessária num regime aplicável aos contratos de longa duração.

Além disso, é importante ressaltar que a própria iniciativa de reformar os Princípios para contemplar normas específicas para contratos de longa duração é, em si, uma inovação. Isso porque nenhum ordenamento consolidado – nem os reformados recentemente – oferece um tratamento sistemático a estes contratos.

Existem, no máximo, alguns institutos cuja aplicação se destina a estes contratos, mas não há uma preocupação com uma mudança estrutural do direito contratual – até porque esta é uma questão recente, que se encontra em processo de maturação em termos doutrinários.

Sendo assim, ao decidir reformar os Princípios, oferecendo tratamento sistemático aos contratos de longa duração, o UNIDROIT apontou a direção na qual o direito contratual deve seguir. E neste sentido, inovou, inegavelmente. O conceito de contrato de longa duração adotado, por exemplo, não tem precedentes em nenhum ordenamento ou prática consagrada e mesmo assim foi extremamente bem-sucedido.

---

[82] Vogenauer chamou atenção para esta questão em VOGENAUER, Termination of Long-term Contracts "for Compelling Reasons" under the UNIDROIT Principles: The German Origins, p. 1713.

Portanto, ainda que as disposições aprovadas não sejam, individualmente, uma novidade, o tratamento sistemático oferecido aos contratos de longa duração o é. Isso apenas confirma que o temor da inovação foi exagerado.

Ademais, o fato de que os Princípios vem se consolidando como um repositório de boas práticas, mais do que uma "lei aplicável", cuja adoção é residual, significa que a instituição tem mais espaço para inovar. É justamente por ser uma norma de *soft law*, portanto, não sujeita às pressões e dificuldades do processo legislativo, que os Princípios deveriam inovar sempre que necessário, com o objetivo de servir de referência para o *melhor* direito contratual e não apenas o mais consagrado.

2.2 A Resolução por justa causa nos Princípios do UNIDROIT

A história da *Termination for Compelling Reasons* remonta praticamente à origem dos Princípios. Pouco depois da aprovação da 2ª Edição, o *Governing Counciul* do UNIDROIT determinou, em 2005, a constituição de um *Working Group* para a elaboração da terceira edição dos Princípios, que contaria com novos temas, dentre os quais a Resolução de contratos de longa duração por "justa causa" (*Termination for cause*), a precursora da *Termination for Compelling Reasons*[83].

Na primeira reunião, realizada em 2006,[84] o prof. François Dessemontet, da Universidade de Lausanne, foi nomeado relator da *Termination for cause*, sendo-lhe atribuída a tarefa de elaborar um *position paper* que deveria apresentar os contornos da proposta. O documento foi apresentado na 3ª reunião[85],

---

[83] "*The Governing Council, after expressing its appreciation for the efforts made to promote the Contract Principles and monitor their use in practice, instructed the Secretariat to set up a new Working Group to continue work on the Principles. As to the topics to be dealt with by the new Working Group, they will be selected at the Council's forthcoming session on the understanding that there was already wide support for unwinding of failed contracts, plurality of debtors and creditors, illegality, conditions and termination of long-term contracts for cause*" **UNIDROIT 2005 – C.D. (84) 22**, disponível em: <https://www.unidroit.org/english/governments/councildocuments/2005session/cd84-22-e.pdf>, acesso em: 10 jan. 2018.

[84] **UNIDROIT 2006 Study L – Doc. 99**, 29 May – 1 June 2006, disponível em: <https://www.unidroit.org/english/documents/2006/study50/s-50-099-e.pdf>, acesso em: 10 jan. 2018.

[85] **UNIDROIT 2008 – Study L – Misc. 28**, 26 – 29 May 2008, disponível em: <https://www.unidroit.org/english/documents/2008/study50/s-50-misc28-e.pdf>, acesso em: 10 jan. 2018.

CAPÍTULO 2 – A *TERMINATION FOR COMPELLING REASONS* NA REFORMA...

realizada em 2008, o que acabou contribuindo para a não inclusão do instituto na 3ª edição dos Princípios, publicada em 2010.

Segundo o *paper*, que reconhece a influência do §314 do BGB, a *Termination for cause* ocorreria quando uma alteração significativa e imprevista das circunstâncias num contrato de longa duração afetasse o equilíbrio na relação de confiança estabelecida entre as Partes, impossibilitando a manutenção da relação contratual:[86]

> The proposed provisions address extraordinary changes of circumstances which substantially affect a party's ability (or the ability of several parties to a multilateral agreement such as a joint venture with more than two partners) to continue to perform under an unchanged contract. (...) The draft provision should not be understood as allowing a termination for convenience in case of any change of circumstances, be it ever so slight. Rather, the changed circumstances are significant changes that have not been taken into account by the parties when apportioning the risks under the contract at the time of the conclusion of the contract. The change of circumstances is significant when it substantially affects a party's ability to rely on a reciprocal confidence and good faith in the performance of the contractual obligation.
>
> The proposed provisions do not collide with the initial or subsequent impossibility of the performance which the terminating party is under an obligation to make because the impossibility is seen as an absolute impossibility of fact or law to make the performance which is due under the contractual obligation, whereas the termination for just cause is based on an appraisal of the extraordinary circumstances of the case and a balance between the interests of both or all parties which

---

O relatório chegou a ser apresentado na 2ª reunião, realizada em 2007, mas a ausência do relator impossibilitou os debates. **UNIDROIT 2007 Study L – Misc. 27**, 4-8 June 2007, disponível em: <https://www.unidroit.org/english/documents/2007/study50/s-50-misc27-e.pdf>, acesso em: 10 jan. 2018.

[86] DESSEMONTET, **UNIDROIT 2007 Study L – Doc. 104 – Position Paper with Draft Provisions on Termination of Long Term Contracts for Just Cause**, p. 4/6.

make of the basically possible performance an intolerable burden for the debtor."

O documento segue esclarecendo a distinção entre a Resolução por justa causa e outros institutos similares, como a força maior e o *hardship*. Segundo o autor, a *Termination for cause* se distingue da força maior porque esta trata da hipótese de impossibilidade temporária ou definitiva do cumprimento das obrigações e se distingue do *hardship* porque este trata da alteração das circunstâncias que torna o cumprimento das obrigações excessivamente onerosa a uma das partes[87]. A Resolução por justa causa se diferencia destes institutos por tratar da hipótese em que ocorre um desequilíbrio entre os interesses das partes que torna a manutenção do contrato um "fardo intolerável" para uma delas.[88]

Quanto ao escopo de aplicação, o autor entende que a Resolução por justa causa deve ser aplicável aos contratos com forte carga relacional, em que a cooperação entre as Partes faz parte do núcleo da avença, citando como exemplo o contrato de distribuição, a prestação de serviços, entre outros:[89]

> To the contrary, the primary target of those draft provisions are the agreements that entail positive duties of cooperation between the parties, such as the joint marketing of products or services, the exchange of sensitive information, the opening of the books for checking figures on which royalties must be computed or common efforts of research and development for new products or new processes.

---

[87] A distinção entre estes institutos será melhor analisada no cap. 5 abaixo.
[88] "*The proposed provisions do not collide with the initial or subsequent impossibility of the performance which the terminating party is under an obligation to make because the impossibility is seen as an absolute impossibility of fact or law to make the performance which is due under the contractual obligation, whereas the termination for just cause is based on an appraisal of the extraordinary circumstances of the case and a balance between the interests of both or all parties which make of the basically possible performance an intolerable burden for the debtor.*" DESSEMONTET, **UNIDROIT 2007 Study L – Doc. 104 – Position Paper with Draft Provisions on Termination of Long Term Contracts for Just Cause**, p. 5.
[89] *Ibid.*, p. 5/6.

CAPÍTULO 2 - A *TERMINATION FOR COMPELLING REASONS* NA REFORMA...

> Under some systems of law, those contracts could be characterized as relational contracts, because they institute a long-term relationship of some degree of trust and confidence between the parties, without evidencing all the characteristics of a partnership or of a fiduciary relationship
>
> (...)
>
> Further, the contracts that are subject to a termination for cause are those which entail a continuing performance, or a periodical performance, or a repeated performance due after that some time has elapsed since the prior performance.

Ao tratar do conceito de "justa causa", o autor estabelece como premissa que a Resolução não deve ocorrer diante de qualquer alteração das circunstâncias, mas diante de eventos que causem "mudanças significativas" que afetem a confiança entre as partes[90]:

> The draft provision should not be understood as allowing a termination for convenience in case of any change of circumstances, be it ever so slight. Rather, the changed circumstances are significant changes that have not been taken into account by the parties when apportioning the risks under the contract at the time of the conclusion of the contract. The change of circumstances is significant when it substantially affects a party's ability to rely on a reciprocal confidence and good faith in the performance of the contractual obligation

Na sequência, o autor analisa precedentes da jurisprudência alemã e suíça[91]. A título de exemplo, ele cita um caso em que a Corte Federal Suíça considerou justa a Resolução do contrato diante da perda repentina da capacidade

---

[90] *Ibid.*, p. 6.
[91] Muito embora o Código Civil suíço não possua disposição expressa semelhante ao §314 do BGB, a jurisprudência reconhece a possibilidade de resolução por *juste motifs* com um princípio geral aplicável a todos os contratos de longa duração. Isso será melhor analisado no cap. 4 abaixo.

financeira de uma das partes[92]. Noutro caso, o atraso de uma das partes num contrato de desenvolvimento de tecnologia foi considerado passível de Resolução antes do prazo.

O autor comenta ainda outro caso muito interessante, em que, no contexto de uma *joint-venture* no ramo publicitário, o envolvimento do sócio com um caso de corrupção num país estrangeiro legitimou a Resolução por "justa causa", sob o entendimento de que a manutenção do contrato afetaria a reputação da parte "inocente".[93]

> For example, the case has been cited of one party to an advertising joint venture implying the lease of many billboards placed on public grounds and belonging to townships: when the main foreign partner of the local party was placed under arrest in a third country under suspicion of bribery of public officials of that country, the local partner could legitimately terminate the contract since the continuation of that contract would have ruined the credibility of the joint venture vis-à-vis public authorities. The example shows that the factual basis of the indictment against the foreign partner and his degree of fault were less relevant than the loss of business due to the public opinion.

O autor prossegue analisando a instrumentalização da Resolução por justa causa, propondo a necessidade de notificação prévia a fim de permitir a interrupção do fluxo de gastos de ambas as partes com o contrato. Quanto à eficácia da Resolução, defendeu que a Resolução por justa causa não tivesse efeitos retroativos, de modo que, sendo eficaz, não deveria conduzir as partes ao *status quo ante*. Além disso, afirmou que, caso a Resolução fosse considerada eficaz, as Partes deveriam observar certas obrigações, como a de encontro de contas, inventário, etc.[94]

---

[92] A jurisprudência alemã sobre este tema será comentada com maiores detalhes no cap. 4 abaixo.
[93] DESSEMONTET, **UNIDROIT 2007 Study L – Doc. 104 – Position Paper with Draft Provisions on Termination of Long Term Contracts for Just Cause**, p. 7.
[94] *Ibid.*, p. 7/10. Esta questão será melhor analisada no cap. 7 abaixo.

O paper se encerra apresentando uma minuta das eventuais disposições sobre a *Termination for cause* a serem discutidas pelo *Working Group*:[95]

Article 6.3.1

(Termination for just cause)

A contract entered into for an indefinite or definite period of time may be terminated for just cause by either party at any time in exceptional circumstances, with immediate effect if it is so warranted by the circumstances.

Article 6.3.2

(Definition of just cause)

There is a just cause, where the continuation of the contractual relationship until the agreed term cannot reasonably be expected of the party who terminates the contract, in particular:

(a) in case of a change in the circumstances, excluding non-performance and *hardship*, if continuation of the contract cannot reasonably be expected from the terminating party because of the importance of such change. Importance shall be defined by taking into account the nature of the contractual relationship and the circumstances of the case;

(b) in case of loss of trust between the parties, if that trust is an important component of the lasting contractual relationship.

As discussões sobre o *paper* na 2ª reunião do *Working Group* foram intensas.[96] Houve questionamentos sobre a possível sobreposição entre a Resolução por justa causa e o *hardship*, sobre o conceito de justa causa, a sua relação com o dever geral de agir conforme a boa-fé e também com o *pacta sunt servanda*. Dada a grande quantidade de dúvidas suscitadas, foi solicitado ao relator que

---

[95] O autor sugeriu a inclusão do art. 6.3.1 e 6.3.2, que tratam da hipótese da resolução por justa causa e dos arts. 7.3.5A e B, que tratariam dos efeitos da resolução. Não reproduzi
[96] **UNIDROIT 2008 – Study L – Misc. 28**, p. 64/70.

produzisse uma versão revisada do relatório, que foi finalmente apresentada na 4ª reunião do *Working Group*, realizada em maio de 2009[97].

O relatório revisado traz definições mais precisas dos conceitos em discussão. Sobre o conceito de justa causa, o autor esclareceu tratar-se de evento que afetaria a relação de forma intensa, a ponto de irrazoável a manutenção da relação contratual. Além disso, a justa causa se difere do inadimplemento, do *hardship*, da força maior, da imprevisibilidade e da impossibilidade, podendo se tratar de fato não necessariamente causado pela conduta de uma das Partes, ressaltando ainda a necessidade de sua aplicação residual e excepcional:[98]

> Just cause: a serious ground for modifying or ending the contractual relationship because the terminating party cannot be expected in justice, equity and good conscience to continue it until the agreed termination date or until the end of a notice period. The notion of just cause is not identical to the notion of breach of contract. Nor is it identical to the notion of *hardship*, force majeure, unforeseeability, clausula rebus sic stantibus, impossibility, or Act of God. The just cause may or may not relate to the conduct of one of the parties or to events happening outside its sphere of influence. The application of the alleged just cause for termination is residual: it should occur only when all other concepts above have been discussed in a specific case and have been found not to apply.

O relatório reforça as premissas estabelecidas na sua primeira versão, quanto à distinção com outros institutos similares, o escopo de aplicação e a noção de justa causa. Ao analisar o relatório revisado, o *Working Group* confirmou que as disposições não seriam adotadas na 3ª edição dos Princípios do UNIDROIT em função da ausência do relator na 2ª Reunião, o que tornou a discussão sobre o tema defasada em relação aos demais tópicos. Por isso, o assunto seria retomado num momento posterior – que viria a ser a revisão

---

[97] **UNIDROIT 2007 Study L – Misc. 29**, disponível em: <https://www.unidroit.org/english/documents/2009/study50/s-50-misc29-e.pdf>, acesso em: 18 jan. 2018.

[98] DESSEMONTET, François, **UNIDROIT 2009 Study L – Doc. 109 – Draft Chapter on Termination of Long Term Contracts for Just Cause**, disponível em: <https://www.unidroit.org/english/documents/2009/study50/s-50-109-e.pdf>, acesso em: 10 jan. 2018, p. 4.

para incluir disposições sobre contratos de longa duração, concluída em 2016 e que será analisada adiante.

A terceira edição dos Princípios seria publicada, enfim, no ano de 2010.[99] Seguindo a orientação de ser um *on going project*, o trabalho resultou na inclusão de temas de interesse da comunidade internacional, como restituição, validade dos contratos diante de normas de ordem pública (*illegality*), condições suspensiva e resolutiva e contratos multiparte. A reforma envolveu a inclusão de novos artigos e também a revisão marginal de alguns outros.[100]

Ao postergar a discussão sobre a Resolução por justa, o Unidroit abriu espaço para uma revisão mais ampla dos Princípios, que contemplaria disposições sobre contratos de longa duração, cujo próprio conceito se mostrou controverso nos debates anteriores. É possível especular, no entanto, se o atraso na discussão do relatório não teria causado a perda de "momento" para a aprovação dos dispositivos sobre a Resolução por justa causa, uma vez que, pela análise das atas dos encontros do *Working Group* para a versão de 2010, a resistência à aprovação era menor do que se mostrou na discussão na reforma de 2016. De todo modo, as discussões apontaram uma necessidade de discutir mais a fundo as particularidades do contrato de longa duração e, particularmente, a conveniência de se adotar um dispositivo semelhante ao §314 do Código Civil alemão – que o futuro *Working Group* viria a considerar como "Resolução por circunstâncias imperativas" (*Termination for Compelling Reasons*).

---

[99] GAMA JR., Lauro, **Princípios do UNIDROIT 2010**, disponível em: <https://www.unidroit.org/overview-principles-2010-other-languages/portuguese-black-letter>, acesso em: 2 jan. 2018.

[100] Um resumo sobre as disposições incluídas na 3ª edição dos Princípios pode ser encontrado no memorando elaborado pelo Secretariado na 5ª reunião do Working Group, realizada em maio de 2010 **UNIDROIT 2010 Study L – Doc. 119**, disponível em: <https://www.unidroit.org/english/documents/2010/study50/s-50-119-e.pdf>, acesso em: 18 jan. 2018. A ata da 5ª reunião **UNIDROIT 2010 Study L – Misc. 30**, disponível em: <https://www.unidroit.org/english/documents/2010/study50/s-50-misc30-e.pdf>, acesso em: 18 jan. 2018. A 3ª edição dos Princípios foi finalmente aprovada pelo Governing Council na 89ª Sessão, ocorrida em maio de 2010 **UNIDROIT 2010 C.D. (89) 3**, Annual Report, disponível em: <https://www.unidroit.org/english/governments/councildocuments/2010session/cd89-03-e.pdf>, acesso em: 18 jan. 2018.

2.2.1 A Reforma de 2016

Poucos anos após a 3ª Edição dos Princípios, o Secretariado do UNIDROIT apresentou ao *Governing Council*, em maio de 2013[101], um memorando recomendando a constituição de um *Working Group* para a elaboração de disposições específicas sobre contratos de longa duração. Segundo o memorando, muito embora os Princípios possuam disposições aplicáveis a esses contratos, seria conveniente a adoção de um tratamento mais sistematizado.

Segundo o memorando, os contratos de longa duração possuem particularidades que se apresentam desde a formação, pois as tratativas geralmente são longas e não lineares (*"without an identifiable sequence of offer and acceptance"*).[102] Além disso, o processo de formação conta com uma sequência de instrumentos, como cartas de intenção, memorandos de entendimento, etc., que vão construindo o contrato aos poucos.

Além disso, os contratos de longa duração, são, muitas vezes, "abertos", estabelecendo que determinado aspecto seja resolvido apenas no futuro, como nos casos em que a determinação de um preço deverá ser feita por um terceiro etc.[103]. Outro elemento diz respeito à necessidade de renegociação

---

[101] **UNIDROIT 2013 C.D. (92) 4 (b) – Governing Council 92nd session.**
[102] *Ibid.*, p. 2.
[103] Existe certa confusão entre o caráter "aberto" dos contratos de longa duração e a sua natureza "incompleta". O memorando se refere aos casos em que as partes deixam, propositalmente, certas questões em aberto para que sejam decididas no futuro, como ocorre, por exemplo, nos contratos de compra e venda com preço determinável, previstos nos arts. 485 a 488 do Código Civil brasileiro. Os Princípios regulam a questão no art. 2.1.14 (*Contract with terms deliberately left open*), como ressalta o memorando: "*The UNIDROIT Principles as they now stand already contain a number of provisions which meet the special needs of long-term contracts in general, and investment contracts in particular. Suffice it to mention Article 2.1.14 which, by stating that, if the parties intend to conclude a contract, the fact that they intentionally leave a term to be agreed upon in further negotiations or to be determined by a third person does not prevent the contract from coming into existence, is particularly suited to these types of contract where the parties, on account of the duration of the contract and/or the complexity of the subject, often leave open one or more terms because they are unable or unwilling to determine them at the time of conclusion of the contract*". *Ibid*. O caráter "incompleto" dos contratos de longa duração diz respeito à impossibilidade ou inviabilidade de prever todas as contingências a que o contrato pode estar sujeito no curso de sua vigência. Ver. Cap. 1 acima.

do contrato, muitas vezes necessárias em função do efeito do tempo e da alteração das circunstâncias[104].

Por fim, o memorando aponta uma lacuna nos Princípios, relativa à Resolução por "justa causa", que ocorre quando, num contrato de longa duração, determinado fato afeta gravemente a relação de confiança entre as Partes, por conta do seu forte componente relacional[105]:

> More importantly, the UNIDROIT Principles do not address the question as to whether, and if so to what extent, parties to *Long-term contracts* are entitled, even in the absence of any special provision to this effect in the contract, to terminate their contract for irreparable breakdown of their mutual trust and confidence (so-called *Termination for cause*). *Long-term contracts* are typically so-called "relational contracts", i.e., contracts giving rise to a more or less enduring relationship based on trust and confidence between the parties and an ongoing duty to cooperate so as to allow each party properly to perform its obligations. As a consequence, such contracts are subject not only to the usual risks of a breach by one of the parties or of supervening events making performance impossible or excessively more onerous, but also to the risk of an irreparable breakdown of the parties' mutual trust and confidence, making the continuation of their relationship, at least for one of the parties, no longer sustainable.

Diante da ausência de tratamento sistemático a problemas típicos dos contratos de longa duração, o *Governing Council*, em 2014[106], determinou a criação de um *Working Group* para tratar da revisão dos Princípios a fim de

---

[104] *"Moreover, also Articles 6.2.2 and 6.2.3 on hardship take into account the fact that long-term contracts in general, and investment contracts in particular, are for a variety of Reasons particularly exposed to the consequences of supervening unforeseeable events which may substantially alter the equilibrium of the contract as originally agreed upon between the parties, thereby requiring renegotiation and ultimately adaptation of the contract so as to restore the original equilibrium". Ibid.*

[105] *Ibid.*, p. 4.

[106] **UNIDROIT C.D. (93) 3 – Governing Council 93rd Session,** disponível em: <https://www.unidroit.org/english/governments/councildocuments/2014session/cd-93-03-e.pdf>, acesso em: 10 jan. 2018..

incluir novas disposições, revisar outras ou mesmo incluir comentários que contemplem as especificidades desses contratos.

2.2.1.1 A delimitação do escopo da revisão dos Princípios

A primeira reunião do *Working Group* ocorreu em janeiro de 2015, em Roma.[107] Nesta oportunidade, foi apresentado um *position paper* de autoria prof. Joachim Bonnel, presidente da Comissão.[108] O documento em questão serviu de base para os trabalhos que seriam desenvolvidos pelo *Working Group*, delimitando os temas a serem abordados e as questões a serem contempladas[109], que seriam as seguintes:

a) **Conceito de contrato de longa duração.** O professor Bonnel entende que o *Working Group* deveria se dedicar a delimitar seu conceito de contrato de longa duração, dando fim à controvérsia causada pela vagueza do termo. A proposta deveria, necessariamente, contemplar, como elementos qualificadores, não apenas a duração do contrato, como também o seu caráter relacional, que estaria presente em boa parte dos contratos de longa duração.[110]

---

[107] UNIDROIT 2015 Study L - Misc. 31 Rev - **First session of the Working group on Long-Term contracts**, disponível em: <https://www.unidroit.org/english/documents/2015/study50/s-50-misc31rev-e.pdf>, acesso em: 10 jan. 2018.

[108] MICHAEL JOACHIM BONELL, **UNIDROIT 2014 Study L - Doc. 126 - The UNIDROIT Principles of International Commercial Contracts and Long-Term Contracts**, disponível em: <https://www.unidroit.org/english/documents/2014/study50/s-50-126-e.pdf>, acesso em: 10 jan. 2018.

[109] O position paper do prof. Bonnel levou em consideração os temas suscitados no memorando apresentado pelo Secretariado na 93ª Sessão do Governing Council, assim como o *position paper* elaborado pelo prof. Dessemontet em 2009, analisado acima.

[110] *"Given the rather vague notion of 'long-term contracts', it might be necessary to better define the subject of the envisaged work to be undertaken. The Working Group may wish to move from a broad notion of long-term contracts and consider the contract duration as merely one of the aspects to be taken into account, since other aspects, such as the associative or relational" nature of most, though not all, long--term contracts, as opposed to the ordinary exchange contracts with instantaneous performance (so-called "discrete" or "one shot" contracts), represent an equally if not even more important feature"*. MICHAEL JOACHIM BONELL, **UNIDROIT 2014 Study L - Doc. 126 - The UNIDROIT Principles of International Commercial Contracts and Long-Term Contracts**, p. 2.

CAPÍTULO 2 - A *TERMINATION FOR COMPELLING REASONS* NA REFORMA...

b) **Contratos com termos abertos (*contracts with open terms*).** Neste ponto o Autor toma como referência o art. 2.1.14 (*Contract with terms deliberately left open*), que garante a validade do contrato mesmo quando as partes optam por deixar um determinado termo para definição posterior inclusive por um terceiro, tal como o preço, conforme previsto no art. 5.1.7.[111]

c) **Obrigação de negociar de boa-fé (*agreements to negotiate in good faith*).** Tomando por base o art. 2.1.15, que reprime a parte que negocia sem observar a boa-fé (*in bad faith*), o que ocorre, por exemplo, quando uma parte entra numa negociação sem a intenção de alcançar qualquer acordo, o autor defende que, diante do fato de que contratos de longa duração geralmente passam por revisões e aditivos durante a sua vigência, seria conveniente tratar especificamente do tema pela perspectiva dos contratos de longa duração.[112]

d) **Contratos com *evolving terms*.** O autor sugere que os Princípios reforcem o caráter vinculante da conduta adotada pelas Partes,[113]

---

[111] *"Article 2.1.14, which states that if the parties intend to conclude a contract the fact that they leave a term to be agreed upon in further negotiations or to be determined by a third person does not prevent the contract from coming into existence, is particularly suited to long-term contracts where parties, on account of the duration of the contract and/or the complexity of the subject, often leave open one or more terms because they are unable or unwilling to determine them at the time of the conclusion of the contract. However, the Working Group may wish to expand the Article further". Ibid., p. 3.*

[112] *"Article 2.1.15 does not affirmatively state a general duty of the parties to negotiate in good faith but merely prohibits negotiations in bad faith. Paragraph 3 specifies that it is bad faith, in particular, where a party enters into or continues negotiations despite its intention not to reach an agreement, and the comments add further examples of negotiations in bad faith, such as where one party has deliberately or by negligence misled the other party as to the nature or terms of the proposed contract, either by actually misrepresenting facts, or by not disclosing facts which, given the nature of the parties and/or the contract, should have been disclosed. However, in view of the fact that long-term contracts are normally concluded after prolonged negotiations and may also in the course of their performance on a number of occasions require (re-)negotiation of individual terms of the contract, the Working Group may wish to consider expanding at least the comments to Article 2.1.15." Ibid., p. 5.*

[113] *"In view of the fact that most long-term contracts are "evolutionary" in nature, i.e. require adaptations in the course of performance, it was noted that, even where the parties address at length what are to be the terms of their contract, their conduct over time often deviates from those terms and for quite good Reasons in some instances. Likewise, what the actual contract between the parties is, can from time to time be quite controversial, especially when the parties themselves acknowledge that their contract is an evolving one which is likely to require additional clauses, re-negotiation etc. but what already has been agreed and what needs to be, or remains to be, agreed is disputed between the parties."*

já previsto no art. 4.3, por conta do caráter "evolutivo" dos contratos de longa duração, no sentido de que, com o tempo, a conduta das partes se distancia do disposto no contrato originalmente, o que pode demandar pleitos de renegociação ou mesmo criar expectativas quanto a direitos e deveres adquiridos ou perdidos[114].

e) **Eventos supervenientes.** Considerando que os contratos de longa duração são mais sensíveis a eventos supervenientes, o autor propõe o estabelecimento de uma espécie de um dever geral de renegociar, aplicável não apenas ao *hardship*, mas a qualquer "evento disruptivo" que interfira significativamente no contrato, inclusive em caso de impossibilidade superveniente (força maior), de modo que o devedor, quando possível, deve mitigar os efeitos do evento causados pela impossibilidade.[115]

f) **Cooperação entre as Partes.** Muito embora os Princípios já prevejam um dever de mútua cooperação entre as Partes, no art. 5.1.3,

---

[114] Quanto ao tema da formação "contínua" dos contratos de longa duração, Paulo Araújo afirma que *"o contrato ou a relação contratual de longa duração está em constante formação (...) Há uma combinação construtiva entre o contrato e o tempo, permitindo assim sua evolução ao longo da duração da relação jurídico-contratual. O pacto contratual vai sendo construído pelas partes ao longo do tempo, conforme a relação jurídica entre elas se desenvolve. Essa evolução é marcada pelo encontro das partes não somente no momento da formação do vínculo contratual compreendida na definição voluntarista, mas também ao longo de sua execução. É diante dessa perspectiva que se pode afirmar que a visão contemporânea da noção de tempo do contrato deve contemplar uma pluralidade de tempos contratuais, isto é, uma pluralidade de momentos nos quais as partes impõem regras a reger o futuro da relação entre elas"*. ARAUJO, **Prorrogação compulsória de contratos a prazo**, p. 73/74. Sobre a aquisição e perda de direitos com base na conduta das partes, chamadas também de *surrectio* e *supressio*, ver DICKSTEIN, Marcelo, **A boa-fé objetiva na modificação tácita da relação jurídica: surrectio e supressio e**, Rio de Janeiro: Lumen Iuris, 2010.

[115] *"Apart from force majeure cases, in the course of the performance of long-term contracts there may be a number of other occasions where the parties have to face unexpected situations and/or resolve disagreements or veritable disputes about their respective obligations under the contract. The question was raised whether the UNIDROIT Principles should suggest that also for such cases the parties provide in their contract that they should first engage in negotiations in good faith and, should they fail to reach a satisfactory solution within a given period of time, that they should try to settle the dispute by mediation conducted by a qualified third person before resorting to arbitral or judicial proceedings."* MICHAEL JOACHIM BONELL, **UNIDROIT 2014 Study L – Doc. 126 – The UNIDROIT Principles of International Commercial Contracts and Long-Term Contracts**, p. 9. Sobre o dever de mitigação no direito comparado, inclusive nos Princípios do Unidroit, ver KULESZA, **Princípio da mitigação de danos: evolução no direito contratual**. Sobre o dever de renegociar, ver SCHREIBER, **Equilíbrio contratual e dever de renegociar**.

nos contratos de longa duração esta questão é mais sensível, merecendo, portanto, ser aprofundada no processo de revisão.[116]

g) **Restituição após o encerramento de contratos de prazo indeterminado.** De acordo com o art. 5.1.8 dos Princípios, o contrato com prazo indeterminado pode ser resilido unilateralmente por qualquer das partes a qualquer momento. O autor entende que deve ficar claro que, nestes casos, a resilição exclui a restituição por obrigações passadas, de modo que os efeitos devem ser apenas prospectivos e não retroativos.[117]

h) **Interferência mútua em contratos de longa duração (*Implementation by a group of linked contracts*).** Considerando ser comum, sobretudo em operações de infraestrutura e *Project finance*, o estabelecimento de grupos de contratos, o autor entende ser necessário tratar com mais detalhes da interferência cruzada e mútua entre estes diferentes instrumentos.[118]

i) **Obrigações pós-contratuais.** O autor entende que, muito embora a questão seja tratada no art. 7.3.5, por ser mais complexa em contratos de longa duração, deveria ser melhor aprofundada.[119]

---

[116] "*It was pointed out that the duty of co-operation between the parties in the course of the performance of the contract is particularly relevant in the context of long-term contracts. Since Article 5.1.3 states the duty of co-operation only in general terms, there might be the need to elaborate it further, either in the black-letter rule or in the Comments*". MICHAEL JOACHIM BONELL, **UNIDROIT 2014 Study L – Doc. 126 – The UNIDROIT Principles of International Commercial Contracts and Long-Term Contracts**, p. 10. Sobre o dever de cooperação nos contratos de longa duração, ver SCHUNK, Giulianna Bonanno, **Contratos de longo prazo e dever de cooperação**, São Paulo: Almedina, 2016.

[117] "*Though rather rare, there are cases where the duration of long-term contracts is neither determined nor determinable, or where the parties have stipulated that their contract is concluded for an indefinite period. For all these cases Article 5.1.8 provides that the contract may be ended by either party by giving notice a reasonable time in advance. However, granting the parties such a unilateral right to put an end to the contract may not be sufficient and it might be advisable to provide, analogously to Article 7.3.7, that once the contract has been ended restitution for past performances is excluded.*"MICHAEL JOACHIM BONELL, **UNIDROIT 2014 Study L – Doc. 126 – The UNIDROIT Principles of International Commercial Contracts and Long-Term Contracts**, p. 11.

[118] "*Should the UNIDROIT Principles address the issue of long-term contracts implemented by means of a group of linked contracts and, if so, would it be sufficient to do so in the comments (e.g. in a new Comment X to Article Y) along the lines set out in paragraphs 38 to 40 of the text?*" Ibid., p. 12.

[119] "*It was pointed out that the UNIDROIT Principles only marginally referred to postcontractual obligations. In fact, Art. 7.3.5 (3) merely states that "[t]ermination does not affect any provision in the*

j) **Resolução por justa causa (*Termination for cause*)**. Finalmente, no que diz respeito ao tema deste trabalho, o autor retoma a discussão iniciada durante o processo de elaboração da 3ª edição dos Princípios, analisado acima, ressaltando que o dispositivo não foi incluído na última revisão por "falta de tempo", mas que havia apoio significativo entre os membros da comissão constituída à época.[120]

O autor sugere que o *Working Group* analise se um contrato de longa duração, onde o aspecto relacional é essencial, deve permitir que uma das partes encerre um contrato diante de um fato que viole a confiança estabelecida entre as Partes (*"irreparable breakdown of their mutual trust and confidence"*). A hipótese estaria além do mero descumprimento das obrigações contratuais ou da alteração das circunstâncias que torne o cumprimento impossível ou excessivamente oneroso, mas que afete a confiança mútua, tornando a continuidade da relação insustentável (*unsustainable*). Segundo o autor, a hipótese é problemática quando não está contemplada numa cláusula resolutiva expressa, sugerindo que pode ser interessante regular a questão nos Princípios[121].

Os debates sobre o memorando do prof. Bonnel foram intensos[122]. O Grupo optou por postergar a decisão sobre o conceito de contrato de longa duração, pois havia controvérsia quanto à própria adoção de um conceito.

No que diz respeito à Resolução por justa causa, houve muitas preocupações quanto à vagueza do conceito e a insegurança que poderia gerar. Ainda assim, o prof. Zimmerman alertou que uma lacuna nos Princípios sobre a questão poderia levar a uma distorção do conceito de inadimplemento, a fim

---

contract for the settlement of disputes or any other term of the contract which is to operate even after termination". In view of the fact that in the context of long-term contracts the issue of post-contractual obligations is definitely more complex, the Working Group may consider dealing with it in a more detailed manner." HART, Oliver; MOORE, John, Contracts as reference points, **Quarterly Journal of Economics**, v. 123, n. 1, 2008, p. 13.

[120] Como já mencionado, a proposta sobre a resolução por justa causa não pôde ser amadurecida porque o relator, prof. François Dessemontet, não compareceu à 2ª reunião do Grupo de trabalho, o que fez com que as discussões sobre o tema ficassem defasadas. Por esta razão, decidiu-se por postergar a análise, o que ocorreu na revisão concluída em 2016.

[121] MICHAEL JOACHIM BONELL, **UNIDROIT 2014 Study L – Doc. 126 – The UNIDROIT Principles of International Commercial Contracts and Long-Term Contracts**, p. 12.

[122] **UNIDROIT 2015 Study L – Misc. 31 Rev – First session of the Working group on Long-Term contracts**.

de contemplar hipóteses em que a manutenção da relação se tornou inaceitável.[123] A respeito do tratamento da questão pelo direito alemão, ele afirmou que o §314, que fora incluído na Reforma do Direito das Obrigações em 2002, apenas positivou o que já vinha sendo adotado pela jurisprudência. Além disso, esclareceu que a Resolução por justa causa teria relação com a quebra de confiança estabelecida entre as partes na formação do contrato, citando exemplos, mas ressaltando que, mesmo na jurisprudência alemã, se tratava de hipótese excepcional:[124]

> There was a compelling reason if the terminating party, weighing the interests of both parties, could not reasonably be expected to continue. The German formula ("nicht zugemutet werden kann") went further than reasonableness, it went in the direction of unacceptable and intolerable. It was neither required, nor sufficient, that the other party had been at fault. If the compelling reason consisted in non-performance, the contract could only be terminated after the expiration of the notice period. This was in order to adjust this rule to the ordinary regime, whereby a special notice period had to be given. There was not as much case law as one might expect. He gave a few possible cases as examples: two parties are in a long-term relationship which involves that they sometimes have to meet; on those occasions one party repeatedly insults the other. This may lead to an irretrievable breakdown of the relationship and to the impossibility to co-operate any further. As second example he gave that of a private contract between an employee and an insurance company that paid him for any day that he was sick. The insurance company could terminate if he collected the payment even though in fact he worked. As third example, a contract had been concluded with a woman who wanted to work as a fitness instructor for one year and turned out to be pregnant. The fourth

---

[123] "Mr Zimmermann pointed out that if there was no provision along these lines in the Principles, there was a risk that termination for non-performance would become distorted if that was the only way to get out of a contract when upholding a relationship had become completely unacceptable. Secondly, the parties could, of course, agree on a clause in their contract, but that did not mean that the Principles should not have a provision." Ibid., p. 19.

[124] Ibid., p. 20.

example was that of a person taking out a life insurance contract, but turning out to be insolvent. The four examples were cases in which termination for cause had been allowed. Mr. Cohen wondered if the right to get out of the relationship was a right to do so without judicial action. Mr. Zimmermann confirmed that this was the case.

Ao final, foi decidido, com base na sugestão do prof. Zimmerman, que a terminologia adotada seria *Termination for Compelling Reasons*, em lugar de *Termination for cause*[125]. A mudança se justificaria pelo fato de que a Resolução, neste caso, seria "obrigatória", imperativa, de modo que a parte seria "compelida" a encerrar a relação.

Ainda nesta linha, o Grupo entendeu que, diante de uma justa causa, a manutenção da relação deveria ser *manifestly unreasonable* – a terminologia se justificaria para dar a dimensão excepcional à hipótese em discussão.[126] Neste caso, no entanto, adotaremos a tradução "manifestamente inexigível", por entender que a manutenção da relação não diz respeito a uma mera questão de razoabilidade, mas sim que a continuidade da relação é inaceitável em função da gravidade do fato. Assim, entendemos que a Resolução será admitida quando um "fato disruptivo" tornar a continuidade do contrato "manifestamente inexigível".

A discussão seguiu analisando questões como a necessidade de prévia notificação e se esta deveria ter eficácia imediata. Além disso, discutiu-se sobre os efeitos da Resolução na obrigação de indenizar serviços já prestados e também a possibilidade de a justa causa gerar direito à perdas e danos à parte afetada. Houve também discussões sobre a Resolução abusiva (*unlawful, unjustified termination*) e suas consequências. Tais questões, no entanto, seriam decididas em outra oportunidade.[127]

---

[125] *"Mr Zimmermann, echoing Sir Vivian's formula, suggested the following wording: "There is a compelling reason if, having regard to all the circumstances of the specific case and balancing the interest of both parties, it would be manifestly unreasonable to expect from the terminating party to continue the relationship". Ibid.*, p. 21.
[126] *"The Secretary-General thought that "manifestly unreasonable" captured the German formulation. Mr Zimmermann's suggestion of termination "for compelling Reasons" was also much better than "termination for cause" because it made it clear they they were talking about an exceptional remedy." Ibid.*
[127] *Ibid.*, p. 22/26.

Ao final do encontro, foram indicados os relatores para cada tópico, que deveriam apresentar minutas (*drafts*) das alterações propostas na Reunião seguinte. A minuta sobre o conceito de contrato de longa duração deveria ser apresentada pelo Prof. Bonnel e pelo Prof. Neil Cohen, da Brooklyn Law School. Já a minuta sobre a Resolução por justa causa deveria ser apresentada pelo prof. Zimmerman e por Sir Vivian Ramsey, magistrado inglês aposentado.

O resumo das conclusões da 1ª Reunião foram condensados num relatório apresentado posteriormente na 2ª Reunião do *Working Group*, que ocorreu em outubro de 2015[128].

2.2.1.2. Desenho final das propostas

A 2ª Reunião do *Working Group* foi em outubro de 2015, em Hamburgo, Alemanha, na sede do Instituto Max Planck de Direito Comparado e Internacional Privado.[129] Nesta oportunidade foram analisadas as minutas apresentadas pelos respectivos relatores, sendo feitas alterações que se encontram incluídas nos Anexos à ata da Reunião.[130]

2.2.1.3. O conceito de contrato de longa duração

Quanto ao conceito de contrato de longa duração, a redação proposta para o art. 1.11 (definições) foi a seguinte[131]:

> "*Long-term contracts*" refer to contracts which, contrary to simple exchange contracts to be performed at one time, involve, to a varying

---

[128] **UNIDROIT 2015 Study L – Doc. 127 – 2nd Session of the Working group on long-term contracts**, disponível em: <https://www.unidroit.org/english/documents/2015/study50/s-50-127-e.pdf>, acesso em: 11 jan. 2018.

[129] **UNIDROIT 2016 Study L – Misc. 32 – Report 2nd Session of the Working Group on Long-Term Contracts (Hamburg Report)**.

[130] As minutas propostas para acolher o conceito de contrato de longa duração encontram-se no Anexo 3 (p. 20/31). As propostas relativas à resolução por justa causa encontram-se no Anexo 10 (p. 82/87) do Hamburg Report.

[131] **UNIDROIT 2016 Study L – Doc. 128 rev**, disponível em: <https://www.unidroit.org/english/documents/2016/study50/s-50-128rev-e.pdf>, acesso em: 18 jan. 2018.

degree, performances extended over a period of time, complexity of the transaction, and a relationship between the parties.

Como se pode observar, a minuta qualifica o contrato de longa duração como aquele em que (i) as obrigações se prolongam no tempo e envolvem, em certo grau, (ii) uma operação complexa e (ii) uma relação entre as partes. Os três elementos, portanto, encontram-se em condição de igualdade.

Durante as discussões, no entanto, o Grupo optou por alterar a minuta, de modo que o conceito passaria a considerar a duração como o único elemento qualificador essencial,[132] sendo a complexidade da relação e o caráter relacional complementares, apesar de relevantes.[133]. Ao final, o conceito adotado foi o seguinte:

---

[132] *"With respect to the definition of long-term contracts in Article 1.11, the draft contained the following proposal: '"Long-term contracts' refer to contracts which, contrary to simple exchange contracts to be performed at one time, involve, to a varying degree, performances extended over a period of time, complexity of the transaction, and a relationship between the parties". The Group agreed, after thorough discussion, to replace it with new language, so as to read as follows: '"Long-term contract' refers to a contract which is to be performed over a period of time and which normally involves, to a varying degree, complexity of the transaction and an ongoing relationship between the parties". The reason for this change was that it was felt that the essential element of long-term contracts was the duration of the contract, while the complexity of the transaction and an ongoing relationship between the parties, though normally present to varying degrees, are not required."* **UNIDROIT 2016 Study L – Misc. 32 – Report 2nd Session of the Working Group on Long-Term Contracts (Hamburg Report)**, p. 2.

[133] O comentário ao art. 1.11 foi alterado para refletir esta mudança: *"The Principles, both in the black letter provisions and the comments, refer to "long-term contracts" as distinguished from ordinary exchange contracts such as sales contracts to be performed at one time. Three elements typically distinguish long-term contracts from ordinary exchange contracts: duration of the contract, an ongoing relationship between the parties, and complexity of the transaction. For the purpose of the Principles, the essential element is the duration of the contract, while the latter two elements are normally present to varying degrees, but are not required. The extent to which, if at all, one or the other of the latter elements must also be present for the application of a provision or the relevance of a comment referring to long-term contracts depends on the rationale for that provision or comment. For instance, Articles 6.3.1 et seq. presuppose an ongoing relationship, and Comment 2 to Article 5.1.3 presupposes an ongoing relationship between the parties and a transaction involving performance of a complex nature. Depending on the context, examples of long-term contracts may include contracts involving commercial agency, distributorship, out-sourcing, franchising, leases (e.g. equipment leases), framework agreements, investment or concession agreements, contracts for professional services, operation and maintenance agreements, supply agreements (e.g. raw materials), construction/civil works contracts, industrial cooperation, contractual joint-ventures, etc."* Ibid., p. 28.

"long-term contract" refers to a contract which is to be performed over a period of time and which normally involves, to a varying degree, complexity of the transaction and an ongoing relationship between the parties;

Entendemos que a mudança foi bem-vinda. Como veremos com mais detalhes adiante, nem todo contrato de longa duração é relacional. Ainda que, na maioria das vezes, nos contratos mais relevantes, o aspecto relacional exista e seja primordial, em termos conceituais os elementos não se confundem. Além disso, o conceito é bom porque permite restringir a incidência da *Termination for Compelling Reasons* apenas aos casos em que o contrato de longa duração for relacional.

2.2.1.4. *Termination for Compelling Reasons*

A proposta apresentada pelo prof. Zimmerman e Sir Ramsey contemplava a inclusão dos arts. 6.3.1, que tratava dos requisitos para a Resolução, 6.3.2, que trataria dos efeitos da Resolução e 6.3.3, que trata da hipótese de restituição:

ARTICLE 6.3.1

(Right to terminate for compelling reasons)

(1) A party may terminate a contract to be performed over a period of time on notice to the other party with immediate effect if there are compelling reasons for doing so.

(2) There are compelling reasons if, having regard to all the circumstances of the case and balancing the interests of the parties, it would be manifestly unreasonable for the terminating party to be expected to continue the contractual relationship.

ARTICLE 6.3.2

(Effects of termination for compelling reasons)

On termination of a contract for compelling reasons, the provisions of Article 7.3.5 apply.

ARTICLE 6.3.3

(Restitution on termination for compelling reasons)

(1) On termination of a contract for compelling reasons restitution can be claimed for the period before and after termination has taken effect.

(2) As far as restitution has to be made, the provisions of Article 7.3.6 apply.

Note que o conceito tem como traço essencial a ocorrência de uma justa causa que afete o equilíbrio de interesses das partes, tornando "inexigível" (*unreasonable*) a manutenção da relação – ou seja, levando à ruptura da confiança estabelecida, que é o verdadeiro vínculo e o principal elemento de um contrato de longa duração[134].

Curiosamente, no entanto, a expressão "balanço dos interesses das partes" (*balancing the interests of the parties*) foi substituída por "considerando todas as circunstâncias do caso", o que nos parece uma má decisão, na medida em que torna o critério mais amplo, o que pode ter contribuído para as críticas sobre a vagueza e a incerteza gerada pelo dispositivo.

No entendimento do *Working Group*, o teste determinante seria se a justa causa tornaria a manutenção do contrato "manifestamente inexigível" (*"whether it would be manifestly unreasonable for the terminating party to be expected to continue the contractual relationship"*), que é o mesmo critério adotado no direito alemão[135]. A avaliação deveria levar em consideração todas as circunstâncias envolvidas no caso, o que deveria contemplar a disparidade na relação de confiança entre as Partes.[136]

---

[134] A análise do vínculo no contrato de longa duração, que chamamos de "confiança relacional", será apresentada no cap. 4 abaixo.
[135] Cap. 4
[136] *"Regarding the meaning of the term 'compelling reason', the Group agreed, consistent with its decision at the first session, to emphasise that termination for compelling reason constituted an exceptional remedy, which could be resorted to only if the breakdown of the parties' relationship was irreparable. For there to be a compelling reason to terminate, the Group agreed that the decisive test was "whether it*

O grupo propôs alterações na parte relativa aos efeitos da Resolução, estabelecendo que esta seria eficaz a partir da notificação, e na parte relativa à restituição, fazendo referência aos artigos 7.3.5 e 7.3.7. Ao final, a proposta aprovada foi a seguinte:

ARTICLE 6.3.1

(Right to terminate for compelling reason)

(1) A party may terminate a long-term contract if there is compelling reason for doing so.

(2) There is compelling reason only if, having regard to all the circumstances of the case, it would be manifestly unreasonable for the terminating party to be expected to continue the contractual relationship.

(3) The right of a party to terminate the contract is exercised by notice to the other party.

(4) Termination of the contract for compelling reason takes effect as from the time of notice.

ARTICLE 6.3.2

(Effects of termination for compelling reason)

As to the effects of termination of a long-term contract for compelling reason in general, and as to restitution, the provisions in Articles 7.3.5 and 7.3.7 apply.

---

would be manifestly unreasonable for the terminating party to be expected to continue the contractual relationship." The Group further agreed that this determination had to be made by "taking into account all the circumstances of the case," which was felt to cover the balancing of the interests of the parties and that language was removed as it had been from the black letter rule. This was to be set forth in a new Comment 1." **UNIDROIT 2016 Study L – Misc. 32 – Report 2nd Session of the Working Group on Long-Term Contracts (Hamburg Report)**, p. 5.

Ao final do encontro, o Secretário-Geral ressaltou que todas as propostas haviam sido aprovadas – inclusive a Resolução por justa causa –, havendo apenas algumas modificações a serem feitas. Tudo indicava, portanto, que as propostas seriam aprovadas pelo *Governing Counciul* e, finalmente, incluídas nos Princípios do UNIDROIT.

No entanto, não foi o que aconteceu. A proposta de Resolução por justa causa recebeu fortes críticas de representantes do setor privado num evento realizado em Oslo, na Noruega, o que contribuiu para a sua rejeição, como se verá adiante.

2.2.1.5. O encontro de Oslo e a virada contra a Resolução por justa causa

Pouco depois da 2ª Reunião do *Working Group*, ocorreu uma "Reunião Consultiva" (*Consultation Meeting*) em março de 2016 na Universidade de Oslo, na Noruega. O objetivo do evento foi receber *feedback* da comunidade internacional sobre as propostas relacionadas aos contratos de longa duração. A plateia, composta por diversos representantes do setor privado e da área de energia, além de acadêmicos, participou ativamente das discussões.[137]

O painel sobre a Resolução por justa causa não contou com a participação dos relatores, prof. Zimmerman e Sir Vivian Ramsey – numa curiosa repetição do que ocorreu durante o processo de elaboração da 3ª edição dos Princípios, quando o prof. Dessemontet não pôde apresentar seu relatório sobre a "Resolução por justa causa". O fato de a defesa da proposta não ter sido feita pelos seus relatores decerto contribuiu para a rejeição da proposta pela audiência.

Em resumo, a recepção da audiência foi negativa. As críticas destacaram a insegurança gerada pelo instituto e o possível incentivo a comportamentos oportunistas, além do fato de ser, aparentemente, uma solução típica do direto alemão, e não uma prática consagrada em âmbito internacional.

---

[137] O áudio das discussões pode ser encontrado em **Oslo Report (audio) – UNIDROIT Principles – issues relating to long-term contracts**, disponível em: <http://www.jus.uio.no/ifp/english/research/news-and-events/events/2016/unidroit-consultation-meeting.html>, acesso em: 11 jan. 2018. O autor teve acesso às transcrições dos debates, ainda não disponibilizado oficialmente pelo Unidroit. As citações foram feitas com base nestas transcrições e comparadas ao áudio dos debates em questão.

As críticas têm fundamento. De fato, em contratos de longa duração que envolvem investimentos financeiros vultosos, não se pode admitir brechas para o abuso e o comportamento oportunista. Por isso, entendemos que pode existir um problema de "desenho regulatório" na proposta apresentada, que, muito embora tenha o mérito de contemplar uma hipótese que é inerente ao contrato de longa duração, não estabeleceu salvaguardas claras a fim de reprimir o abuso e o comportamento oportunista.

A esse respeito, há apenas um comentário ao art. 6.3.1, que prevê que a Resolução ilegal pode equivaler a um inadimplemento antecipado (*anticipatory non-performance*), permitindo, no máximo, a Resolução com perdas e danos com base no art. 7.3.3 ou pleitear a manutenção do contrato com base no art. 7.3.4[138]. A importância desta questão é tamanha que tais disposições seriam merecedoras de uma referência expressa no corpo do texto (*black letter rule*) e não apenas no comentário. De qualquer forma, a resistência demonstrada pelo público no evento de Oslo, formado de "usuários" dos Princípios, contribuiu fortemente para a rejeição da proposta pelo *Governing Counciul*.

2.2.1.6. O relatório final e a rejeição à proposta pelo *Governing Counciul*

Finalmente, em maio de 2016, o *Governing Counciul* se reuniu na 95ª Sessão[139], quando apreciou as propostas de revisão dos Princípios, aplicáveis aos contratos de longa duração. Após muitos debates, a proposta relativa à Resolução por justa causa (*Termination for Compelling Reasons*) foi rejeitada, enquanto as demais propostas foram aprovadas integralmente. As discussões foram feitas com base num relatório final elaborado pelo Prof. José Antonio Moreno Rodríguez[140], que, após consultar uma série de juristas latino-americanos,

---

[138] "*3. Inappropriate termination for compelling reason. If a party gives notice of termination under this Article without there being compelling reason, this may constitute anticipatory non-performance. The other party may then terminate the contract for fundamental non-performance under Article 7.3.3. Alternatively, that party may keep the relationship alive and withhold its own performance under Article 7.3.4*". **UNIDROIT 2016 Study L – Misc. 32 – Report 2nd Session of the Working Group on Long-Term Contracts (Hamburg Report)**, p. 86.

[139] **UNIDROIT C.D. (95) 3 – 95th Session of the Governing Council.**

[140] RODRIGUEZ, José Antonio Moreno, **Termination for Compelling Reasons and Latin America**, Rome: [s.n.], 2016.

recomendou a rejeição da proposta. Analisemos o relatório antes de entrar nas discussões no seio do *Governing Counciul*.

2.2.1.7. Relatório final

O Relatório inicia chamando atenção para a resistência à proposta observada no evento realizado em Oslo, sobretudo ao fato de a Resolução por justa causa (Termination for compelling Reasons) ser uma particularidade do direito alemão, o que seria contrário ao costume estabelecido nos Princípios de adotar apenas regras amplamente aceitas pela comunidade internacional.[141]

Após resumir os comentários dos professores consultados,[142] o autor concluiu que a Resolução por justa causa não seria uma prática adotada nos ordenamentos latino-americanos, ressalvando que, caso fosse aprovada, deveria se restringir apenas a certos tipos de contratos, como os de agência e distribuição, não sendo aplicável, por exemplo, a contratos de construção ou de infraestrutura.[143]

Nesse tema em particular, é importante ressaltar que, de fato, há contratos nos quais a Resolução por justa causa é, de certa forma, mais intuitiva, nos contratos de sociedade, agência, distribuição etc. Não é por outra razão, inclusive, que diversos ordenamentos preveem a possibilidade de Resolução diante de uma ruptura da confiança – como ocorre, por exemplo, no Brasil, em que é possível a exclusão de um sócio por "falta grave" ou "justa causa".[144] O mesmo ocorre no direito alemão, como veremos adiante.

---

[141] "This issue will surely trigger important debates at this year's Governing Council session, even more so after the strong resistance against the figure encountered in a recent event that took place in Oslo, as reflected in the so-called "Oslo Report". Termination for compelling Reasons -grounded on German roots-, is not extended in comparative law and until now, a constant of the UNIDROIT Principles has been the inclusion of figures of wide acceptance in the contractual world, saving particular cases in which there were powerful Reasons to innovate. Therefore, there is a concern that this inclusion in the text of the 2016 Principles would go against the spirit observed in all past editions". Ibid., p. 1.

[142] Foram consultados os professores Alejandro Garro e Julio César Rivera (Argentina), Lauro Gama Jr. e Frederico Glitz (Brasil), Rodrigo Momberg (Chile), Jorge Oviedo Albán e Maximiliano Rodríguez Fernández (Colômbia), Hilario Leysser León (Peru), Cecilia Fresnedo de Aguirre, Gonzalo Lorenzo Idiarte e María Laura Capalbo Alzogaray (Uruguai), além de Claudia Madrid Martínez (Venezuela).

[143] RODRIGUEZ, **Termination for Compelling Reasons and Latin America**, p. 23.

[144] Arts. 1.030 e 1.085, do Código Civil

A questão, no entanto, é que a jurisprudência alemã transformou esta disposição, geralmente prevista em contratos típicos, num princípio geral, reconhecendo que não apenas estes contratos em particular, mas todo contrato de longa duração, deve ser passível de Resolução diante de uma justa causa.

No entanto, o fato de o instituto ser mais adequado a alguns tipos específicos de contrato não justifica a rejeição da proposta. Pelo contrário. Basta reconhecer que todo contrato de longa duração está sujeito às mesmas contingências que estes contratos "típicos", como fizeram a jurisprudência alemã e a suíça, transformando a Resolução por justa causa num princípio geral[145].

Ao final, ele resumiu as razões para a rejeição: (i) trata-se de instituto desconhecido na maior parte dos países, (ii) mesmo considerando que os Princípios podem inovar, tal não deve ocorrer por meio de propostas consideradas "radicais", (iii) haveria uma contradição com o princípio da conservação dos contratos (*favor contractus*), que permeia os Princípios e (iv) o mesmo resultado poderia ser alcançado por outras disposições presentes nos Princípios.[146]

Cada uma destas justificativas é legítima, mas contestável[147]: (i) o fato de ser "desconhecido" não significa que não seja adequado, até porque o UNIDROIT já inovou em outras oportunidades, como quando incluiu a disposição sobre *hardship* com uma estrutura diferente da adotada nos ordenamentos tradicionais, (ii) a disposição não é de modo algum "radical", mas apenas reconhece um aspecto intrínseco ao contrato de longa duração, que é a importância do vínculo de confiança, cuja ruptura deve legitimar a Resolução, (iii) não há contradição com o princípio da conservação dos contratos, uma vez que o instituto, assim como o hardship, visa dar solução ao caso em que um "evento disruptivo" leva à ruptura da confiança, inviabilizando a continuidade da relação e (v) de fato é possível adotar uma interpretação extensiva de outros institutos, como o inadimplemento substancial e o *hardship*, mas os Princípios do UNIDROIT, por ser uma norma de *soft law*, podem adotar disposições mais precisas, uma vez que não precisam se submeter a um processo legislativo longo, custoso e imprevisível.

---

[145] A questão será devidamente analisada no cap. 4 adiante.
[146] RODRIGUEZ, **Termination for Compelling Reasons and Latin America**, p. 25/26.
[147] Estas questões serão analisadas com mais detalhes nos capítulos adiante.

2.2.5.8. Sessão do *Governing Counciul*

As discussões sobre a revisão dos Princípios se iniciaram com um resumo as alterações propostas pelo prof. Bonnel, *chairman* do *Working Group*[148]. Ao tratar da Resolução por justa causa, o professor mencionou as preocupações e críticas sobre a proposta, num prenúncio da reação que viria a seguir.[149]

Não houve grande controvérsia com relação às demais propostas. Tanto o conceito de contrato de longa duração quanto as demais alterações foram aprovadas sem grandes debates. No que diz respeito à Resolução por justa causa (*Termination for compelling Reasons*), a rejeição ocorreu basicamente pelo temor de a proposta desestimular o uso dos Princípios. A reação do público no evento de Oslo foi determinante para a rejeição pelo *Governing Counciul*, de modo que os argumentos levantados na reunião foram muito similares: a proposta geraria insegurança, não representa uma prática consolidada em diversas jurisdições e poderia afetar a receptividade dos Princípios.

Curiosamente, no entanto, muitos dos presentes reconheceram que o "problema" da ruptura na relação de confiança existe, mas apenas discordaram da solução, por entender, por exemplo, que os requisitos apresentados na proposta seriam muito amplos.

---

[148] UNIDROIT C.D. (95) 3 – 95th Session of the Governing Council.

[149] "*Regarding Annex 8 on termination for compelling reason, he noted that the proposed provisions were the most innovative among all the proposed amendments and additions to the Principles. He then noted that, in view of the reservations expressed by some Members of the Governing Council regarding termination for compelling reason, the Working Group had appointed two of its most eminent experts, Sir Vivian Ramsey and Mr Reinhard Zimmerman, as Co-Rapporteurs. After reading out the proposed Article 6.3.1, he emphasized that that Article and the related Comments made it very clear that the right of termination under these provisions was an exceptional remedy, which could be resorted to only for long-term contracts characterized by an ongoing relationship of co-operation and trust between the parties, specifically in situations where that relationship irreparably broke down to the extent that it would be manifestly unreasonable for the terminating party to be expected to continue the contractual relationship. He then recalled the concerns of some Members of the Governing Council regarding the relationship between Article 6.3.1 and other provisions already dealing with termination, as well as potential abuse of the provision. For the former concern, he stated that the Working Group had decided to address it expressly in Comment 2, which included various illustrations. For the latter concern, he similarly stated that it had been expressly addressed in Comment 3, which made clear that inappropriate termination would constitute anticipatory repudiation, resulting in the other party's ability to terminate the contract for fundamental non-performance. He then pointed out that Comment 4 made clear that the proposed provisions were of a non-mandatory nature.*". Ibid., p. 8.

A maior preocupação, no entanto, foi com o impacto negativo da *Termination for compelling Reasons* na receptividade dos Princípios. Boa parte dos presentes se rendeu ao risco – talvez exagerado – de que muitos profissionais poderiam não apenas excluir a provisão, como a proposta permite, mas simplesmente abandonar o uso dos Princípios.

Por outro lado, alguns dos presentes, dentre os quais o prof. Bonnel, alegaram que os Princípios têm um papel de apontar tendências, de inovar e não apenas de refletir práticas já consagradas. O prof. Komarov chegou a afirmar que os Princípios deveriam ser entendidos como um repositório de ferramentas que pudessem orientar as Partes na elaboração de seus contratos – e neste sentido a Resolução por justa causa poderia ser útil.[150]

Ao final, o Presidente propôs uma solução conciliatória, que seria incluir a Resolução nos comentários e não nas *black letter rules*, particularmente um comentário ao art. 5.1.3. A sugestão teve algum apoio, o que não prosperou. O Secretário-Geral ressaltou que a proposta foi rejeitada fortemente por profissionais da área de energia e talvez a Resolução não seja adequada para estes tipos de contrato, mas defendeu que certamente haveria contratos em que, por ser a confiança um elemento determinante, o instituto seria útil. Ainda assim, não houve apoio à proposta alternativa, de modo que a Resolução por justa causa foi, enfim, rejeitada.

2.3. Conclusão

A análise da tramitação da proposta de *Termination for Compelling Reasons* no UNIDROIT é útil não apenas para a compreensão do instituto, mas sobretudo para conhecer as críticas à sua adoção. Como vimos, houve forte resistência do público com foco no alegado desconhecimento do instituto, que seria uma particularidade do direito alemão e, portanto, não deveria ser contemplado pelos Princípios e pela possível insegurança que a Resolução por justa causa poderia causar.

---

[150] *"Mr Komarov stated that he found the provisions to be good overall and disagreed with the notion that they would harm the Principles. He noted that the purpose of the Principles was not to create perfect rules, but to be an instrument that provided tools for parties to use in the creation of their contracts."* Ibid., p. 15..

Vimos acima que os Princípios não se limitam a simplesmente reunir as práticas mais consagradas e amplamente adotadas, mas também as melhores práticas. Neste sentido, o argumento que de a *Termination for Compelling Reasons* seria desconhecida não é suficiente para rejeitar a sua adoção. Sua trajetória é muito similar à da inclusão das disposições sobre *hardship*, cujo desenho adotado era inovador e acabou por influenciar diversos ordenamentos e instrumentos de harmonização nos anos seguintes.

Além disso, veremos adiante que o instituto atende perfeitamente às particularidades do contrato de longa duração, na medida em que reconhece a importância do laço peculiar de confiança, cuja ruptura deve permitir a Resolução.

Assim, é possível afirmar que o UNIDROIT perdeu a oportunidade de se colocar – novamente – na vanguarda com relação ao regime de resolução do contrato de longa duração. Obviamente, isso não desmerece o fantástico trabalho do instituto, que prestou um relevante serviço ao chamar atenção para a necessidade de adotar dispositivos talhados especificamente para as particularidades de longa duração. Infelizmente, no entanto, nos parece que a missão não foi totalmente cumprida em função da rejeição à proposta da *Termination for Compelling Reasons*, mas nada impede que seja contemplada numa futura versão dos Princípios – e, principalmente, nada impede que seja adotada por outros ordenamentos, como o brasileiro.

Capítulo 3
As Raízes Germânicas da Resolução do Contrato de Longa Duração pela Quebra Absoluta de Confiança

Como visto no capítulo anterior, a proposta de inclusão da *Termination for Compelling Reasons* nos Princípios do UNIDROIT tem inspiração no §314 do Código Civil alemão. A compreensão do instituto, portanto, exige a investigação das suas origens. A redação do dispositivo é a seguinte[151]:

> §314(1) Each party may terminate a contract for the performance of a continuing obligation for a compelling reason without a notice period. There is a compelling reason if the terminating party, taking into account all the circumstances of the specific case and weighing the

---

[151] Texto original em alemão: *§314(1) Dauerschuldverhältnisse kann jeder Vertragsteil aus wichtigem Grund ohne Einhaltung einer Kündigungsfrist kündigen. Ein wichtiger Grund liegt vor, wenn dem kündigenden Teil unter Berücksichtigung aller Umstände des Einzelfalls und unter Abwägung der beiderseitigen Interessen die Fortsetzung des Vertragsverhältnisses bis zur vereinbarten Beendigung oder bis zum Ablauf einer Kündigungsfrist nicht zugemutet werden kann. (2) Besteht der wichtige Grund in der Verletzung einer Pflicht aus dem Vertrag, ist die Kündigung erst nach erfolglosem Ablauf einer zur Abhilfe bestimmten Frist oder nach erfolgloser Abmahnung zulässig. Für die Entbehrlichkeit der Bestimmung einer Frist zur Abhilfe und für die Entbehrlichkeit einer Abmahnung findet § 323 Absatz 2 Nummer 1 und 2 entsprechende Anwendung. Die Bestimmung einer Frist zur Abhilfe und eine Abmahnung sind auch entbehrlich, wenn besondere Umstände vorliegen, die unter Abwägung der beiderseitigen Interessen die sofortige Kündigung rechtfertigen. (3) Der Berechtigte kann nur innerhalb einer angemessenen Frist kündigen, nachdem er vom Kündigungsgrund Kenntnis erlangt hat. (4) Die Berechtigung, Schadensersatz zu verlangen, wird durch die Kündigung nicht ausgeschlossen.*

interests of both parties, cannot reasonably be expected to continue the contractual relationship until the agreed end or until the expiry of a notice period.

(2) If the compelling reason consists in the breach of a duty under the contract, the contract may be terminated only after the expiry without result of a period specified for relief or after a warning notice without result. Section 323 (2) number 1 und 2 applies, with the necessary modifications, as regards the dispensability of specifying a period for such relief and as regards the dispensability of a warning notice. Specifying a period for relief and issuing a warning notice can also be dispensed with if special circumstances are given which, when the interests of both parties are weighed, justify immediate termination.

(3) The person entitled may give notice only within a reasonable period after obtaining knowledge of the reason for termination.

(4) The right to demand damages is not excluded by the termination.

Procederemos a uma breve introdução do instituto em termos gerais, seguindo com uma breve análise histórica e um comentário sobre o importante reconhecimento, pela doutrina portuguesa, da conveniência de estabelecer a Resolução por justa causa como um princípio geral aplicável a todos os contratos de longa duração.

3.1. A origem germânica e a lacuna preenchida pelo §314 do BGB

Segundo Vogenauer, a *Termination for Compelling Reasons* foi uma das poucas propostas apresentadas com forte ligação a apenas um ordenamento em particular.[152] De fato, houve uma intensa discussão no âmbito do *Working Group*

---

[152] "It should become clear at this stage that the new provision on termination for compelling reasons is one of the few examples where a PICC rule is very closely modelled on the example of a single Domestic

para a revisão dos Princípios sobre a conveniência de adotarem uma norma que não seria fruto de um "consenso" internacional, o que no fundo é parte de um debate que remonta à criação dos Princípios, se devem se limitar a representar as "práticas consagradas", fruto de um consenso internacional, ou se podem inovar[153]. Nosso entendimento, como já afirmado,[154] é de que nada impede que os Princípios inovem, de modo que seja um compêndio não apenas das práticas consolidadas, mas também das práticas mais adequadas ao contexto internacional.

Neste sentido, muito embora seja verdadeiro que o §314 do BGB é a única norma conhecida dentre os ordenamentos relevantes a permitir, *expressamente*, a Resolução pela quebra absoluta da confiança de todos os contratos de longa duração e não apenas em certos contratos típicos, é também verdadeiro que esta modalidade de Resolução do contrato de longa duração não é, de maneira alguma, estranha aos ordenamentos jurídicos em geral. É comum que certos contratos de longa duração com forte carga relacional (como os contratos de agência e distribuição, prestação de serviços e etc.)[155] permitam a Resolução

---

contract law". O autor menciona como exemplo de outras normas o art. 5.7.1, que trata da possibilidade do preço de um contrato ser determinado por terceiros ou com base nos valores praticados naquele determinado mercado – é semelhante aos arts. 485 a 488 do Código Civil Brasileiro. VOGENAUER, Termination of Long-term Contracts "for Compelling Reasons" under the UNIDROIT Principles: The German Origins. P. 1702

[153] Bonnel aponta que este conflito está presente desde a gênese dos Princípios. Segundo o autor, os "tradicionalistas" entendiam que os Princípios deveriam se limitar a reconhecer institutos bem estabelecidos, ao passo que os "inovadores" estariam mais dispostos a contemplar soluções mais recentes, ainda que não contassem com ampla aprovação internacional. No final, os Princípios adotam uma postura equilibrada entre estas visões, tendo como objetivo comum sempre a adoção das regras mais adequadas ao comércio internacional e que possam contemplar diferentes tradições jurídicas. BONNEL, Michael Joachim, The Unidroit Principles of International Commercial Contracts: preparation and sources of inspiration, *in*: BONNEL, Michael Joachim (Org.), **An international restatement of contract law – the Unidroit Principles of International Commercial Contracts**, New York: Transnational Publichers, 2004, p. 48/56.

[154] Cap. 2

[155] O próprio Vogenauer destaca que nos debates sobre a proposta da *"Termination for Compelling Reasons"* no Unidroit, foram mencionadas outras normas que permitiam a resolução diante de "circunstâncias excepcionais" de certos contratos, como no direito italiano e também precedentes de diferentes jurisdições, como no Brasil (ele se refere ao REsp 388.423/RS, apontado pelo prof. Lauro Gama como um possível exemplo), na Austrália e a própria Suíça, além de mencionar que a CCI (Câmara de Comércio Internacional) possui contratos-modelo

por "justa causa", ou seja, que diante da ocorrência de um evento grave – que pode ou não ser um inadimplemento – se torne inexigível a continuidade daquela relação.

O que distingue o §314 do BGB dos demais é que ele estende esta possibilidade a todos os contratos de longa duração, o que já era admitido há décadas na jurisprudência alemã (e passou a ser recentemente na Jurisprudência suíça[156]), tendo sido positivado apenas na reforma de 2002[157].

Além disso, é possível afirmar que existe certo consenso na doutrina especializada de que as normas gerais sobre Resolução dos contratos não atendem adequadamente às particularidades dos contratos de longa duração, sobretudo aqueles com maior carga relacional.[158] O entendimento é que nestes contratos o elemento da confiança possui caráter essencial, de modo que, uma vez quebrado, torna inexigível a continuidade da relação.[159]

Essa "lacuna" seria fruto da centralidade que o contrato de compra e venda possui na dogmática tradicional, influenciado pelas grandes codificações.

---

de agência, distribuição e franquia que permitem a resolução diante de "circunstâncias excepcionais". "*Other contract laws were mentioned only occasionally, for example, italian rules on dissolving specific types of relational contracts, sucha as partnership, for exceptional reasons; a decision of the Brazilian Superior Tribunal of Justice; and a case decided by the Australian Federal Court. If at all, there were occasional references to the case law of the Swiss Courts which is very similar to the German solution. The various ICC model Contracts on agency, distributorship and franchising, all of which contains comparatively detailed clauses for termination in 'exceptional circumstances' were hardly mentioned and not discussed further.*" VOGENAUER, Termination of Long-term Contracts "for Compelling Reasons" under the UNIDROIT Principles: The German Origins, cit. Págs. 1702/1703.

[156] Uma análise detalhada da hipótese no direito suíço pode ser encontrada em VENTURI-ZEN-RUFFINEN, Marie-Noëlle, **La résiliation pour justes motifs des contrats de durée**, Geneva: Schulthess, 2007. Cristoph Brunner também analisa a questão em BRUNNER, Force Majeure and *Hardship* under General Contract Principles: Exemption for Non-performance in International Arbitration.

[157] Sobre a positivação de institutos de criação jurisprudencial, ver SCHNEIDER, Winfried-Thomas, La codification d'institutions prétoriennes, *in*: WITZ, Claude; RANIERI, Filipo (Orgs.), **La Réforme du Droit Allemand des Obligations**, Paris: Société de Législation Comparée, 2002. Para uma análise mais detalhada da reforma do BGB, ver ZIMMERMANN, Reinhard, **The New German Law of Obligations**, 1a. ed. Oxford: Oxford University Press, 2005.

[158] Sobre a necessidade de desenvolver normas que atendam às especificidades dos contratos de longa duração, ver EISENBERG, Why There Is No Law of Relational Contracts?

[159] EISENBERG, Relational Contracts.

CAPÍTULO 3 - AS RAÍZES GERMÂNICAS DA RESOLUÇÃO DO CONTRATO DE LONGA DURAÇÃO...

Segundo Walter Doralt,[160] isso é tão verdadeiro que todos os instrumentos de harmonização do direito contratual internacional, desde a ULIS e a ULF,[161] passando pela CISG[162] e mesmo pelos Princípios do Direito Contratual Europeu (PECL)[163] e a recente proposta da Common European Sales Law (CESL),[164] tiveram como *benchmark* o contrato de compra e venda. É possível afirmar que isso ocorre, inclusive, com os próprios Princípios do UNIDROIT – assim é que houve uma reforma justamente para incorporar dispositivos aplicáveis somente aos contratos de longa duração.[165]

O direito alemão, portanto, tem o mérito de ter suprido esta lacuna, transformando a possibilidade de Resolução pela quebra absoluta da confiança em regra geral, aplicável a todos os contratos de longa duração.

---

[160] DORALT, Right to Terminate for Compelling Reason (Commentary to Art. 6.3.1 PICC).

[161] A ULIS (Uniform Law for the International Sale of Goods) e a ULF (Uniform Law on the Formation for the International Sale of Goods) foram fruto da primeira tentativa de uniformizar o direito da compra e venda de mercadorias em âmbito global. Os instrumentos não tiveram sucesso, tendo servido de base, no entanto, para a elaboração da CISG, na década de 1980. Para uma análise histórica da CISG e sua relação com estes instrumentos, ver SCHLECHTRIEM, **Uniform Sales Law – The UN-Convention on Contracts for the International Sale of Goods**.

[162] O Brasil é signatário da Convenção desde 2014, muito embora o instrumento tenha entrado em vigor desde 1988. Para uma análise do processo de acessão pelo Brasil e a necessidade de interpretação conforme o art. 7º, ver MOREIRA; MENDES, A Interpretacao da CISG Pelo Arbitro e Sua Desvinculacao do Direito Brasileiro.

[163] O PECL (acrônico em inglês para os Princípios do Direito Europeu dos Contratos) foi um dos trabalhos preparatórios para a elaboração de um Código Civil Europeu, publicado em 1995 e 2003 pela Comissão de Direito Europeu dos Contratos, também chamada de "Comissão Lando", pois era comandada pelo prof. Ole Lando. Uma análise histórica do movimento de harmonização e uniformização do direito privado pode ser encontrada em VICENTE, Expectativas de Harmonização e unificação internacional do direito privado numa época de globalização da economia.

[164] A CESL (*Common European Sales Law*) foi a mais recente tentativa de uniformização do direito contratual europeu relativo à compra e venda. Para uma análise do projeto, no contexto dos esforços para a harmonização do direito privado europeu, ver DANNEMAN, Gerhard; VOGENAUER, Stefan, The European Contract Law Initiative and the 'CFR in Context' Project, *in*: DANNEMAN, Gerhard; VOGENAUER, Stefan (Orgs.), **The Common European Sales Law in Context: Interactions with English and German Law**, Oxford: Oxford University Press, 2013.

[165] Segundo Bonnel, a CISG foi uma das fontes de inspiração para a elaboração dos Princípios, o que significa que estes bebem da mesma fonte dogmática que tem como referência o contrato de compra e venda. BONNEL, The UNIDROIT Principles of International Commercial Contracts: preparation and sources of inspiration.

Por isso, entendemos que o UNIDROIT, ao rejeitar a proposta de inclusão da *Termination for Compelling Reasons*, perdeu a oportunidade de se colocar na vanguarda do direito contratual.

3.2. A construção jurisprudencial do instituto e sua positivação na Reforma de 2002

O §314 do BGB, que inspirou a proposta da *Termination for Compelling Reasons* nos Princípios do UNIDROIT, trata da "Resolução do Contrato de Longa Duração por Justa causa" (*Kündigung von Dauerschuldverhältnissen aus wichtigem Grund*)[166] e prevê que uma parte pode resolver um contrato de longa duração sempre que estiver diante de uma justa causa. Tal dispositivo foi inserido no BGB somente na reforma de 2002, ocorrida pouco depois do centenário do Código, em vigor desde 1900.

Originalmente, o BGB não possuía uma disposição genérica que permitisse a Resolução por justa causa de todos os contratos de execução continuada (*Dauerschuldverhältnisse*), mas somente de alguns tipos específicos, como o contrato de locação (§543), prestação de serviços (§626) e dissolução da sociedade (§723).

No início do século XX, no entanto, a Jurisprudência alemã cuidou de ampliar o alcance dos institutos em questão, sobretudo o §626(1), que trata da prestação de serviços, fazendo-o incidir sobre todos os contratos de longa duração.[167] Franz Wieaker, ressaltando a importância da jurisprudência no desenvolvimento do direito obrigacional alemão,[168] já destacava, em sua obra

---

[166] A tradução também pode ser Resolução por causa "importante" ou "grave". A tradução oficial para o inglês traduz para "compelling", razão porque adotaremos a expressão "justa causa".

[167] FARRAJOTA, **A Resolução do Contrato Sem Fundamento**. P. 353/354.

[168] Segundo Wieacker, "a evolução do direito civil alemão a partir de 1900 documenta a vivacidade e elasticidade tanto da jurisprudência dos tribunais superiores como, porventura em menor medida, da jurisprudência civilistas alemã em geral". Assim, apesar do caráter *"positivista e epigonal"* do BGB, a jurisprudência teria tentado se manter *"a par das transformações econômicas e sociais que começaram a inundar a Alemanha logo meia geração após a entrada em vigor do BGB"* e, com *"agilidade superior à do juiz românico ou mesmo anglo-saxônico, a jurisprudência encontrou novas soluções para situações também novas, em medida tal que a teoria geral e o direito das obrigações, já antes de 1933, não podia ser deduzido do texto da lei"*. WIEACKER, Franz, **História**

publicada nos anos 60, que os Tribunais alemães, reconhecendo a *"estrutura particular das relações obrigacionais duradouras e reiteradas, ainda desconhecidas no direito obrigacional geral do BGB"*, aperfeiçoaram a dogmática tradicional para estabelecer um *"princípio geral da denúncia em virtude de 'causas graves'"*[169].

Todavia, este não foi o único instituto produzido pela jurisprudência no direito alemão. Wieacker afirma que *"a jurisprudência modificou radicalmente o direito das obrigações do BGB"*, de modo que a concepção de relação obrigacional passou a ser de uma *"ordem compreensiva de direitos e obrigações, cujo conteúdo concreto é orientado em larga medida pela função social típica de contrato obrigacional"*[170]. Nesta linha, a atividade jurisprudencial levou à alteração da própria noção de inadimplemento, que passou a admitir, por exemplo, a figura da violação positiva do contrato (*positive Vertragsverletzung*).

Foi neste processo de evolução do direito obrigacional com base na jurisprudência que se desenvolveu a noção de que a Resolução por justa causa seria um "princípio geral" aplicável a todos os contratos de longa duração.

Vale notar, ainda, que a jurisprudência alemã não foi a única a converter a Resolução por justa causa em um princípio geral aplicável a todos os contratos de longa duração. O Código Civil suíço, assim como o BGB (até a reforma de 2002), previa a Resolução por "motivo justo" (*justes motifs*) apenas para certos tipos de contratos, como o de aluguel (art. 266, g), agência (art. 418) e de sociedade (art. 545)[171].

Num processo paulatino, a jurisprudência suíça, em um primeiro momento, estendeu tal hipótese a contratos que não previam a Resolução por "motivo justo", como o contrato de agência, de distribuição e de licenciamento[172]. Finalmente, em 1997, O Tribunal Federal Suíço (ATF) reconheceu

---

do **Direito Privado moderno**, 2ª edição. Göttingen: Fundação Calouste Gulbekian, 1967. P. 591.

[169] *Ibid.* P. 598.

[170] *Ibid.* P. 597.

[171] **Le code civil suisse (Livre cinquième: Droit des obligations)**, disponível em: <https://www.admin.ch/opc/fr/classified-compilation/19110009/index.html>, acesso em: 21 dez. 2017.

[172] VENTURI-ZEN-RUFFINEN, **La résiliation pour justes motifs des contrats de durée**. Págs. 115/119.

a Resolução por motivo justo como um princípio geral aplicável a todos os contratos de longa duração[173].

Assim, a noção de que a Resolução por justa causa constitui um princípio geral aplicável a todos os contratos de longa duração se consolidou, tanto no direito alemão quanto no direito suíço, por força da construção jurisprudencial. Em 2002, no entanto, o legislador alemão se incumbiu de positivar essa hipótese na reforma do BGB.

É verdadeiro, portanto, que apenas o direito alemão e o suíço preveem a Resolução por justa causa como princípio geral aplicável a todos os contratos de longa duração. O BGB, em particular, é o único ordenamento a ter essa norma positivada.[174]

No entanto, é inegável que tanto a jurisprudência alemã quanto a suíça tiveram o mérito de reconhecer as particularidades do contrato de longa duração no que diz respeito à sua Resolução. Desta forma, foram vanguardistas, pois, como veremos adiante, existe de fato uma demanda pelo estabelecimento de um regime específico aplicável aos contratos de longa duração, que deve incluir a possibilidade de encerramento da relação diante de um evento que leve à quebra absoluta da confiança entre as partes.

Todavia, não existem impedimentos para que outros ordenamentos sigam o mesmo caminho e, diante das particularidades dos contratos de longa duração, consolidem a noção de que a Resolução por justa causa deve ser reconhecida como um princípio geral aplicável a todos os contratos dessa natureza.

3.3. O reconhecimento do instituto na doutrina portuguesa

Vale destacar que mesmo antes da jurisprudência suíça reconhecer a Resolução por justa causa como princípio geral, já havia vozes relevantes na doutrina portuguesa defendendo uma melhor compreensão da resolução dos contratos de longa duração.

---

[173] ATF 122 III 262. Zen-Ruffinen comenta a decisão e afirma que atualmente a noção de que a resolução por "motivo justo" encontra-se bastante estável, não havendo dúvida de que é aplicável mesmo na ausência de disposição legal ou contratual expressa. *Ibid.*, pags. 119/121.
[174] Brunner, op. Cit. P. 516

CAPÍTULO 3 – AS RAÍZES GERMÂNICAS DA RESOLUÇÃO DO CONTRATO DE LONGA DURAÇÃO...

O professor João Baptista Machado, da Universidade de Coimbra, já reconhecia, em 1979, tomando por base a doutrina alemã, que os contratos de longa duração encerravam uma complexidade relacional diante dos contratos de execução imediata que impunha uma compreensão mais ampla da noção de inadimplemento e do direito à Resolução diante de uma "justa causa" ou um "fundamento importante".[175] Segundo o professor, "*diferentemente dos contratos de execução instantânea, os de execução continuada ou periódica criam uma relação contratual mais complexa que apresenta aspectos particulares no que se refere à valoração do inadimplemento para efeitos de Resolução*".[176] Prossegue o autor:[177]

> Mas da mesma estrutura também deriva ou pode derivar que tenhamos que adoptar, para avaliar a gravidade do inadimplemento susceptível de legitimar a Resolução, um critério especial. É que a particular natureza do contrato faz com que cada prestação, ou cada inadimplemento, não devam ser tomados e valorados isoladamente, mas, antes, com referência à relação contratual complexiva. Assim, em regra, não bastará o inadimplemento de uma só prestação para fazer desaparecer o interesse do credor na subsistência da relação e para legitimar a Resolução.
>
> O credor terá normalmente interesse nas prestações subsequentes. Mas um inadimplemento, ainda que de menor importância, já poderá legitimar a Resolução se, pela sua natureza e pelas circunstâncias de que se rodeou (p. Ex., desordem nos negócios do vendedor, desorganização da empresa fornecedora ou graves danos sofridos por esta) for de molde a fazer desaparecer a confiança no credor no exacto e fiel cumprimento das prestações subsequentes, ou das obrigações contratuais gerais, para futuro. Ora, esta perda de confiança não tem directamente a ver com a gravidade do inadimplemento, o qual, ainda que em si pouco prejudicial para o interesse do credor, pode legitimar a Resolução se as causas que estão na sua origem ou as circunstâncias que o acompanham são

---

[175] MACHADO, Pressupostos da Resolução por Incumprimento, p. 143.
[176] *Ibid.*, p. 138.
[177] *Ibid.*, p. 138/139.

de molde a justificar um justo receio quanto ao cumprimento futuro das obrigações contratuais. Aqui o inadimplemento tema função ou o valor de um elemento sintomático: o que se pergunta é se ao inadimplemento de uma só prestação (ou qualquer forma de inadimplemento) se pode atribuir o referido significado.

Segundo o autor, a Resolução do contrato de longa duração deve levar em conta não somente a ocorrência de inadimplemento, ou mesmo a sua gravidade, mas sim a sua importância diante do todo e o seu impacto nas bases da relação de confiança que se estabelecerão no futuro. Em suma, deve-se verificar se o evento – inadimplemento ou não – é uma causa grave a ponto de tornar a continuidade da relação inexigível.

Por essa razão, afirma Baptista Machado, não surpreende que certos contratos que ensejem relações duradouras estejam sujeitos à Resolução por "justa causa" ou "fundamento importante", como ocorre no direito português – assim como no direito alemão – nos contratos de trabalho, prestação de serviços, sociedade, etc. Afirma o autor:[178]

> Pode dizer-se, em síntese, que nos contratos de que decorre uma relação particularmente estreita de confiança mútua e de leal colaboração, tais como os contratos de sociedade, o contrato de trabalho ou certos contratos especiais de prestação de serviços (p. ex., de assistência técnica, de reestruturação da contabilidade de uma empresa, de prestações profissionais como as do médico e do advogado), todo o comportamento que afecte gravemente essa relação põe em perigo o próprio fim do contrato, bala o fundamento deste, e pode justificar, por isso, a Resolução.

Diante disso, percebe-se que é antiga a noção de que os contratos de longa duração devem se sujeitar a um regime de Resolução que leve em consideração o aspecto relacional, ou seja, a confiança que efetivamente une as Partes. Esse entendimento vem ganhando corpo na doutrina portuguesa, havendo autores recentes que acompanham a posição de Baptista Machado, como

---

[178] *Ibid.*, p. 141.

CAPÍTULO 3 - AS RAÍZES GERMÂNICAS DA RESOLUÇÃO DO CONTRATO DE LONGA DURAÇÃO...

Joana Farrajota[179] e Fernando Ferreira Pinto,[180] o que demonstra existir uma tendência contemporânea ao reconhecimento da Resolução por justa causa como princípio geral.

---

[179] *"Muito embora, ao contrário de outras ordens jurídicas, não exista na lei portuguesa uma disposição que estabeleça um princípio geral de aferição da relevância do incumprimento para efeitos de exercício do direito de resolução, pode-se afirmar, com segurança, que a gravidade do cumprimento é medida em função, por um lado, da respectiva extensão – o incumprimento pode ser total, parcial, temporário ou definitivo – e, por outro, da importância da obrigação violada no quadro contratual, o que se deverá aferir atendendo ao quadro contratual tanto abstracta como concretamente considerado, isto é, por referência à posição da obrigação – que se trata, entre outras, de uma prestação principal ou acessória – e ao interesse do credor na prestação".* FARRAJOTA, **A Resolução do Contrato Sem Fundamento**, p. 359/360.

[180] *"A consagração, em termos genéricos, da possibilidade de extinção imediata de um contrato com fundamento em circunstâncias objectivas, fora do quadro de pressupostos traçados pelo art. 473 do Código Civil constitui relativa novidade no direito positivo português. (...) Numa leitura ad pedem literae, apenas cabem na previsão legal aquelas circunstâncias que 'tornem impossível ou prejudiquem gravemente a realização do fim do contrtao', ou seja, as situações de frustração das finalidades que as partes visavam prosseguir mediante a celebração do contrato".* PINTO, **Contratos de Distribuição**, p. 400/404.

Capítulo 4
Elementos da Resolução conforme o §314 do BGB: Contrato de Longa Duração e Justa Causa

Neste capítulo analisaremos os elementos nucleares do §314, que são o conceito de contrato de longa duração, o *locus* do instituto, e o conceito de justa causa, que é o evento que leva à quebra da confiança e permite a Resolução do contrato.

4.1. O contrato de longa duração como *locus* do instituto

De início, é importante destacar que, de acordo com o §314, a Resolução por justa causa incide apenas sobre os chamados contratos de "execução continuada" (*Dauerschuldverhältnisse*). O BGB, no entanto, mesmo após a reforma de 2002, não prevê um conceito normativo deste tipo contratual, deixando em aberto um debate que já tem mais de um século.[181]

Vogenauer, por sua vez, afirma que, embora *"muita tinta já tenha sido gasta na discussão"*, existe certo consenso de que o contrato de execução continuada

---

[181] *"No definition is to be found in the BGB, and while great efforts have been devoted to developing a definition, even after a century of doctrinal debates, none of the definitions advanced can claim to be generally accepted"*. O autor ressalta que o BGB também não contém um conceito normativo de contrato de execução imediata. DORALT, Right to Terminate for Compelling Reason (Commentary to Art. 6.3.1 PICC).

deve conter um "elemento temporal" que resulte em obrigações contínuas e no surgimento de deveres mútuos de proteção entre as Partes, diferentemente do que ocorre nos contratos de execução imediata.[182]

Doralt, por sua vez, destaca que mesmo os conceitos adotados em outros ordenamentos, como o *contratti di duratta* do direito italiano e o *contrat à exécution successive* do direito francês, são insuficientes para dar conta da complexidade deste tipo de contrato[183]. A opinião é compartilhada por Vogenauer, que afirma que a terminologia adotada pelo BGB, que se refere a "contratos de execução continuada" (*Dauerschuldverhältnisse*) seria insuficiente para lidar com a complexidade do fenômeno.[184] Ele afirma que a definição adotada pelo UNIDROIT na reforma dos Princípios do UNIDROIT, que adota a nomenclatura "contratos de longa duração" não resolve o problema da complexidade do fenômeno, mas avança na discussão.[185]

Neste sentido, é importante lembrar que o conceito de contrato de longa duração causou debates acalorados no Grupo de Trabalho para a reforma dos Princípios do UNIDROIT[186]. Ao final, foi adotado um conceito que contempla não apenas o aspecto temporal, mas também a complexidade e, principalmente,

---

[182] "*Much ink has been spilt on the 'nature' of the Dauerschuldverhältnisse. Attempts at definition highlight that there must be a 'time element' to the contracts in question which results in continuing obligations between the parties: duties of performance and protection between the parties continuously arise – which distinguishes these contracts from those aiming at a mere one-off exchange of performances*". VOGENAUER, Termination of Long-term Contracts "for Compelling Reasons" under the UNIDROIT Principles: The German Origins, p. 1705.

[183] "*By contrast, a definition exists under the Code civil for the contrat cadre (Art 1111), for a contrat à exécution instantanée and a contrat à exécution successive (Art 1111-1). The Italian doctrine has developed the concept of the contratti di durata which, however, primarily address questions of changed circumstances. These categories may be helpful descriptively to address a range of different problems. But when taken as normative concepts, they are hardly helpful, for they have not led to any significant rationalization of the law relating to long-term contracts*". DORALT, Right to Terminate for Compelling Reason (Commentary to Art. 6.3.1 PICC).

[184] "*...the translation as 'contract for the performance of a continuing obligation' does not reflect all the nuances of the Dauerschuldverhältnisse and may even be misleading*". VOGENAUER, Termination of Long-term Contracts "for Compelling Reasons" under the UNIDROIT Principles: The German Origins, p. 1704.

[185] "*If the new edition of the PICC refers to 'long-term contracts' it employs a term wich is equally fuzzy – even the best definition will not eliminate problems of categorization. However, it has at least the advantage of being less clumsy*". Ibid., p. 1706..

[186] Cap. 2

o componente relacional. Vejamos a definição adotada pelos Princípios no art. 1.11:[187]

"long-term contract" refers to a contract which is to be performed over a period of time and which normally involves, to a varying degree, complexity of the transaction and an ongoing relationship between the parties.

Acerca do conceito adotado, a primeira minuta apresentada por ocasião da reforma considerava que todo contrato de longa duração deveria, necessariamente, encerrar uma operação econômica complexa e apresentar uma *ongoing relationship*, ou seja, uma interação entre as partes, um elemento relacional. Finalmente, no entanto, chegou-se à conclusão de que o elemento temporal é o único aspecto qualificador do contrato de longa duração, de modo que nem todo contrato de longa duração será complexo ou terá algum aspecto relacional.

É importante observar, ainda, que houve uma evolução do conceito de contrato de longa duração dentro do próprio UNIDROIT. François Dessemontet, ao discorrer sobre a proposta de *Termination for cause* apresentada em 2009, ressalta que o art. 6.2.2, sobre *hardship*, considerava ser aplicável a contratos de longa duração, sendo estes entendidos como aqueles em que a execução se estende no tempo.[188] Ele próprio, no entanto, já considerava que, para fins da proposta apresentada, o contrato de longa duração seria considerado não apenas pela perspectiva temporal, mas também pela existência de obrigações "*repetitivas e positivas*"[189] – num embrião do que viria a ser considerado como a *ongoing relationship* na proposta aprovada em 2016.

---

[187] **UNIDROIT Principles of International Commercial Contracts – 2016.**

[188] De fato, o comentário nº 5 ao art. 6.2.2, que trata do *hardship*, prevê que o instituto seria aplicável aos contratos de longa duração – "*I.e, those where the performance of at least on party extends over a certain period of time*". **UNIDROIT Principles of International Commercial Contracts 2004**, Rome: International Institute For The Unification of Private Law (Unidroit), 2004. Este comentário foi alterado na reforma de 2016, vindo a se referir apenas a "long-term contracts", que devem ser entendidos nos termos do conceito adotado no art. 1.11.

[189] "*Therefore, as the term is used in the present tribute, a contract is not a 'long term contract' only because its term consists of a few years or more. Rather, for purposes of this text, long term contracts are those in which the main obligation which the main obligation which the party opposing the termination*

A percepção do UNIDROIT é compartilhada por Cristoph Brunner, que afirma que, de certa forma, existe um senso comum que equivale contratos de longa duração a contratos relacionais, o que não é necessariamente verdadeiro. Assim, é possível afirmar que todo contrato relacional é de longa duração, mas nem todo contrato de longa duração é relacional, mas somente aqueles que envolvem uma interação entre as partes e não somente uma troca.[190]

Sendo assim, existe, de fato, uma relação de mútua implicação entre contratos de longa duração e contratos relacionais. Doralt, inclusive, chega a afirmar que os estudos sobre os contratos de longa duração e suas particularidades têm origem na economia e na análise econômica do direito. Essa escola tem o mérito de identificar problemas práticos deste tipo de relação, mas não se preocupou em desenvolver um conceito "normativo" para este tipo de contrato, o que dificulta a análise do fenômeno sob os olhos da dogmática tradicional.[191]

A discussão sobre o conceito e as características dos contratos de longa duração é de total importância para o presente estudo, pois nos permite alcançar o núcleo do problema. Ao reconhecer que estes contratos possuem

---

of the contract has undertaken is a recurring, repetitive and positive performance over a certain period of time." DESSEMONTET, François, Security of Contracts vs. Termination for Cause: Why is UNIDROIT afraid of the Big Bad 314 BGB?, *in*: **Private law: national – global – comparative: Festschrift für Ingeborg Schwenzer zum 60. Geburtstag**, Bern: Intersentia, 2011, p. 396.

[190] "*if the contract involves a relationship between the parties and not merely an exchange. Such contracts are referred to as relational contracts. Although the phrase 'long-term contracts' has virtually become a synonym for relational contracts, American commentators have rightly pointed out that long duration does not of itself make a contract relational.*" BRUNNER, Force Majeure and *Hardship* under General Contract Principles: Exemption for Non-performance in International Arbitration, p. 521.

[191] "*Research on long-term contracts and their characteristics was first conducted in the disciplines of economics, and the economic analysis of contract law. Here, long-term contracts and their characteristics have been a field of research for many decades. This may help to explain, why comparatively little ink has been spilled to develop a precise definition of long-term contracts. Economists have often rather leapt to more specific problems (some of which are equally interesting from a legal perspective, such as renegotiation in the event of changed circumstances, or penalty clauses) and have used the term 'long-term contracts' primarily to label the more general field of research. The descriptive use of the term established in economics, and in law and economics, may be quite sufficient for the purposes of these disciplines. But it lacks the precision normally regarded as desirable in law. This is why lawyers have been hesitant to adopt the term and have only occasionally used it in their research*". DORALT, Right to Terminate for Compelling Reason (Commentary to Art. 6.3.1 PICC).

diferenças estruturais em relação aos contratos de execução imediata, dentre as quais a particular importância prospectiva do vínculo, fica fácil reconhecer que a Resolução do contrato diante de uma justa causa é uma necessidade, parte indissociável de qualquer regime contratual que prestigie estes contratos.

As consequências desta observação vão muito além da discussão sobre a Resolução, pois os contratos de longa duração têm particularidades que os fazem merecedores de normas específicas desde a formação, passando por sua execução até o seu fim. Trata-se de importantíssimo campo de estudo, não sendo exagerado afirmar ser esta uma das principais frentes do direito contratual atual.

Por fim, o conceito e a nomenclatura "contratos de longa duração", adotados pelo UNIDROIT no art. 1.11, nos parece ideal, na medida em que contempla, na medida certa, a variável mais importante para o estudo do instituto ora em discussão, que é o aspecto relacional dos contratos de longa duração.

4.1.1. Os contratos relacionais e a quebra absoluta da confiança como elemento intrínseco

O estudo aprofundado dos contratos relacionais não é o objeto primário deste trabalho. No entanto, nossa compreensão é de que somente por meio do entendimento sobre esse fenômeno será possível alcançar o "núcleo" da questão atinente à Resolução por justa causa.

Isto porque, como veremos, a teoria dos contratos relacionais identificou que os contratos de longa duração possuem particularidades que os distanciam dos contratos de execução imediata. Estas particularidades levam à necessidade de desenvolver soluções específicas, dentre as quais a possibilidade de resolver um contrato diante de um fato ou ato que leve à quebra absoluta da confiança, tornando inexigível a continuidade daquela relação.

A teoria dos contratos relacionais foi desenvolvida de forma pioneira por Ian Macneil, na obra *The new social contract*.[192] A teoria não é desconhecida pela doutrina nacional, tendo sido analisada com muita propriedade por Ronaldo

---

[192] MACNEIL, **The new social contract – an inquiry into modern contractual relations**.

Porto Macedo[193], Antonio Junqueira de Azevedo[194] e, mais recentemente, por Paulo Dóron de Araujo[195] e Giuliana Bonanno Schunck[196]

O mérito de MacNeil foi, de acordo com Paulo Araújo, de perceber que *"o arranjo estrutural dos contratos de longa duração é diferente dos demais contratos"*[197]. A obra de Macneil, na verdade, se preocupou em analisar o contrato como um fenômeno social e não somente como um fenômeno jurídico-dogmático. Para ele, contrato não é um "negócio jurídico", um acordo de vontades (no *civil law*) ou uma promessa (no *common law*) mas uma *"relação entre partes com vistas a produção de efeitos futuros"*[198]. É, portanto, uma relação social, que só existe no seio de uma determinada sociedade.[199]

Nesta linha, Macneil faz uma divisão entre os *discrete contracts*, onde não existe relação além da simples troca de bens, e os contratos relacionais. A rigor, isso poderia levar à oposição entre contratos de execução imediata e contratos de longa duração, mas isso não é exatamente verdadeiro. Segundo Macneil, todo contrato, em certa medida, encerra um aspecto relacional, pois até a mais simples operação econômica só existe dentro de um contexto social.

A diferença, para o autor, é que nos *discrete contracts*, o relacionamento entre as partes é pontual, limitado, formal e simples. Não há muito além disso. É como uma compra e venda comum: um estranho entra numa loja, compra

---

[193] RONALDO PORTO MACEDO, **Contratos Relacionais no Direito Brasileiro**, Great Britain, disponível em: <http://lasa.international.pitt.edu/LASA97/portomacedo.pdf>, acesso em: 14 dez. 2017.

[194] AZEVEDO, Antonio Junqueira de, Natureza jurídica do contrato de consórcio. Classificação dos atos jurídicos quanto ao número de partes e quanto aos efeitos. Os contratos relacionais. Contratos de duração. Alteração das circunstâncias e onerosidade excessiva. Sinalagma e resolução contratual, **Revista dos Tribunais**, v. 832, n. Fev/2005, p. 115–137, 2005.

[195] ARAUJO, **Prorrogação compulsória de contratos a prazo**.

[196] SCHUNK, **Contratos de longo prazo e dever de cooperação**.

[197] ARAUJO, **Prorrogação compulsória de contratos a prazo**, p. 78.

[198] *"By contract I mean no more and no less than the relations among parties to the process of projecting exchange into the future"*. MACNEIL, **The new social contract – an inquiry into modern contractual relations**, p. 4..

[199] *"If we wish to understand contract, we must return from our self-imposed intellectual isolation and absorb some basic truths. Contract without common needs and tastes created only by society is inconceivable; contract between totally isolated, utility maximizing individuals is not contract, but war; contract without language is impossible; and contract without social structure an stability is – quite literally – rationally unthinkable, just as man outside society is rationally unthinkable"*. Ibid., p. 1.

uma garrafa de água e sai. Não há nada de mais profundo e intenso nesta operação. Ainda que ela envolva uma interação social, tal aspecto é irrelevante diante daquela simples operação econômica.

O tempo também é um caráter relevante. Segundo Macneil, no *discrete contract*, a relação é curta, instantânea – *"sharp in, sharp out"*. Além disso, neste tipo de relação não há, a rigor, planejamento de longo prazo ou expectativa de cooperação futura. A operação se estrutura buscando tornar tudo imediato – ou ao menos trazer para o "tempo presente" quaisquer eventos futuros – justamente como se faz na contabilidade, em que existe a figura do *"ajuste a valor presente"*, em que se busca avaliar um ativo de acordo com o seu fluxo de caixa futuro.[200] Trata-se do paradigma da relação econômica neoclássica, da típica operação comercial: rápida, impessoal e imediata. Nas palavras do autor[201]:

> Everything about the discrete transaction is short – the agreement process, the time between agreement and performance, and the time of the performance itself. The discrete transaction commences sharply by clear, instantaneous performance; sharp in, sharp out.
>
> (...)
>
> In the discrete transaction almost no future cooperation will be required. Each party simply produces either the commodity or the money at the time and place promised.
>
> (...)
>
> Another important attitude to be explored is that relation to time. The ultimate goal of parties to a discrete transaction is to bring all the future relating to it into the present or, to use a rare word, to presentiate.

---

[200] O conceito e os parâmetros do "ajuste a valor presente" encontram-se regulados no **Pronunciamento técnico CPC 12 – Ajuste a Valor Presente**, disponível em: <http://www.cpc.org.br/CPC/Documentos-Emitidos/Pronunciamentos/Pronunciamento?Id=43>, acesso em: 5 jan. 2018.

[201] MACNEIL, **The new social contract – an inquiry into modern contractual relations**, p. 11/20.

They can deal with the future as if it were in the present; incidentally, this is precisely what the neoclassical microeconomic model regularly purports to do. Only 100 percent complete and biding planning can do this.

No contrato relacional, por sua vez, sobretudo numa sociedade complexa e altamente especializada como a atual, as características são marcadamente diferentes. Nestes, a comunicação é intensa, frequente, com expectativas de cooperação mútua e com perspectiva de futuro e planejamento de longo prazo. Além disso, trata-se de uma relação aberta, quase viva, sujeita a alterações frequentes conforme as circunstâncias e o passar do tempo.

Novamente, o tempo é tratado de forma muito diferente nos contratos relacionais. Aqui, há preocupação com o planejamento de longo prazo, mas não com a intenção de trazer o futuro a "valor presente", como se faz na contabilidade. A pretensão é de se preparar, regular os eventos futuros – enfim, de construir e manter uma relação. Há um exercício – teórico e imperfeito – de prever o futuro com base em certos cenários. De qualquer forma, o importante é deixar claro que no contrato relacional o tempo tem um valor e um tratamento diferente. Diz o autor[202]:

> The primary, often exclusive, focus of planning a discrete transaction is on the substance of the exchange. How many dollars for how much of what good? In relations, however, the primary focus is bifurcated into planning the substance of exchanges and planning the structures and processes.
>
> (...)
>
> In relations, planning of the substance of future exchanges is, as already noted, necessarily incomplete, although techniques of flexibility, such as price indexing, may increase specificity. (...) By its very nature such planning constitutes a confession that many specific substantive courses of action cannot be planned in advance.

---

[202] *Ibid.*, p. 30/35.

O tempo, portanto, é uma variável essencial, porém não determinante. É o aspecto "relacional" que importa e este pode, em tese, estar presente em contratos de "curto prazo" – de uma semana, digamos – e não estar presente num financiamento bancário de longo prazo, que pode ser tão impessoal quanto uma simples compra num mercado de bairro.

A complexidade e a intensidade de relação, no entanto, estão intimamente ligados à duração. Dessa forma, quanto mais longo, mais "incompleto" será o contrato e, portanto, será mais sujeito a conflitos causados pela alteração das circunstâncias[203]. Portanto, ainda que, a rigor, não exista uma relação direta e necessária entre contratos relacionais e contratos de longa duração, é possível considerar que os problemas tratados pela Resolução por justa causa incidirão quase sempre sobre contratos de longa duração, sempre que houver forte carga relacional.

É razoável, portanto, que o legislador alemão tenha limitado a incidência da Resolução por justa causa aos contratos de execução continuada (*Dauerschuldverhältnisse*), pois sem dúvida existe uma correlação entre estes e os contratos relacionais. Não existe, no entanto, causalidade, de modo que podem existir contratos de longa duração que não sejam relacionais – por isso o conceito adotado pelo UNIDROIT no art. 1.11 dos Princípios é mais preciso. A questão, portanto, é identificar os contratos de longa duração que possuam, efetivamente, um aspecto relacional, um vínculo que, uma vez quebrado, deve permitir a Resolução do contrato.

Superada a questão da duração, o aspecto mais importante é o da preservação da relação por meio da "solidariedade orgânica" entre as partes. Macneil, ao tratar do regime aplicável aos contratos relacionais, afirma que a *"solidariedade é o que mantém a relação"*. Neste sentido, o autor afirma que, se as relações imediatas se destroem logo após a execução da obrigação, nos contratos relacionais a preservação é a regra – e trata-se de regra tão importante que quando os elementos que a mantém se perdem, a relação se encerra. Vejamos[204]:

---

[203] *"The more complex a contract, and the longer its duration, the more incomplete it will necessarily be. Incompleteness is therefore the first challenging aspect"* DORALT, Right to Terminate for Compelling Reason (Commentary to Art. 6.3.1 PICC).

[204] MACNEIL, **The new social contract – an inquiry into modern contractual relations**, p. 66.

Discrete transactions self-destruct rapidly by reason of performance, and are expected to be replaced by other discrete transactions. But the ongoing character of relations is such the preservation becomes the norm. This norm is contingent, in the sense that is ceases to operate whenever the prevailing forces in and on a relation lead to termination. Sometimes this comes about because the relation was expected to have a finite life from the start, for example, a one-job only consortium of business. Other times, as in the case of financial collapse of an enterprise, it comes about because the relation is no longer viable in the larger world. Or it can occur simply because the participants no longer wish to continue it, as in the case of a divorce. But often contractual relations are expected to continue indefinitely, and in fact do.

Ou seja, nos contratos relacionais, a solidariedade e a mútua cooperação são aquilo que une as partes. Desta forma, é dever de ambas agir para manter firmes os pilares daquela relação, buscando a sua conservação. No entanto, quando estes pilares são abalados de maneira definitiva e irreversível, a relação deve se encerrar.

É interessante como Macneil vai buscar o fundamento desta solidariedade contratual na sociologia, no conceito de "solidariedade orgânica" de Émile Durkheim, que nada mais é que a "solidariedade dos diferentes", aquilo que nos une numa determinada sociedade e nos faz desejar nos manter unidos, numa relação de interdependência[205]. Ainda segundo Macneil, esta

---

[205] O conceito de "solidariedade orgânica" foi desenvolvido por Durkheim na obra "Da divisão do trabalho social", que é um marco da sociologia. Segundo o autor, a solidariedade orgânica é fruto da divisão do trabalho no mundo moderno, na qual indivíduos diferentes se veem ligados por necessidades complementares, como ocorre num organismo ou num contrato, em que A se comprometer a dar, fazer ou não fazer algo em benefício de B e vice-versa. Em suas palavras, *"de uma maneira geral, o contrato é o símbolo da troca (...), que supõe sempre alguma divisão do trabalho mais ou menos desenvolvida"*. No que importa ao nosso tema, Durkheim destaca ainda a importância da cooperação neste contexto da divisão do trabalho moderna, especializada e, portanto, nos contratos. Ele afirma que *"cooperar é dividir uma tarefa comum. Se esta é dividida em tarefas qualitativamente similares, embora indispensáveis umas às outras, há divisão do trabalho simples ou de primeiro grau. Se elas são de natureza diferente, há divisão de trabalho composta, especialização propriamente dita. Esta última forma de cooperação é, aliás, aquela que sobretudo se exprime mais geralmente no contrato"*. Essa cooperação mútua, na qual uns e outros contribuem para determinados objetivos por meio contratos ("o contrato é, por excelência, a expressão jurídica da

CAPÍTULO 4 - REQUISITOS DA RESOLUÇÃO CONFORME O §314 DO BGB: CONTRATO...

solidariedade orgânica possui uma base psicológica e se sustenta enquanto existe expectativa no futuro daquela determinada relação. Quando essa expectativa se frustra, a solidariedade orgânica, que é a "argamassa" que mantém a relação unida, se perde.

Esse raciocínio se aplica perfeitamente a relações contratuais, na medida em que, quando não existe mais expectativa no futuro da relação, esta se destrói, de modo que a cooperação que a mantinha unida dá lugar a conflitos que inevitavelmente resultam na "separação" - ou na Resolução. Vejamos[206]:

> Organic solidarity, on the other hand, is a solidarity of unlike, relating to specialization and the need to exchange. Organic solidarity consisting of a common belief in effective future interdependence. This is the case whatever lever of contract we consider. It applies to the close interdependence of marriage, to the purchase of a television set on time, to employment with a law firm, on Northwestern University, right on up to the nation-state and everything in it as the ultimate single complex contractual relation.

cooperação") é a manifestação visível da "solidariedade orgânica", pois a sociedade funciona como um organismo, no qual cada parte, individual e diferente, tem uma função essencial no funcionamento do corpo – "*cada órgão aqui tem a sua fisionomia especial, sua autonomia e, entretanto, a unidade do organismo é tanto maior quanto mais marcada é a individuação das partes. Em razão desta analogia, propomos chamar orgânica a solidariedade devida à divisão do trabalho*". Metaforicamente, é o que ocorre num contrato relacional, no qual as partes possuem uma relação intensa e contribuem, cada uma de acordo com a sua especialidade, na manutenção daquele objetivo comum, que pode ser uma sociedade, uma parceria, a distribuição de um produto. Quando esta solidariedade – este vínculo – se perde, o corpo deixa de funcionar a e relação deixa de existir, razão porque deve-se permitir a resolução do contrato diante de uma causa imperativa, grave, importante, justa. DURKHEIM, Émile, **Da divisão do Trabalho Social**, São Paulo: Martins Fontes, 1999. Uma análise sobre o trabalho de Durkheim e sua contribuição para a sociologia pode ser encontrada em FERREIRA DE VARES, Sidnei, Solidariedade Mecânica e Solidariedade Orgânica em Émile Durkheim: Dois Conceitos e um Dilema, **Mediações – Revista de Ciências Sociais**, v. 18, n. 2, p. 148, 2013.

[206] MACNEIL, **The new social contract – an inquiry into modern contractual relations**, p. 91/92.

It may be noted that organic solidarity is pinned on psychology – not on sociology, economics, law, politics or force, but on psychology. Such solidarity beliefs exist as long as each person in a relation can give an affirmative answer to the following question: Do I think conditions will continue to exist whereby each of us will desire to and be able to depend on another? To the extent that an affirmative answer cannot be given organic solidarity disappears. If the answer is affirmative it matters not at all whether the belief is well-founded or based in flimsiest of grounds, or even on nothing at all, organic solidarity exists.

This psychological content relates closely to the other contract norms. It was early asserted that in the absence of those norms contractual relations fall apart. Most of them have a bearing on the psychology of organic solidarity, a belief in future interdependence is unlike to endure, for example, in future prospects are seen as so lacking in mutuality – as so uneven in exchange – that the believer envisages deterioration into conflict or separation rather than cooperation.

Este é núcleo da questão. A Resolução por justa causa busca lidar exatamente com a situação em que determinado ato ou evento disruptivo – que pode ou não ser um inadimplemento, como veremos adiante – afeta a relação de tal maneira que destrói aquela "solidariedade orgânica"[207], não sendo possível e nem exigível a sua manutenção.

Obviamente, esta solidariedade orgânica pode ser traduzida na confiança no futuro do contrato, na manutenção das suas bases, no mútuo interesse, enfim. Nada mais é do que o reconhecimento que os contratos relacionais ou de longa duração têm este elemento de solidariedade orgânica que é, no fundo, o verdadeiro vínculo – e quando este se perde, a relação contratual deixa de ter sentido.

Esta é a situação de fato. O mérito de Macneil é identificar a situação em seu aspecto material. Cabe ao direito reconhecer esta situação e lhe dar

---

[207] Mais à frente veremos que o conceito de solidariedade orgânica, por mais que sirva às pretensões de Macneil, não é adequado do ponto de vista jurídico. Assim, chamaremos este vínculo de "confiança relacional", com base na teoria desenvolvida pelo português Carneiro da Frada.

o tratamento conforme – ou seja, permitir que uma parte, diante de uma situação que leve à destruição da confiança mútua no futuro do contrato, opere a sua Resolução.

Foi isso que a jurisprudência alemã fez ao transformar a Resolução por justa causa num princípio geral. Verdade seja dita, essa situação de fato apontada por Macneil não era absolutamente estranha para a doutrina jurídica tradicional – como vimos acima, não apenas a jurisprudência alemã reconheceu as particularidades destes contratos no início do século XX como há também manifestações nesta linha na doutrina portuguesa que datam ao menos da década de 1970, na obra de Machado Baptista.[208]

Paulo Araújo, por sua vez, ressalta a importância da obra do italiano Giorgio Oppo e os *"Contratti di Duratta"*, que teria o mérito de identificar, de maneira sistemática, ainda na década de 1940, as diferenças entre os contratos de execução imediata e os contratos de "execução duradoura".[209]

Luca Nogler e Ugo Reifner, por sua vez, destacam o papel do alemão Otto Von Gierke ao retomar, em 1914, a influência do contrato de compra e venda na dogmática contratual vigente a partir do século XX e destacar a diferença entre estes e os contratos de execução continuada. Os autores ressaltam a ligação entre este modelo baseado na compra e venda e o modelo liberal neoclássico vigente no século 19 e no início do século XX – exatamente a mesma relação que Macneil veio apresentar em seu estudo sobre os contratos relacionais.[210]

Pode-se dizer, por outro lado, que a dogmática tradicional desvendou apenas parte do quebra-cabeça, uma vez que deu solução aos problemas conforme eles se apresentavam. Macneil, no entanto, teve o mérito de chamar atenção para a *big picture*, indo às raízes da questão, com inspiração na sociologia. Seu trabalho inspirou diversos autores, sendo que muitos passaram a defender a necessidade de adaptar a dogmática tradicional às especificidades dos contratos relacionais – o que explica a própria iniciativa do UNIDROIT de reformar os Princípios para incorporar normas sobre os contratos de longa duração.

---

[208] MACHADO, Pressupostos da Resolução por Incumprimento, p. 125/193.
[209] Paulo Araujo, op. Cit. P. 80/97.
[210] NOGLER, Luca; REIFNER, Udo. The new dimensions of life time in the law of contracts and obligations. In: NOGLER, Luca; REIFNER, Udo (Orgs.). Life Time Contracts. The Hague: Eleven International Publishing, 2014.

É o caso de Melvin Eisenberg, que rejeita a ideia de desenvolver uma teoria contratual autônoma, mas defende a reforma da dogmática clássica para incorporar soluções a problemas típicos dos contratos relacionais,[211] que vão desde a formação do contrato até a sua revisão em função de eventos inesperados, passando pela obrigação de se comportar conforme a boa-fé, etc. Vejamos:[212]

> Consider, in this connection, the special rules proposed for relational contracts in some of the relational contract literature. These include the following: (1) Rules that, in the case of relational contracts, would soften or reverse the bite of the rigid offer-and-acceptance format of classical contract law, and the corresponding intolerance of classical contract law for indefiniteness, agreements to agree, and agreements to negotiate in good faith. (2) Rules that would impose upon parties to a relational contract a broad obligation to perform in good faith. (3) Rules that would broaden the kinds of changed circumstances (impossibility, impracticability, and frustration) that constitute an excuse for nonperformance of a relational contract. (4) Rules that would give content to particular kinds of contractual provisions that may be found in relational contracts, such as best-efforts clauses or unilateral rights to terminate at will. (5) Rules that would treat relational contracts like partnerships, in the sense that such contracts involve a mutual enterprise and should be construed in that light. (6) Rules that would keep a relational contract together. (7) Rules that would impose upon parties to a relational contract a duty to bargain in

---

[211] "One reason for the overthrow of classical contract law is that it was tacitly based on the empirically incorrect premise that most contracts were discrete. Ironically, however, relational contract theory has made an empirical mistake comparable to that made by classical contract law: insofar as relational contract theory supports the idea that there should be a body of special rules to govern relational contracts, it is tacitly based on the incorrect premise that relational contracts are only a special subcategory of contracts as a class. Once relational contracts are properly defined, however, and it is recognized that all or almost all contracts are relational, it is easy to see that relational contracts are not a special subcategory of contracts, and therefore should not and cannot be governed by a body of special contract law rules. There can be no special law of relational contracts, because relational contracts and contracts are virtually one and the same". EISENBERG, Why There Is No Law of Relational Contracts?, p. 817..
[212] Ibid., p. 818/819.

good faith to make equitable price adjustments when changed circumstances occur, and would perhaps even impose upon the advantaged party a duty to accept an equitable adjustment proposed in good faith by the disadvantaged party. (8) Rules that would permit the courts to adapt or revise the terms of ongoing relational contracts in such a way that an unexpected loss that would otherwise fall on one party will be shared by reducing the other party's profits. Because there is no significant distinction between contracts as a class and relational contracts, these rules, and others like them, can be separated into two broad classes: those that are good for all contracts and therefore should be general principles of contract law, and those that are not good for any contracts.

Além destas, o autor destaca a necessidade de a lei permitir a Resolução de um contrato de longa duração diante de "diferenças inconciliáveis", ou, como vimos, a quebra absoluta da confiança, que é de fato o vínculo num contrato desta natureza. Segundo Eisenberg, por mais importante que seja a preservação do vínculo, a lei não tem condições de manter uma relação contratual que não é mais desejada por uma das partes diante da quebra absoluta da confiança. Pelo contrário, quando a lei não prevê uma "válvula de escape" desta natureza, induz, de forma oblíqua, o comportamento oportunista da parte interessada, que decerto passará a sabotar o contrato e criar, artificialmente, situações que permitam o encerramento da relação. Assim, é melhor regular esta hipótese, permitindo a Resolução. Vejamos[213]:

> Similarly, although the rules of contract law should impose damage remedies that prevent one party from opportunistically using an insubstantial breach by the other party, or the like, as an excuse for breaking a deal, the concept that legal rules can keep a relationship together is quixotic. Indeed, where contracts govern a thick, intensive relationship that involves personal elements, and covers a high proportion of the parties' lives, such as contracts to govern the ongoing conduct of marriage, partnership contracts, close corporation

[213] Ibid., p. 819/820.

contracts, and employment contracts in small-scale enterprises, the law should be more concerned with making rules that allow the parties to get out on fair terms than with making rules that keep the parties together.

(...)

By virtue of the nature of such a relationship, it will be almost impossible to predict, at the time such a contract is made, the contingencies that may affect the relationship's future course. Furthermore, at the time such a contract is made each party is likely to be unduly optimistic about the likelihood of the relationship's long-term success, and about the willingness of the other party to avoid opportunistic behavior or unfair manipulation of the relevant contractual rules during the course of the relationship. Finally, the parties to such a contract are likely to give undue weight to the state of their relationship as of the time the contract is made, which is vivid, concrete, and instantiated; erroneously to take the state of their relationship at that point as representative of the relationship's future state; and to give too little thought to, and place too little weight on, the risk that the relationship will go bad. Long duration accentuates all these problems.

The solution to the problems presented by such contracts, which are the most relational of all contracts, is not to attempt to hold the relationship together, as the relational-contract literature suggests. The law can make rules that will prevent a party from getting away with breaking a deal by opportunistically exploiting the other party's minor breach by inducing the other party's breach, or the like, but it cannot make rules that will hold a personal relationship together, and should not do so, because rules that would do so would invite opportunistic exploitation. Rather, the solution to the problems presented by such contracts is to allow either party to dissolve the relationship on fair terms, even if the right to dissolve is not written into the contract.

CAPÍTULO 4 - REQUISITOS DA RESOLUÇÃO CONFORME O §314 DO BGB: CONTRATO...

Percebe-se, portanto, que a Resolução pela quebra absoluta da confiança não é exatamente uma "inovação", mas apenas o reconhecimento da importância do vínculo nos contratos de longa duração. Trata-se, portanto, de um aspecto inerente a este tipo de contrato, cabendo ao direito apenas dar eficácia à hipótese, sob pena de manter uma lacuna no ordenamento, além de, por via indireta, incentivar comportamentos oportunistas.

4.1.2. Conclusão

Não resta dúvida, portanto, quanto à importância dos contratos de longa duração para o presente estudo. É possível afirmar, com segurança, que tanto a jurisprudência quanto o legislador alemão foram vanguardistas ao adotar uma solução que deve ser aplicável a todos os contratos de longa duração, sob pena de fomentar condutas oportunistas.

Tudo isso reforça nossa opinião de que o UNIDROIT perdeu a oportunidade de se colocar também na vanguarda e replicar a boa decisão adotada pelo legislador alemão da reforma de 2002 e permitir a Resolução dos contratos de longa duração diante da quebra absoluta da confiança entre as partes. Como vimos, não se trata de uma peculiaridade do direito alemão, mas de uma demanda, de uma solução adequada que atende as características intrínsecas do contrato de longa duração.

Além disso, o estudo das características destes contratos permite chegar ao âmago da questão. Sendo certo que a confiança, ou seja, a "solidariedade orgânica" é o verdadeiro vínculo que mantém o contrato relacional, não resta dúvida de que quando este se perde, a relação contratual não tem mais razão de ser.

Cabe ao direito, portanto, dar a adequada solução e, na ausência de disposição legal, inspirar-se no legislador alemão para alcançar o mesmo resultado e admitir que a Resolução por justa causa seja um princípio geral que deva ser aplicado a todos os contratos de longa duração.

4.2. Definição de justa causa

Sendo certo que o §314 do BGB limita a aplicação da Resolução por justa causa aos contratos de longa duração, devemos seguir com a análise de outro conceito nuclear do instituto, que é a justa causa (*wichtigem Grund*).

Segundo o §314, a causa será justa quando "*de acordo com as circunstâncias do caso concreto e levando em consideração os interesses das partes*",[214] não for razoável exigir a manutenção da relação até o fim do prazo contratual ou do aviso prévio. Vogenauer afirma que o conceito adotado pelo legislador alemão é propositalmente amplo, a fim de cobrir todos os tipos de contratos de longa duração[215] e não somente os "típicos", como os de locação, agência, distribuição, etc. (sendo que muitos deles já possuem disposições especiais neste sentido). Isso faz com que o §314 seja, de fato, um "princípio geral" aplicável a contratos desta natureza. A jurisprudência alemã corrobora esse entendimento, aplicando tal hipótese a contratos de depósito e armazenamento, mútuo, prestação de serviços, seguro, etc.[216]

A amplitude do conceito leva à conclusão de que, a fim de qualificar um ato ou evento disruptivo como justa causa, deve-se levar em consideração: (i) as particularidades do caso, e; (ii) os interesses das partes, o que significa que avaliação será sempre casuística[217].

---

[214] Em inglês: "*There is a compelling reason if the terminating party, taking into account all the circumstances of the specific case and weighing the interests of both parties, cannot reasonably be expected to continue the contractual relationship until the agreed end or until the expiry of a notice period*". Texto original em alemão: "*Ein wichtiger Grund liegt vor, wenn dem kündigenden Teil unter Berücksichtigung aller Umstände des Einzelfalls und unter Abwägung der beiderseitigen Interessen die Fortsetzung des Vertragsverhältnisses bis zur vereinbarten Beendigung oder bis zum Ablauf einer Kündigungsfrist nicht zugemutet werden kann*".

[215] "*The 'general' formulation chosenwas meant to creat the necessary flexibility to accommodate the specificities of all conceivable types of contract*". Na afirmação, o autor faz referência aos anais da tramitação da reforma do BGB. VOGENAUER, Termination of Long-term Contracts "for Compelling Reasons" under the UNIDROIT Principles: The German Origins, p. 1706.

[216] BEATE GSELL *et al*, **Beck-online.GROSSKOMMENTAR**, disponível em: <https://beck-online.beck.de/?vpath=bibdata/komm/BeckOGK/cont/BeckOGK.htm>, acesso em: 15 dez. 2017.

[217] "*The assessment of whether there is or not a compelling reason will therefore always be highly case-specific*". VOGENAUER, Termination of Long-term Contracts "for Compelling Reasons" under the UNIDROIT Principles: The German Origins, p. 1706.

CAPÍTULO 4 - REQUISITOS DA RESOLUÇÃO CONFORME O §314 DO BGB: CONTRATO...

Nessa linha, Vogenauer aponta que a jurisprudência alemã dá algumas pistas sobre os elementos que devem ser considerados na avaliação das "circunstâncias do caso" para caracterizar uma justa causa, tais como (i) a natureza do contrato, (ii) a gravidade do inadimplemento e (iii) o acúmulo de fatos de menor gravidade,[218] etc.[219]

Doralt afirma, a este respeito, que certos contratos poderão estar sujeitos a uma análise mais rigorosa, a depender dos interesses em questão.[220] Assim, o *"threshold"* para a Resolução de um contrato que envolva a prestação de um serviço essencial será mais alto que um contrato cujo objeto interessa apenas às partes[221]. Já é possível verificar, neste sentido, uma espécie de cotejo com o princípio da conservação dos negócios jurídicos e mesmo com a função social do contrato – que não existe expressamente no direito alemão, mas é uma cláusula geral no direito civil brasileiro (art. 421).

Essa preocupação foi particularmente relevante nos debates na reforma dos Princípios do UNIDROIT. No evento realizado em Oslo, onde a plateia era formada por profissionais da área de energia, houve diversas manifestações de preocupação com a incidência de uma norma como a Resolução por justa causa em contratos de fornecimento de gás, por exemplo, por conta do temor da Resolução por "mera" quebra da confiança. É uma preocupação absolutamente razoável. Nestes casos, fora as questões políticas envolvidas e a possível incidência de normas de direito público, não há dúvida de que a essencialidade do serviço deverá ser levada em consideração, pois faz parte do risco do negócio.

---

[218] Também de acordo com Joana Farrajota, *"em razão da importância da confiança, em sentido estrito ou da confiança no cumprimento, no quadro da relação duradoura, pode a gravidade do incumprimento aumentar em função da respectiva repetição, de tal forma que, embora isoladamente considerado aquele que não consubstanciasse fundamento bastante para a resolução do contrato, a sua reiteração faça surgir na esfera da contraparte um direito a pôr fim ao contrato"* FARRAJOTA, **A Resolução do Contrato Sem Fundamento**.
[219] *"Some general guidelines and tests have at least been developed by the courst: the required evaluation of all the relevant facts is determined by the particularities of the type of contract in question; a breach of contract may – and often will – be the basis for establishing a compelling reason"*. VOGENAUER, Termination of Long-term Contracts "for Compelling Reasons" under the UNIDROIT Principles: The German Origins, p. 1706.
[220] DORALT, Walter, **Langzeitverträge**, Max-Planck-Institut für ausländisches und internationales Privatrecht, 2017, p. 496.
[221] Idem.

Além disso, a ruptura do negócio não pode ocorrer diante de qualquer abalo na relação. Como veremos adiante, a Resolução por justa causa é medida excepcional absoluta – *measure of last resort* –, não podendo ser usada como ferramenta para comportamentos oportunistas. Neste sentido, a doutrina entende que diante de uma alteração das circunstâncias, normas que permitam a revisão do negócio, como o *hardship* e a perda da base do negócio (§313 do BGB), têm preferência sobre a Resolução, quando isso for possível.[222]

Tudo isso para deixar claro que a *ratio* do instituto é permitir a Resolução apenas em casos em que a continuidade se torna inexigível e inviável, dado o profundo abalo na confiança entre as partes. Além disso, este "risco" será proporcional à carga relacional do contrato, ou seja, pode haver contratos de longa duração muito relevantes e financeiramente significativos, porém impessoais e, portanto, pouco sensíveis a abalos na confiança – por isso, inclusive, Vogenauer afirma que em contratos que em que há forte interação "relacional" entre as partes, o *"threshold"* para a Resolução costuma ser menor.[223]

No que diz respeito à avaliação dos interesses das partes, a doutrina destaca a importância da distribuição dos riscos no contrato.[224] Nesse sentido, Doralt ressalta que a regra deve ser o respeito à segurança jurídica e à força obrigatória dos contratos, de modo que meros desentendimentos ou dificuldades financeiras não devem legitimar a Resolução por justa causa.[225] Afinal, o instituto não deve servir como uma válvula de escape para acordos ruins, mas sim para lidar com situações excepcionais em que a Resolução do contrato seja a única alternativa viável diante da quebra de confiança, que torna a manutenção do contrato inexigível.

---

[222] Doralt. *Langzeitverträge*, p. 494. No mesmo sentido, dentre os portugueses, Fernando Ferreira pinto afirma que *"os mecanismos manutentivos deverão ter primazia sobre os que desencadeiam a extinção do contrato e, portanto, ocorrendo circunstâncias objectivas que perturbem gravemente a sua regular execução, mas revelando-se ainda possível um reequilíbrio da relação mediante adequada alteração do programa obrigacional, o contraente atingido deverá enveredar por uma resolução-modificação, propondo à parte contrária a conservação da relação em molder ajustados ao novo contexto ambiental."* PINTO, **Contratos de Distribuição**, p. 406.

[223] *If the parties have to interact on a personal basis in performing the contract, the threshold for finding a compelling reason tends to be lower"*. VOGENAUER, Termination of Long-term Contracts "for Compelling Reasons" under the UNIDROIT Principles: The German Origins, p. 1707.

[224] *"The risk allocation depends on the terms of the contract, its purpose and the relevant statutory rules"*. Ibid.. No mesmo sentido, DORALT, **Langzeitverträge**, p. 496.

[225] DORALT, **Langzeitverträge**, p. 497.

CAPÍTULO 4 - REQUISITOS DA RESOLUÇÃO CONFORME O §314 DO BGB: CONTRATO...

Ainda nesta linha, Vogenauer afirma que, caso os fatos em discussão estejam dentro da esfera de risco da parte interessada na Resolução, esta deverá ser excepcional[226] – afinal, se a parte assumiu o risco de determinado ato ou evento disruptivo, não pode invocá-los sob a alegação de que a confiança se perdeu – afinal, a confiança se estabeleceu conforme estas premissas, de modo que a Resolução não pode servir de desculpa para condutas oportunistas de partes insatisfeitas com suas decisões comerciais. Salvo quando se tratar de circunstância excepcional ou imprevisível.[227]

Assim, o simples insucesso ou o fracasso de um negócio não constitui uma justa causa que permita a Resolução prematura do contrato. A título de exemplo, a jurisprudência alemã já considerou que uma crise financeira não seria causa para a Resolução de um contrato de armazenamento de combustível, sob o entendimento de que a questão estaria dentro da esfera de risco do empreendimento, sobretudo quando as causas eram conhecidas ou previsíveis. No entanto, existem precedentes permitindo a Resolução quando há uma forte relação de confiança e lealdade entre as Partes.[228]

A doutrina também considera que a culpa não é um critério determinante na avaliação da conduta das partes no momento de qualificar a ocorrência de uma justa causa. No entanto, Vogenauer aponta que, de acordo com a jurisprudência alemã, a parte que contribui para a quebra da confiança ou agiu "desonestamente", ou seja, de forma artificial, abusiva ou contrária a boa-fé, não poderá requerer a Resolução pela quebra da confiança.[229]

---

[226] *"If the facts creating the compelling reason are situated within the sphere of risk of the party wishing to terminate the contract, such termination will only be valid under exceptional circumstances"* VOGENAUER, Termination of Long-term Contracts "for Compelling Reasons" under the UNIDROIT Principles: The German Origins, p. 1707.

[227] Esta é uma das razões porque o instituto é considerado como uma espécie dentro do gênero da *"alteração das circunstâncias"*. Neste sentido, Vogenauer afirma que *"Under German law, the right to terminate for a compelling reason is often understood as a response to unforseeable changes of circumstances that the parties would have considered in the contract had they anticipated these changes. From this perpective, the termination does not – for German lawyers – constitute an unjustified exception to the general principle of sactity of contract. Is also explains why reasons existing before the conclusion of the contract can amount to a compelling reason if they were unknown to the party wiching to terminate."* Ibid.

[228] Ibid., p. 1708/1712.

[229] *"Culpable conduct of the other party is neither necessary nor sufficient to reach the threshold of a compelling reason. If the party wishing to terminate the contract displays culpable conducts itself does*

Isso apenas demonstra que a jurisprudência e a doutrina alemãs sobre o instituto encontram-se alinhadas com a tendência internacional do ocaso da culpa ou, noutros termos, da objetivação das condutas. Desta maneira, a avaliação por parte do julgador deverá levar em conta elementos objetivos em todos os aspectos, tanto nas circunstâncias do caso quanto na avaliação dos interesses das partes.

4.2.1. A quebra absoluta da confiança como critério determinante

O núcleo do conceito encontra-se na ocorrência da "justa causa", ou seja, na quebra da confiança entre as partes.[230] Esta ruptura deve ser absoluta, ou seja, deve ser grave a ponto de inviabilizar o futuro do contrato, tornando *inexigível* a sua manutenção, como aponta Brunner:[231]

> If the right to terminate a relational contract for irreconcilable differences were accepted under general contract principles, its scope of application should be limited to situations where, due to a change of circumstances, the confidence between the parties is irrevocably destroyed so as to make it unbearable and impracticable for a party to continue to perform the contract until the agreed termination date or until the end of a notice period.

A quebra da confiança, no entanto, deve ser analisada de forma prospectiva, ou seja, com vistas ao futuro do contrato. Neste sentido, a manutenção do contrato deve ser "inexigível", ou, nos termos do §314, "irrazoável". Isso significa não apenas que a quebra da confiança deve ser grave, mas absoluta, total, irreversível, a ponto de impedir a continuidade daquela relação.

---

not necessarily exclude a compelling reason. However, if that party has been predominantly responsible for causing the breakdown of the relationship of the parties or has itself acted dishonestly the courts will usually not find a compelling reason". *Ibid.*, p. 1707.. No mesmo sentido, DORALT, Right to Terminate for Compelling Reason (Commentary to Art. 6.3.1 PICC).

[230] "*Under this rule, termination is possible when the trust between the parties has been fundamentally undermined*". DORALT, Right to Terminate for Compelling Reason (Commentary to Art. 6.3.1 PICC).

[231] BRUNNER, Force Majeure and *Hardship* under General Contract Principles: Exemption for Non-performance in International Arbitration, p. 521.

CAPÍTULO 4 - REQUISITOS DA RESOLUÇÃO CONFORME O §314 DO BGB: CONTRATO...

Não é qualquer abalo na relação de confiança que pode levar à Resolução. Somente um ato ou evento disruptivo que torne o futuro da relação inviável pode servir para tornar imperativa a interrupção do contrato antes do final do prazo, o que reforça a importância do respeito à segurança jurídica e ao *pacta sunt servanda*, que devem ser observados, a não ser que se esteja diante de uma circunstância grave e excepcional.

Neste ponto, é inevitável retornar a Ian Macneil e sua teoria sobre os contratos relacionais. Como vimos acima, o verdadeiro vínculo num contrato relacional é a "solidariedade orgânica", ou seja, um laço que mantém as partes unidas sob uma perspectiva de mútua dependência e confiança no futuro. Como sugeriu Macneil,[232] este vínculo se perde no momento em que uma das Partes demonstra que não há mais confiança no futuro daquela relação de mútua dependência. Somente nesta hipótese a causa será justa – imperativa (*compelling*) – a ponto de forçar o reconhecimento do fim do vínculo.

Essa relação entre a inexigibilidade e a "projeção futura" foi captada muito bem pela doutrina portuguesa. Fernando Ferreira Pinto afirma que a justa causa *"transforma o conceito de inexigibilidade na pedra-de-toque de todo o sistema de Resolução dos contratos duradouros, constituindo o futuro relacionamento entre as partes o ponto focal do juízo implicado por aquele conceito"*.[233] Machado Baptista, por sua vez, discorre sobre a questão de forma ainda mais didática e precisa. Vejamos:[234]

> Ora, a apreciação de uma 'violação contratual positiva' como fundamento de Resolução (como justa causa) nestas relações obrigacionais duradouras é feita à luz do conceito de inexigibilidade: pergunta-se se é exigível que o contraente cumpridor continue imperativamente vinculado ao contrato, continue ligado pelo vínculo duradoiro ao contraente infiel, não obstante este, agindo ilícita e culposamente ter abalado a confiança contratual daquele, ter fundamentado um justo

---

[232] MACNEIL, **The new social contract – an inquiry into modern contractual relations**, p. 91/92.
[233] PINTO, **Contratos de Distribuição**, p. 395/396..
[234] MACHADO, João Baptista, Parecer Sobre Denúncia e Direito de Resolução de Contrato de Locação de Estabelecimento Comercial, *in*: VASCONCELOS, Pedro Bacelar (Org.), **João Baptista Machado Obra Dispersa**, 1a. ed. Braga: Scientia Ivridica, 1991, p. 670.

receio de que continuará a ser menos leal, desleal ou infiel aos seus deveres contratuais, a criar conflitos e a perturbar os planos de vida da sua contraparte.

Machado Baptista foi cirúrgico quanto à noção de exigibilidade e a projeção de futuro, mas há apontamentos a fazer quanto à relação entre o instituto ora em estudo e outros que tratam do inadimplemento qualificado e a alteração das circunstâncias.

Não há dúvida, portanto, de que a quebra absoluta da confiança, que torna inexigível a continuidade do contrato, é o critério determinante na avaliação da existência de uma justa causa a legitimar a Resolução pela quebra da confiança do contrato de longa duração.

4.2.2. Justa causa como inadimplemento e quebra da confiança *strictu sensu*

Após o estabelecimento do escopo de aplicação (contratos de longa duração) e do critério central do instituto (a justa causa), é importante fazer a distinção entre as possíveis formas de manifestação da justa causa a permitir a Resolução pela quebra da confiança.

O §314(2) do BGB estipula regras próprias para a hipótese de uma justa causa constituir um inadimplemento, sendo lógico concluir que, se há distinção, é porque o legislador reconheceu a possibilidade de que não apenas um inadimplemento, mas também um evento disruptivo, que *não* implique em inadimplemento, poderá levar à quebra absoluta da confiança *strictu sensu*.

Por conta disso, a Resolução pela quebra da confiança se coloca numa zona de interseção com institutos como o inadimplemento substancial (*fundamental breach*) e institutos que tratam da alteração das circunstâncias, como o *hardship*, a perda da base do negócio, a teoria da imprevisão e outros.

Abordaremos, assim os seguintes temas: (i) as características e o regime aplicável a cada tipo de justa causa e; (ii) as diferenças entre a Resolução pela quebra da confiança e institutos como a *fundamental breach* e o *hardship* e similares.

4.2.2.1. A justa causa como inadimplemento

Segundo a doutrina, os contratos de longa duração se extinguem com o final do prazo ou, se for este indeterminado, mediante simples aviso prévio à parte contrária.[235] Esta seria a forma de Resolução "ordinária" deste tipo de contrato.[236] A ocorrência de um inadimplemento – ou de uma justa causa (*wichtiger Grund*) –, no entanto, permite a Resolução do contrato antes do fim do prazo, sendo considerada, portanto, uma Resolução "extraordinária".[237]

A princípio esta classificação pode causar estranheza, pois a regra geral, mesmo em termos de direito comparado, é a possibilidade de Resolução diante de um inadimplemento, mesmo nos contratos de execução imediata.[238] A justificativa, no entanto, demanda uma digressão.

A Resolução por justa causa como princípio geral aplicável a todos os contratos de longa duração é uma construção doutrinária e jurisprudencial, que data do início do século XX (portanto, antes da reforma de 2002, que positivou a hipótese no §314 do BGB). Naquela época, o regime adotado pelo BGB para o tratamento do inadimplemento contratual era particularmente complexo.[239] O Código não possuía um conceito único de inadimplemento e

---

[235] "*Such long-term relationships may run for a stipulated period of time or for an indeterminate period of time. In the latter case, both parties may terminate the contract with effects for the future by giving notice. These time periods for advance notice vary according to the nature of the contract and the party seeking termination*". MARKESINIS, Sir Basil; UNBERATH, Hannes; JOHNSTON, Angus, **The German Law of Contract**, 2a. ed. Oregon: Hart Publishing, 2006, p. 436..

[236] "*This right to give notice is commonly referred to as the ordinary right to terminate such continuing contracts (ordentliche Kündingung). It does not pressupose a breach of contract by the other party*". Ibid., p. 437.

[237] "*Termination however is also a remedy for breach in relation to this type of contract. A special right of termination may arise because a breach of contract in relation to continuing contracts. It is reffered to as an extra-ordinary right to give notice (außerordentlich Kündingung)*". Ibid..

[238] "*A party who is aggrieved as a result of not obtaining the performance for which he bargained may wish, in a general sense, to put an end to further performance of the contract an also so fas as possible to put matters back into the position in which they were before performance on either side was begun*". MEHREN, Arthur T. Von, **International Encyclopedia of Comparative Law**, Leiden: Martinus Nijhoff, 2008, p. 110.. A questão relativa aos efeitos da resolução, sobretudo o retorno ao *status quo ante*, são diferentes na resolução por justa causa. MARKESINIS; UNBERATH; JOHNSTON, **The German Law of Contract**, p. 420.

[239] "*It would serve no practical purpose to explain the approach of the old law to termination. It suffices here to say that it was highly complex and almost impossible to understand fully without reading a few*

tampouco possuía uma regra geral que permitisse a Resolução, como ocorre atualmente. Pelo contrário, o BGB permitia a resolução somente nas hipóteses de impossibilidade de cumprimento da prestação e no caso da mora.[240]

A noção de impossibilidade estava ligada à situação em que o contrato estaria rompido caso o cumprimento da prestação fosse impossível – por exemplo, caso o bem não existisse no momento da formação do contrato. O BGB previa que, caso o vendedor tivesse ciência desta impossibilidade, deveria arcar com as perdas e danos do credor. Além disso, existia também a hipótese da impossibilidade "subsequente", que se verifica após a formação do contrato. Neste caso, cabia avaliar quem seria o responsável pelo obstáculo ao cumprimento – se fosse o devedor, este deveria pagar perdas e danos. Se fosse o credor, este continuaria obrigado a pagar ao devedor.[241]

Além disso, o BGB adotava uma leitura muito rígida do *pacta sunt servanda*, sendo esta a base para a ausência de um direito "genérico" à Resolução do contrato – razão porque a Resolução só seria permitida em caso de "impossibilidade" de cumprimento da obrigação.[242] A jurisprudência cuidou de flexibilizar esta noção, não apenas com o desenvolvimento da Resolução por justa causa, mas também com a teoria da base do negócio, que será alvo de análise adiante.

No que diz respeito à mora, a noção é muito similar ao direito brasileiro, ou seja, o devedor estará em mora caso não cumpra a obrigação no prazo, sendo que as perdas e danos correm apenas após a interpelação, que é dispensável

---

hundred pages of Ennecerus, Larenz or Medicus" MARKESINIS; UNBERATH; JOHNSTON, **The German Law of Contract**..

[240] *"The German BGB has [had] no unitary concept of breacg of contract, and does [did] not deal in general terms with the rights of a contractor who has not received the promised and expected performance. Instead it concentrates on the case where non-performance is due to impossibility, and regulates it in great detail; it also deals with the case where, for whatever reason, the promisos is late in performing"*. ZWEIGERT, Konrad; KÖTZ, Hein, **An Introduction to Comparative Law**, 3ª. New York: Oxford University Press, 2011, p. 408. Leve em consideração que a obra foi escrita originalmente na década de 1970, sendo, portanto, baseada na versão do BGB anterior à reforma de 2002.

[241] Ibid., p. 487/490..

[242] *"Roman law was even stricter in this regard and never recognized a general right of termination in case of breach of contract. This approach has, for a long time, dominated the ius commune, and it has even shaped the BGB"*. ZIMMERMANN, **The New German Law of Obligations**, p. 65..

CAPÍTULO 4 - REQUISITOS DA RESOLUÇÃO CONFORME O §314 DO BGB: CONTRATO...

quando o contrato previr uma data certa para o cumprimento.[243] A Resolução, por sua vez, seria possível apenas após a concessão, pelo credor, de prazo para o cumprimento.[244]

Percebe-se, portanto, que o BGB refletia uma estrutura voltada para operações comerciais binárias, imediatas, ou seja, era baseado no contrato de compra e venda, que, como já vimos, não se adequa às particularidades dos contratos de longa duração. Mas não apenas neste caso, razão porque a jurisprudência teve um papel essencial na adaptação da norma às situações não cobertas expressamente pelo Código.[245]

Dessa maneira, foi desenvolvida a teoria da "violação positiva do contrato", ou seja, a noção de que a obrigação pode ser cumprida, porém de forma imperfeita e em desacordo com os deveres típicos da boa-fé objetiva – o que, a rigor, não se enquadra na hipótese de impossibilidade e nem de mora. Nestes casos, a jurisprudência considerou que o credor poderia tanto requerer compensação pelos danos causados pelo cumprimento imperfeito como exigir a

---

[243] *"In Germany a claim for damages for lateness in performance can only be brought if the debtor is in default ('Verzug'). In order to put the debtor in default after performance has fallen due the creditor must make a protest ('Mahnung'); this starts the default running unless the debtor can prove that the lateness of performance is attributable to a circumstance for which, under rules already stated, he is not responsible. (...) If the contract fixes a date for performance, directly or indirectly, a protest is not necessary to put the debtor in default ('dies interpellat pro homine')"*. ZWEIGERT; KÖTZ, **An Introduction to Comparative Law**, p. 492.

[244] *"Althoug putting the debtor in default gives the creditor a claim for damages for delay, it does not in principle free him from the duty to accept performance, late tough it is. The creditor can only withdraw from the contract or claim damages for non-performance if he fixes a period during which the defaulting debtor must complete performance and states that he will refuse to accept after the expiry of that period"*. Ibid., p. 492/493..

[245] Sobre o papel da jurisprudência no aperfeiçoamento do direito obrigacional alemão, ver WIEACKER, **História do Direito Privado moderno**.. Uma visão mais contemporânea, que passa em revista o direito contratual alemão pode ser vista em REIMANN, Mathias; ZEKOLL, Joachim, **Introduction to German Law**, 1a. ed. Munique: Kluwer Law International, 2005.. Um visão mais profunda, porém recente, da história e das estruturas do direito privado alemão, remontando à codificação pode ser encontrada em ZIMMERMANN, Reinhard, The German Civil Code and the Development of Private Law in Germany, *in*: ZIMMERMANN, Reinhard (Org.), **The new German Law of Obligations**, Oxford: Oxford University Press, 2005.. Por fim, sobre as origens do direito obrigacional alemão, por uma perspectiva comparada, ver MARKESINIS; UNBERATH; JOHNSTON, **The German Law of Contract**..

correspondente correção, podendo resolver o contrato caso a demanda não fosse atendida.[246]

Além disso, a estrutura do BGB não lidava adequadamente com os contratos de execução continuada, pois a noção de inadimplemento é diferente, não se tratando de avaliar a impossibilidade do cumprimento da obrigação, mas de avaliar se, diante do cumprimento imperfeito, seria "exigível" manter aquela relação.

As normas aplicáveis à mora tampouco davam conta do problema, pois o atraso numa determinada prestação não permitia, a rigor, a Resolução do contrato. Além disso, o cumprimento imperfeito de uma determinada obrigação não significava, necessariamente, que as obrigações posteriores não seriam cumpridas na forma e no prazo acertado.

O credor no contrato de execução continuada, no entanto, poderia buscar as perdas e danos, mas não poderia encerrar a relação, sendo forçado a cumprir o contrato até o final do prazo, ficando, portanto, "preso" a uma relação que não lhe ofereceria perspectiva satisfatória para o futuro. O credor era forçado a se manter contratado com um inadimplente contumaz sem que o BGB lhe oferecesse uma "saída de emergência".

Vê-se, portanto, que o regime geral do BGB não dava conta das peculiaridades dos contratos de execução continuada, decerto porque foi elaborado com base na estrutura dos contratos de compra e venda, que atendem a uma dinâmica totalmente diferente, sem contar com a visão radical do *pacta sunt servanda*. A noção de inadimplemento nos contratos de longa duração, por exemplo, não tem relação apenas com a impossibilidade, a mora ou mesmo com o cumprimento imperfeito, mas sim com a viabilidade futura daquela relação.[247]

Não surpreende, portanto, que contratos "típicos" de execução continuada se submetessem a um regime específico, que permitiam a Resolução diante do surgimento de uma justa causa. A questão, no entanto, era como resolver o problema dos novos contratos de longa duração, que a rigor estavam sujeitos ao regime geral, que simplesmente não era adequado.

[246] ZWEIGERT; KÖTZ, **An Introduction to Comparative Law**, p. 494..
[247] Há também outras diferenças, como a existência de efeitos *ex nunc* nas resolução dos contratos de execução continuada, que serão abordadas adiante.

CAPÍTULO 4 - REQUISITOS DA RESOLUÇÃO CONFORME O §314 DO BGB: CONTRATO...

Atenta a isso, a jurisprudência alemã, ainda no início do século XX, teve o mérito de transformar essa disposição em princípio geral, aplicável a todos os contratos de longa duração, indistintamente, reconhecendo que o regime geral do BGB não era adequado para tratar dessas relações.

Por isso, não surpreende que o inadimplemento seja a causa mais comum de Resolução por justa causa no direito alemão. É importante ressaltar, no entanto, que esta não é a única causa. Como veremos adiante, a grande contribuição do instituto não é a criação de uma "válvula de escape" para o credor preso a um contrato de longa duração, mas o reconhecimento da confiança como o verdadeiro vínculo destes contratos, o que significa que a sua ruptura deve permitir a Resolução, não apenas pelo inadimplemento, mas também pela quebra da confiança em sentido estrito.

4.2.2.2. A utilidade do instituto para outros ordenamentos

A explanação sobre as origens da Resolução por justa causa no direito alemão, colocadas em perspectiva diante da estrutura original do BGB, podem levantar dúvidas quanto à utilidade deste instituto em outros ordenamentos. Afinal, o tratamento complexo dado pelo BGB ao inadimplemento das obrigações, com abordagens diversas de acordo com o problema, seja de impossibilidade (original ou subsequente), mora ou cumprimento imperfeito (violação positiva do contrato) não era o padrão em termos de direito comparado, mesmo nos ordenamentos de tradição romanística.

Assim é que o Código Civil francês, quase um século mais antigo que o BGB, assim como o Código Civil italiano e mesmo o Código Civil brasileiro de 1916, adotavam – como adotam até hoje – um conceito unitário de inadimplemento e uma regra geral de que, diante do incumprimento, o credor poderia pedir a Resolução do contrato,[248] inclusive cumulada com perdas e danos.

---

[248] *"Unlike the Germanic civil codes, those of the Romanistic family do have a unitary conception of non-performance of bilateral contracts. If one party to a bilateral contract fails to perform his duties under it, the other is entitled to have the contract rescinded by court judgement (art. 1184 Code civil, 1453 Codice Civile). In the French Code civil this rule is dressed up in old-fashioned concepts, to the effect that every bilateral contract is concluded under the implicit resolutory condition of the proper performance of the reciprocal duties, but in essence it simply means that non-performance gives the other party the right to have the contract rescinded, for which purpose must bring a claim (this is made clear in art. 1453 Codice Civile). Thus each party has a choice between bringing a claim for performance and bringing an action*

Tal hipótese não era possível no BGB, que impunha ao credor escolher entre a Resolução e a indenização[249], já que não existia um direito "genérico" à Resolução em caso de inadimplemento.

Desta forma, ainda que o regime de direito obrigacional vigente nestes ordenamentos fosse baseado na compra e venda, era possível ao credor pedir a Resolução de um contrato de execução continuada diante de um inadimplemento. Assim, não seria necessário ficar "preso" ao hipotético inadimplente contumaz, como no direito alemão.

Nestes ordenamentos, no entanto, a questão é inversa. Não se trata de criar uma saída para o credor, mas de evitar a Resolução do contrato de longa duração por qualquer inadimplemento, ainda que de menor importância. É evitar, por exemplo, que um contrato de fornecimento ou de agência seja resolvido por conta de um inadimplemento pontual ou um atraso eventual.

Isso porque os contratos de execução continuada, sobretudo os que possuem uma grande carga relacional, tem não apenas uma estrutura diferente dos contratos de execução imediata, mas também uma distinta relevância econômica, jurídica e social. Esses contratos geralmente envolvem o fornecimento de bens essenciais[250], como a moradia, o trabalho, matéria-prima etc.,

---

to rescind the contract, which may be combined with a claim for damages". ZWEIGERT; KÖTZ, **An Introduction to Comparative Law**, p. 496.. É importante ressaltar que com a reforma do Código Civil ocorrida em 2016, a resolução do contrato não precisa mais de pronunciamento judicial para ser eficaz (ver novo art. 1226 do *Code*). Sobre a reforma do *Code* em termos mais amplos, ver ROWAN, Solène, The new French law of Contract, **International and Comparative Law Quarterly**, v. 66, n. 4, 2017; ALEXIS DOWNE, The reform of French Contract Law: a critical overview, **Revista da Faculdade de Direito**, v. 61, n. 1, p. 43/68, 2016..

[249] *"The Code Civil itself permits this cumulation of a claim for rescission and a claim for damages, for art. 1184, par. 2 provides that the creditor has the right either to demand performance of the conract or d'en demander la résolution avec dommages at intérêts'. The draftsmen of the German BGB ruled out such a combination of rescission and damages on the ground that one could not claim damages at the very time one was seeking to undo the contract which was its basis, and §326 BGB therefore requires the creditor do choose which of these two rights to exercise"*. ZWEIGERT, op. Cit. P. 499.

[250] Como afirma Paulo Araújo, *"As pessoas passaram a programar suas vidas por meio dos contratos de longa duração. O acesso à informação, a serviços básicos como energia elétrica, gás, coleta de lixo, etc., assim como a prevenção de contingências futuras (seguros, planos de previdência, etc.) acabaram ganhando a forma de relações jurídicas duradouras e perenes, com tendência de prolongamento por toda a vida dos contratantes"*. ARAUJO, **Prorrogação compulsória de contratos a prazo**, p. 57.. Parte da doutrina europeia considera que os contratos de longa duração *"generally have the most*

além de operações complexas do ponto de vista econômico e político, como as obras de infraestrutura e os contratos de fornecimento de energia. Não é por outra razão que esses contratos são alvo de estudo intenso de outras áreas do conhecimento, como a economia[251]. O tema é de tamanha importância que, inclusive, rendeu um prêmio Nobel aos acadêmicos Oliver Hart e Bengt Hölmstrom, em 2016.[252]

Por conta disso, é essencial evitar que estes contratos sejam encerrados por qualquer razão, qualquer inadimplemento trivial – o que seria, em tese, possível diante do arcabouço institucional de ordenamentos como o francês, o italiano e até mesmo o brasileiro. É preferível que a ruptura se dê através de um inadimplemento qualificado, uma justa causa.

Não é por outra razão, aliás, que estes ordenamentos, assim como o alemão, também consideram a "importância" do inadimplemento ao tratar da Resolução de contratos de longa duração típicos.

Se, por um lado, o regime do BGB tornava a Resolução do contrato de longa duração muito difícil, por outro, nos demais ordenamentos de matriz romanística, a Resolução poderia ser fácil demais, o que é igualmente prejudicial.

Tais hipóteses, por si só, poderiam justificar a adoção de um princípio geral que determine que a Resolução dos contratos de longa duração só seria possível diante da ocorrência de uma justa causa. A regra, portanto, deve ser a manutenção do contrato e sua conservação, mesmo diante de certos abalos – mas não a qualquer custo, sendo possível a Resolução "extraordinária" diante de circunstâncias excepcionais.

Neste sentido, é relevante a análise do regime tradicionalmente vigente nos ordenamentos da *common law*. Nestes sistemas, o direito contratual reconhece

important role to play in people's daily lives and existence. These establish social long-term relations that, with regard to certain periods of the lifetime of individuals, provide essential goods, labour and income opportunities for self-realisation and participation". NOGLER; REIFNER, The new dimensions of life time in the law of contracts and obligations, p. 1..

[251] *"Research on long-term contracts and their characteristics was first conducted in the disciplines of economics, and the economic analysis of contract law. Here, long-term contracts and their characteristics have been a field of research for many decades".* DORALT, Right to Terminate for Compelling Reason (Commentary to Art. 6.3.1 PICC).

[252] Os economistas Oliver Hart e Bengt Holmström foram vencedores do Prêmio Nobel em economia em 2016, com um trabalho sobre a teoria dos contratos de longa duração. A base científica do seu trabalho pode ser encontrada em OLIVER HART; BENGT HOLMSTRÖM, **Contract Theory**.

a figura do inadimplemento também em sentido amplo, sem fazer distinção entre a impossibilidade do cumprimento, a mora, a violação positiva ou mesmo a culpa do devedor.[253] A obrigação é analisada como uma "garantia" dada pelo devedor, que se compromete a cumpri-la, sob pena de arcar com as perdas e danos correspondentes.[254] Prevalece, portanto, o "axioma" de que importa apenas o cumprimento, sendo irrelevantes as circunstâncias como culpa, diligência, etc. – *"What matters is the fact of performance. Has he performed or not?"*[255].

A diferença, no entanto, diz respeito ao direito à Resolução. Neste caso, o direito comum prevê que o contrato só pode ser extinto se o inadimplemento for "essencial". Prevalece, nesse caso, a noção de que se a "garantia" de cumprimento, dada na "promessa" do contrato, não for cumprida, o credor terá direito às perdas e danos, mas deve manter o contrato ativo, a não ser que uma "condição essencial"[256] seja rompida – hipótese em que a Resolução será permitida.

---

[253] *"First, Anglo-American las has no need to separate and systematize the various causes of non-performance of a contract as German lae does with careful distinction between impossibility, delay and positive breach of contract: it does not much matter in the Common Law wether the debtor has wholy failed to perform as promised or has performed too late or has performed unsatisfactorily in one way or another, since if the promised result has not been procured, the guarantee undertaken has not been observed and a 'breach of contract' has ocurred".* ZWEIGERT; KÖTZ, **An Introduction to Comparative Law**, p. 503.

[254] *"Unlike the Continental systems the Common Law in principle treats every contract as containing a guarantee. If the debtor fails to do what he promised, he is liable in damages for 'breach of contract', regardless of wheter or not himself or any of his assistants or subcontractors has been at fault".* Ibid.

[255] *"It is axiomatic that, in relation to claims for damages for breach of contract, it is, in general, immaterial why the defendant failed to fulfil his obligation, and certainly no defence to plead the he had done the best. (...) What matters is the fact of the performance. Has he performed or not?".* Ibid.

[256] É importante notar que a expressão "condição" tem uma acepção diferente na Common Law e nos sistemas romanísticos. A condição, para o direito brasileiro, é uma "cláusula que, derivando exclusivamente da vontade das partes, subordina o efeito do negócio jurídico a evento futuro e incerto" (art. 121 do CCB). No sistema da Common Law, a condição pode ter a mesma acepção, mas tradicionalmente refere-se às premissas nas quais a "barganha" foi estabelecida e cujo descumprimento permitiria a resolução do contrato. Neste sentido, "condition" se diferencia da "warranty", sendo esta "garantia" equivalente a uma obrigação contratual em sentido amplo, uma cláusula. A questão é que a violação da "warranty" dá direito apenas às perdas e danos, ao passo que a violação da "condition" permite a resolução. *"One key factor in determining whether a party has a right to terminate for breach is wheter the term broken is a 'condition' or a 'warranty' (...) breach of conditions gives rise to the right to terminate, but not breach of warranty".* Esta citação, assim como a interessante origem desta distinção entre condition e warranty, que remonta a precedentes do século XVIII, pode ser encontrada em

CAPÍTULO 4 – REQUISITOS DA RESOLUÇÃO CONFORME O §314 DO BGB: CONTRATO...

A justificativa é que, ao implicar o desfazimento do contrato e seu retorno ao *status quo ante (restitution)*, a Resolução pode ser um remédio muito gravoso para o devedor, que pode ter maior interesse na manutenção do contrato, mesmo que tenha que arcar com as perdas e danos oriundas do inadimplemento – com o objetivo, por exemplo, de amortizar os investimentos feitos na expectativa do cumprimento do contrato até o final. Por isso, a Resolução só será permitida diante da ruptura de uma condição essencial, ou seja, um inadimplemento qualificado. Vejamos, neste sentido, a lição de Zweigert e Kötz:[257]

> It is important to distinguish the question whether the innocent party has a claim for damages from the quite different question whether he can declare the contract at an end by reason of the other party's breach. If he can terminate the contract, he is no longer bound to fulfil his own promises and can claim back what he has already rendered and damages for the loss of his bargain. This can be a serious matter for the one party for it means that any investment he has made in performance will be wasted; it is true that he has broken his contract, but he would quite happily pay damages if only he could keep the contract afoot. The interest of the innocent party is quite different, Suppose that shortly after the inception of a year's charter it emerges that the charterer is in breach – not paying the hire on time, damaging the vessel, or sending it into a prohibited area; if freight rates have risen in the meantime or if the charterer is getting into financial difficulties and may not pay future installments of the hire on time or even go bankrupt, the shipowner has a considerable interest in declaring the charterparty as an end rather than simply claiming damages for his loss (even supposing a provable loss has occurred). Plainly termination of a contract can only be justified if the breach is of an essential term.
>
> The question whether or not a promise is 'essential' in this sense is often decided by English courts in terms of 'warranty' and 'condition'.

STANNARD, John; CAPPER, David, **Termination for Breach of Contract**, Oxford: Oxford University Press, 2014, p. 9.
[257] ZWEIGERT; KÖTZ, **An Introduction to Comparative Law**, p. 505.

Every contractual term, express or implied, is in law a 'warranty' (express or implied). If such a term is broken, the innocent party is entitled to claim damages for breach of contract, but must continue to perform his own side of the bargain. The innocent party may only resile from the contract is the term which his opponent has broken is also a 'condition', that is, if it is especially important for the performance of the contract.

Esta concepção está na raiz do instituto do "inadimplemento substancial" (*fundamental breach*), cuja essência se liga à noção de que a Resolução de um contrato só poderá ocorrer diante de um inadimplemento qualificado.[258]

Esse instituto, de inequívoca origem na *Common Law*, alcançou status de padrão internacional por meio da edição da Convenção de Viena sobre a Compra e Venda de Mercadorias, que, em seu artigo 25,[259] prevê que a Resolução (*avoidance*) do contrato só será permitida diante de um inadimplemento substancial (ou após a concessão de um período de graça).[260]

A solução foi igualmente adotada nos Princípios do UNIDROIT (art. 7.3.1)[261] e em todos os instrumentos de harmonização ou uniformização do direito contratual, como o PECL,[262] o DCFR[263] e a CESL,[264] além de ter sido incorporada, por criação doutrinária e jurisprudencial, ao direito brasileiro.[265]

---

[258] "*According to The Hongkong Fir, the right to terminate may be exercised not only for breachs of condition but for other serious breaches too. Such breaches are discribed in various ways; for instance 'fundamental breaches', 'frustrating breaches', 'repudiatory breaches', or breaches that go to the 'root of the contract'*". STANNARD; CAPPER, **Termination for Breach of Contract**, p. 11.

[259] Art. 25 – A violação ao contrato por uma das partes é considerada como essencial se causar à outra parte prejuízo de tal monta que substancialmente a prive do resultado que poderia esperar do contrato, salvo se a parte infratora não tiver previsto e uma pessoa razoável da mesma condição e nas mesmas circunstâncias não pudesse prever tal resultado. Tradução extraída do **Decreto promulgatório nº 8327**, disponível em: <http://www.planalto.gov.br/ccivil_03/_ato2011-2014/2014/decreto/d8327.htm>, acesso em: 5 jan. 2018.

[260] Art. 49 (1) (b) .

[261] Art. 7.3.1 (1)

[262] Art. 8:103.

[263] Art. III.3:502.

[264] Art. 87 (2).

[265] O Comitê Brasileiro de Arbitragem, por meio do Grupo de Estudos sobre a CISG, produziu ampla pesquisa de jurisprudência que identificou que, muito embora o Código Civil brasileiro não possua disposição contemplando a noção de inadimplemento substancial, o

CAPÍTULO 4 – REQUISITOS DA RESOLUÇÃO CONFORME O §314 DO BGB: CONTRATO...

É possível perceber que ambos os institutos – do inadimplemento substancial e da Resolução por justa causa – demandam a ocorrência de um inadimplemento qualificado para permitir a Resolução de um contrato.

Isso permite concluir que existe uma proximidade entre os institutos. No entanto, como veremos adiante, isso não torna desnecessário o estudo sobre a Resolução por justa causa. Pelo contrário. Ao focar nos contratos de longa duração, o instituto permite um aperfeiçoamento da noção de inadimplemento dos contratos de longa duração, que não pode ser captada somente pelo estudo da *fundamental breach* – tanto é que o legislador alemão positivou o §314 do BGB ao mesmo tempo em que reformou o regime geral aplicável ao inadimplemento na reforma de 2002 para se aproximar ao padrão internacional.

Além disso, a Resolução por justa causa alcança a dimensão da perda absoluta da confiança, que igualmente não é captada pelo inadimplemento substancial, que, tal como os ordenamentos tradicionais, foi construído com base na estrutura do contrato de compra e venda.

Assim, a conclusão que se alcança é que a Resolução por justa causa e o inadimplemento substancial lidam com situações similares – o primeiro facilitando a Resolução do contrato de longa duração diante de uma causa grave e de outro, condicionando-a à ocorrência de uma causa igualmente grave, trazendo certo equilíbrio ao regime da Resolução no direito contratual.

4.2.2.3. A reforma de 2002 e o regime do §314 aplicável ao inadimplemento

Como já mencionado, em 2002 foi publicada a Reforma do direito das obrigações alemão. O relatório de uma Comissão de juristas indicados pelo Ministério da Justiça alemão, publicado em 1992, com base num projeto de 1978,

---

conceito fora adotado amplamente na jurisprudência, sobretudo na figura do "adimplemento substancial", funcionando não para permitir a resolução, mas para impedi-la diante do adimplemento quase completo da obrigação. ARAGÃO, Ana Júlia Grein *et al*, Adimplemento substancial, *in*: GUSTAVO KULESZA; RAFAEL BITTENCOURT; RODRIGO MOREIRA (Orgs.), **A CISG e o Judiciário brasileiro**, São Paulo: Comitê Brasileiro de Arbitragem, 2016, p. 47/64.

sugeriu uma ampla reforma a fim de alinhar o BGB às tendências observadas na CISG.[266] Após um período de inércia, em 2000, ano do centenário do BGB, o Governo alemão retomou o processo de reforma, que foi finalmente promulgada em 2001, passando a vigorar em janeiro de 2002.[267]

A Reforma afetou diversas áreas, estabelecendo novas regras sobre prescrição, inadimplemento, contrato de compra e venda, crédito e disposições sobre direito do consumidor, de acordo com a Diretiva 1999/44/EC da União Europeia.[268]

Além disso, alguns institutos de construção jurisprudencial, como a perda da base do negócio (§313) e Resolução por justa causa (§314), objeto deste trabalho, foram positivados.[269]

---

[266] *"The first episode was the preparation of a reform project between 1978 and 1992. In 1978, the then federal minister of justice launched the idea of a comprehensive reform of the law of obligations. He solicited a variety of academic opinions which were published in three volumes in the early 1980s and then widely discussed among German jurists. A year later, his successor in office appointed a Reform Commission which, similar to the commissions that had drafted the BGB, consisted of professors, judges, government representatives, and practicing lawyers. After eight years of work, the Commission presented a detailed Final Report in 1992. The Report aimed at bringing the BGB into line with the Convention on Contracts for the International Sale of Goods (CISG) and thus suggested a massive rewriting of the law of obligations".* REIMANN, Mathias, The Good, the Bad, and the Ugly: The Reform of the German Law of Obligations Symposium: The Challenge of Recodification Worldwide, **Tulane Law Review**, v. 83, , p. 883..

[267] *Ibid.*, p. 884/886.

[268] ZIMMERMANN, Reinhard, **Breach of contract and remedies under the new German law of obligations**, 1a. ed. Roma: Centro di Studi e Ricerche di Diritto Comparato e Straniero, 2002, p. 2/4..

[269] *"The codification of these doctrines and remedies has not engendered significant substantive changes. It mainly updated the Code so that the law in the book now reflects considerably more of the law in action than before. It has thus made German private law somewhat more transparent and predictable. This is especially important for foreign lawyers who can now find in the Code what they formerly had to ascertain from hornbooks, commentaries, and judicial decisions. This is helpful, even though the Code contains only the bare black letter rules, and even though foreign lawyers will rarely grasp the full meaning, and certainly not all the implications, of the new provisions".* REIMANN, The Good, the Bad, and the Ugly: The Reform of the German Law of Obligations Symposium: The Challenge of Recodification Worldwide, p. 892. Mais detalhes sobre a positivação dos institutos de construção jurisprudencial podem ser encontrados em SCHNEIDER, La codification d'institutions prétotiennes.

CAPÍTULO 4 - REQUISITOS DA RESOLUÇÃO CONFORME O §314 DO BGB: CONTRATO...

Ao permitir a Resolução do contrato de longa duração por justa causa, o §314(2)[270] estabeleceu que, quando a Resolução for causada por um inadimplemento, deverá ser observado o regime geral previsto no §323(2), que, por sua vez, condiciona a Resolução à concessão de um prazo adicional (*nachfrist*):[271]

> §323(1) If, in the case of a reciprocal contract, the obligor does not render an act of performance which is due, or does not render it in conformity with the contract, then the obligee may revoke the contract, if he has specified, without result, an additional period for performance or cure.
>
> (2) The specification of a period of time can be dispensed with if
>
> 1. the obligor seriously and definitively refuses performance,
>
> 2. the obligor does not render performance by a date specified in the contract or within a period specified in the contract, in spite of the

---

[270] Texto em inglês: *§314(2) If the compelling reason consists in the breach of a duty under the contract, the contract may be terminated only after the expiry without result of a period specified for relief or after a warning notice without result. Section 323 (2) number 1 und 2 applies, with the necessary modifications, as regards the dispensability of specifying a period for such relief and as regards the dispensability of a warning notice. Specifying a period for relief and issuing a warning notice can also be dispensed with if special circumstances are given which, when the interests of both parties are weighed, justify immediate termination.* Original em alemão: *§314(2) Besteht der wichtige Grund in der Verletzung einer Pflicht aus dem Vertrag, ist die Kündigung erst nach erfolglosem Ablauf einer zur Abhilfe bestimmten Frist oder nach erfolgloser Abmahnung zulässig. Für die Entbehrlichkeit der Bestimmung einer Frist zur Abhilfe und für die Entbehrlichkeit einer Abmahnung findet § 323 Absatz 2 Nummer 1 und 2 entsprechende Anwendung. Die Bestimmung einer Frist zur Abhilfe und eine Abmahnung sind auch entbehrlich, wenn besondere Umstände vorliegen, die unter Abwägung der beiderseitigen Interessen die sofortige Kündigung rechtfertigen.*

[271] Texto original: *§323 (1) Erbringt bei einem gegenseitigen Vertrag der Schuldner eine fällige Leistung nicht oder nicht vertragsgemäß, so kann der Gläubiger, wenn er dem Schuldner erfolglos eine angemessene Frist zur Leistung oder Nacherfüllung bestimmt hat, vom Vertrag zurücktreten. (2) Die Fristsetzung ist entbehrlich, wenn 1.der Schuldner die Leistung ernsthaft und endgültig verweigert, 2.der Schuldner die Leistung bis zu einem im Vertrag bestimmten Termin oder innerhalb einer im Vertrag bestimmten Frist nicht bewirkt, obwohl die termin- oder fristgerechte Leistung nach einer Mitteilung des Gläubigers an den Schuldner vor Vertragsschluss oder auf Grund anderer den Vertragsabschluss begleitenden Umstände für den Gläubiger wesentlich ist, oder.*

fact that, according to a notice given by the obligee to the obligor prior to conclusion of the contract or based on other circumstances attending at the time of its conclusion, the performance as per the date specified or within the period specified is of essential importance to the obligee, or

Como dito, esta mudança visa substituir o complexo sistema anterior, baseado nas noções de impossibilidade de cumprimento, mora e violação positiva do contrato, por um mais simples, alinhado às tendências de harmonização e uniformização do direito contratual. O objetivo, no entanto, foi apenas parcialmente atingido.[272] A reforma não adotou, por exemplo, o conceito de "inadimplemento substancial", comum tanto na CISG quanto nos Princípios do UNIDROIT, mantendo apenas a determinação de que a Resolução por inadimplemento deveria ser precedida pela concessão de um "período de graça" (*Nachfrist*), ou seja, um prazo adicional para cumprimento da obrigação.[273]

Muito embora não tenha adotado expressamente o conceito de *fundamental breach*, o §314(2), referindo-se ao §323(2), permite que o "período de graça" seja dispensado caso a gravidade do inadimplemento demande uma Resolução com eficácia imediata.

Em tese, seria possível entender que diante do teor do §323, a Resolução com base no §314 seria desnecessária, bastando que, diante de um inadimplemento, o credor concedesse um "período de graça" ou, diante de um inadimplemento mais grave, efetuasse a Resolução com eficácia imediata.

No entanto, isso não é verdadeiro. A doutrina ressalta que os requisitos estabelecidos do §314 são mais rigorosos que os parâmetros estabelecidos no regime geral do §323.[274] Isso porque a Resolução do contrato de longa duração exige não apenas a ocorrência de um inadimplemento, ainda que

---

[272] Sobre a Reforma diante do processo de "Europeização do direito privado" que se intensificava à época, ver ZIMMERMANN, **The New German Law of Obligations**, p. 35/38.

[273] Entre nós, o instituto foi alvo de estudo profundo por SOUZA, Amanda Guimarães Cordeiro de, **Período de graça: o prazo adicional para adimplemento e o direito de resolução extrajudicial em caso de persistência do inadimplemento**, Rio de Janeiro: Lumen Iuris, 2018.

[274] "*The pre-requisite of the right to give notice is a serious breacg of contract (wichtiger Grund). It should be noted that this is more difficult to establish than meeting the requirement of seriousness in relation to*

grave, mas também a ocorrência de uma justa causa que torne "inexigível" a continuidade do contrato.

A análise prospectiva, a avaliação da repartição dos riscos e sobretudo o abalo da confiança são elementos essenciais na Resolução do contrato de longa duração, mas não necessariamente no regime geral.

De qualquer forma, um estudo aprofundado do regime de Resolução por inadimplemento no BGB não é o objeto deste estudo – e tampouco afeta a compreensão do instituto da Resolução por justa causa.

Importa, isso sim, analisar o instituto para concluir não apenas que a quebra absoluta de confiança pode ser causada por um inadimplemento, mas, principalmente, para alcançar o entendimento de que a análise deste inadimplemento qualificado deve se dar de acordo com as particularidades do contrato de longa duração, com vistas à existência de confiança no futuro, a fim de verificar se a manutenção do contrato é ou não "inexigível" de acordo com as circunstâncias.

4.2.3. A justa causa como quebra absoluta da confiança *strictu sensu*

Verificamos que o inadimplemento é a "justa causa" mais comum a permitir a Resolução pela quebra da confiança do contrato de longa duração e que, neste caso, o BGB se remete às normas gerais de Resolução por inadimplemento, nos termos do §323.

No entanto, ficou claro também que a Resolução demanda um inadimplemento "qualificado", sujeito a requisitos específicos, como a avaliação das circunstâncias do caso e os interesses das partes, mas, principalmente, à ocorrência de uma "quebra absoluta da confiança" que torne inexigível a continuidade do contrato até o seu fim. A relação com o instituto do inadimplemento substancial, por sua vez, será analisada adiante.

Além disso, como igualmente já mencionado, a Resolução por justa causa pode se dar também pela ocorrência de um ato ou evento disruptivo que leve à quebra absoluta da confiança em sentido estrito, ou seja, sem se tratar de um inadimplemento.

non-conforming performances under §323 V 2 BGB". MARKESINIS; UNBERATH; JOHNSTON, **The German Law of Contract**, p. 437.

Isto ocorre porque, de acordo com Doralt, o §314 lida essencialmente com a perda da confiança entre as partes, o que *"vai além do inadimplemento contratual"*.[275] No seu entendimento, restringir a Resolução por justa causa aos casos de inadimplemento é insuficiente, porque deixa de captar as hipóteses de quebra "fundamental" da confiança entre as Partes.[276]

Além disso, a doutrina insere o instituto na categoria da "alteração das circunstâncias",[277] por tratar da ocorrência de atos ou eventos supervenientes que levem a uma "disrupção" de caráter pessoal ou econômico que afete a confiança entre as partes e torne inviável a manutenção do contrato até o seu fim.[278]

Isso aproxima o instituto daqueles que tratam da alteração do equilíbrio econômico do contrato, como a perda da base do negócio, prevista no §313 do BGB, o *hardship*, a onerosidade excessiva e outros tantos. A relação entre estes e o instituto da Resolução por justa causa será analisada com maior detalhe adiante, mas é possível adiantar que a diferença essencial reside no fato de o *hardship* (e similares) tratar do desequilíbrio econômico causado por eventos inesperados, ao passo que a Resolução por quebra absoluta da confiança trata de hipóteses em que um ato ou evento disruptivo igualmente inesperado leva a um abalo irremediável na confiança entre as partes que impede a continuidade da relação. Nas palavras de Brunner:[279]

---

[275] *"Under this rule, termination is possible when the trust between the parties has been fundamentally undermined. This goes beyond cases of breach of a contractual obligation"*. WALTER DORALT. Art. 6:112: Right to Terminate for Compelling Reason. In: Commentaries on European Contract Laws. Oxford: Oxford University Press, 2018. No mesmo sentido, Brunner afirma que *"The concept of termination for good cause as understood in German or Swiss law includes cases of non-performance (breach of contract), but does not necessarily require the occurrence of a breach"*. BRUNNER, Force Majeure and *Hardship* under General Contract Principles: Exemption for Non-performance in International Arbitration, p. 517/518.

[276] *"Why termination for breach is not sufficient. The existing rule for termination in cases of fundamental non-performance falls short of providing a satisfactory solution for cases of fundamental loss of trust"*. Ibid.

[277] *"A fundamental change of circumstances beyond the control of either party may also warrant the application of the right to terminate for good cause. Especially in case of long-term contracts which require a close cooperation of the parties on the basis of mutual trust, the breakdown of the parties' relations may justify the termination of the contract for good cause"*. Ibid., p. 518.

[278] *"Thus, the right to terminate for irreconcilable differences can be seen as a particular group of cases of the doctrine of change of circumstances, as understood in a wide sense, including not only economic but also personal disruptions"*. Ibid., p. 520.

[279] Ibid., p. 519.

Whereas the *hardship* concept is concerned with economic considerations in that it requires a fundamental change of the equilibrium of the contract, the right to terminate for irreconcilable differences applies to relational contracts and focuses on personal considerations. It requires that the parties' relationship of mutual trust be destroyed to such extent that it cannot be reasonably expected from the terminating party to continue the contractual relationship any longer.

O núcleo do instituto, portanto, é a quebra absoluta da confiança. Brunner chega a afirmar que, caso a Resolução por justa causa seja elevada à categoria de princípio geral, aplicável a todos os contratos de longa duração, o seu escopo de aplicação deveria se limitar aos casos de perda total da confiança, deixando as hipóteses de inadimplemento qualificado para outros institutos, como a *fundamental breach*.[280]

Compartilhamos, em parte, da visão do autor. De fato, como veremos adiante, o instituto do inadimplemento substancial se tornou o "padrão

---

[280] *"If the right to terminate a relational contract for irreconcilable differences were accepted under general contract principles, its scope of application should be limited to situations where, due to a change of circumstances, the confidence between the parties is irrevocably destroyed so as to make it unbearable and impracticable for a party to continue to perform the contract until the agreed termination date or until the end of a notice period. Situations involving a breach of contract could be dealt with by the ordinary rules regarding termination in case of non-performance"*. Ibid., p. 520. Doralt parece compartilhar dessa visão ao afirmar que *"For long-term contracts one obvious reason for termination will always be the breach of a contractual obligation, as long as it is sufficiently important, or 'fundamental'. While fundamental breach is the reason for unilateral termination par excellence, there are also cases where no such breach has occurred but where, nevertheless, there is compelling reason to justify a right of termination"*. DORALT, Right to Terminate for Compelling Reason (Commentary to Art. 6.3.1 PICC).. Esta foi, inclusive, uma das razões por trás da proposta de inclusão da "Termination for Compelling reasons" nos Princípios do Unidroit – *"The Principles include other provisions dealing with termination, but those provisions do not specifically address the situation where there is an irreparable breakdown in the relationship between parties to long-term contracts. Thus, termination for compelling reason is not available in cases of hardship because a fundamental alteration of the equilibrium of the contract, as envisaged by Article 6.2.2, does not involve an irreparable breakdown of the contractual relationship (...) It is neither necessary, nor sufficient, for one party to be in breach of contract for the other to be granted a right to terminate for compelling reason. In cases of fundamental non-performance by one party, the other has a right to terminate under Article 7.3.1. If there also exist circumstances which make it manifestly unreasonable to continue the relationship, then that party will also be able to terminate for compelling reason"*. **UNIDROIT 2016 Study L – Misc. 32 – Report 2nd Session of the Working Group on Long-Term Contracts (Hamburg Report).**

internacional", atendendo bem à missão de evitar a Resolução por descumprimentos triviais e, ao mesmo tempo, garantindo que o contrato possa ser encerrado diante de um inadimplemento que frustre totalmente as expectativas da parte inocente.

No entanto, a noção de justa causa contribui para um aperfeiçoamento do conceito, na medida em que permite uma melhor compreensão do inadimplemento qualificado em contratos de longa duração com forte carga relacional. A noção de que o inadimplemento deve ser analisado de forma prospectiva e não com foco único na gravidade daquele descumprimento em particular torna a concepção de inadimplemento "substancial" mais completa e precisa.

De todo modo, é verdade que a grande contribuição da Resolução por justa causa para o desenvolvimento do direito contratual reside no reconhecimento da importância da confiança nos contratos de longa duração.

Como já foi explicitado, estes contratos possuem particularidades em relação aos de execução imediata, que tornam obsoletas certas concepções da dogmática tradicional. A formação dos contratos de longa duração é diferente,[281] assim como a sua execução[282] e o seu término, que pode se dar de forma ordinária, ao final do seu prazo, ou extraordinária, quando diante de uma justa causa.

Neste sentido, é inevitável retornar ao estudo de Ian Macneil, que, como exposto acima, foi responsável por desenvolver o conceito de "contrato relacional", diferenciando sua estrutura dos contratos "discretos",[283] dentre

---

[281] Ao tratar da "concepção contemporânea de tempo contratual", Paulo Araújo, fazendo referência à doutrina francesa, afirma que a formação dos contratos não se dá de forma episódica, como nos contratos de execução imediata, mas é fruto de uma interação contínua entre as partes, em frequentes idas e vindas, com momentos mais ou menos intensos, sendo que em cada um deles há novas manifestações de vontade e novas obrigações. O autor usa a metáfora de um "cicloide", que representa o movimento de um círculo numa linha reta (que seria o tempo). ARAUJO, **Prorrogação compulsória de contratos a prazo**, p. 65/76.. Por referência do autor, a figura do cicloide em movimento pode ser encontrada em **Cycloid**, disponível em: <https://en.wikipedia.org/wiki/Cycloid>, acesso em: 5 jan. 2018.

[282] O dever de cooperação é particularmente importante nos contratos de longa duração, como demonstrou Giuliana Schunk. SCHUNK, **Contratos de longo prazo e dever de cooperação.**.

[283] Neste ponto relembramos que nem todo contrato de longa duração é relacional, assim como nem todo contrato relacional é de longa duração. É o aspecto relacional, no entanto, o traço determinante para a discussão sobre a resolução por quebra absoluta da confiança. De

as quais o vínculo, que é baseado no conceito de "solidariedade orgânica", extraída dos estudos em sociologia de Émile Durkheim.[284]

Macneil ensina que esta solidariedade orgânica é o verdadeiro vínculo, a argamassa que mantém unidas as partes num contrato relacional. É um sentimento que remete ao desejo de se manter unido no futuro. Por isso, a ocorrência de um ato ou evento disruptivo que leve à ruptura desta solidariedade torna inviável a continuidade daquela relação.

Por isso, o "teste" para a verificação da quebra absoluta da confiança é justamente a viabilidade do contrato no longo prazo. É questionar, com base nas premissas sobre as quais aquela determinada relação contratual foi construída, se ocorreu um abalo que torne "inexigível" a sua continuidade. Se a resposta for positiva, significa que a confiança se quebrou, o vínculo se rompeu, a solidariedade acabou, cabendo ao direito dar efeitos jurídicos à esta ruptura e permitir a Resolução do contrato.

No entanto, entendemos que o conceito de solidariedade orgânica trazido por Ian Macneil é *bruto*. O autor teve o mérito de identificar a insuficiência da espinha dorsal da dogmática contratual tradicional e apontar os elementos essenciais dos contratos relacionais. No entanto, os conceitos trazidos por ele são imperfeitos do ponto de vista jurídico.[285] A noção de solidariedade orgânica, por exemplo, descreve perfeitamente o laço que existe em contratos desta natureza, que em certa medida representam o vínculo que existe numa

---

todo modo, o tempo é uma variável absolutamente relevante, uma vez que torna os contratos abertos e sujeitos disrupções causadas pela alteração das circunstâncias. Por isso adotamos o conceito de contrato de longa duração dos Princípios do Unidroit, que considera o prazo o elemento qualificador, mas ressalta a importância do aspecto relacional, que pode existir em maior ou menor intensidade.

[284] Ver Item 4.1 acima.

[285] Assim é que Doralt destaca que o conceito de contrato de longa duração adotado pelos economistas – que é próximo da noção de contrato relacional – é descritivo e, por isso, suficiente para aqueles fins. No entanto, é insuficiente em termos jurídicos, na medida em que lhe falta a precisão que a dogmática jurídica exige. *"Research on long-term contracts and their characteristics was first conducted in the disciplines of economics, and the economic analysis of contract law. Here, long-term contracts and their characteristics have been a field of research for many decades (...) The descriptive use of the term established in economics, and in law and economics, may be quite sufficient for the purposes of these disciplines. But it lacks the precision normally regarded as desirable in law. This is why lawyers have been hesitant to adopt the term and have only occasionally used it in their research."* DORALT, Right to Terminate for Compelling Reason (Commentary to Art. 6.3.1 PICC).

sociedade complexa em que a produção se dá com base na divisão especializada do trabalho.

Ocorre que, juridicamente, o conceito precisa de aperfeiçoamento. Tradicionalmente, a doutrina tem se referido a este vínculo não como "solidariedade", mas como uma relação de confiança. O termo é igualmente complicado, pois a confiança é um termo polissêmico, que pode assumir diversas feições em termos jurídicos.

É essencial, portanto, melhor compreender este vínculo, aperfeiçoando o conceito de confiança aplicado aos contratos de longa duração. Do contrário, a aplicação do instituto pode se tornar confusa e incerta, trazendo insegurança e fomentando comportamentos abusivos e oportunistas, o que pode ser mortal para um ambiente de negócios saudável e eficiente.

Para isso, fomos buscar apoio no estudo da jurisprudência alemã e suíça em torno do instituto e da proposta apresentada na reforma dos Princípios do UNIDROIT. Assim, veremos alguns casos em que foi reconhecida a Resolução por quebra da confiança em "sentido estrito".

Além disso, nos basearemos nos estudos de Carneiro da Frada sobre a "Teoria da Confiança" para demonstrar que a confiança cuja ruptura permite a Resolução pela quebra da confiança do contrato de longa duração é o que chamaremos de "confiança relacional".

4.2.3.1. A casuística da Resolução pela quebra da confiança em sentido estrito

Dado que nosso interesse pelo tema se iniciou pela proposta apresentada na Reforma dos Princípios do UNIDROIT, vejamos um dos casos hipotéticos que, no entendimento dos relatores, legitimaria a Resolução por quebra absoluta da confiança.

O primeiro caso trata da aquisição de um parceiro comercial por um competidor. "A" seria um fabricante de máquinas sofisticadas e teria "B" como seu distribuidor exclusivo num determinado país, estando ambos vinculados por um contrato com prazo de 15 anos. Após 10 anos de vigência, "B", o distribuidor, é adquirido por "C", concorrente direto de "A". Com a aquisição, "C" passaria a ter acesso a informações sensíveis sobre a estratégia de distribuição de "A", seu concorrente. Neste caso, seria *"manifestamente irrazoável"*, ou seja, inexigível, que "A" mantivesse sua relação com "B" até o final do prazo contratual, ou seja, por mais 5 anos. Haveria, nesse caso, uma razão imperativa (*compelling reason*) a justificar a Resolução do contrato. Vejamos:[286]

> 1. A, a manufacturer in country X of sophisticated machines for large volume mailings, appoints B as its exclusive distributor in country Y for a term of fifteen years. Ten years later, B is sold to C, which is a long-time direct competitor of A and, as a consequence of the sale of B to C, C would gain access to A's confidential customer information and customers in country Y. In these circumstances, it would be manifestly unreasonable to expect A to continue the distribution agreement with B. A may therefore terminate that contract for compelling reason.

No caso hipotético em questão, não é apenas a aquisição de "B" por "C" que torna a continuidade do contrato inexigível, mas o acesso de "C" a informações comerciais estratégicas. Tal fato altera a base na qual o contrato fora firmado, além de estar além da esfera de risco contratada quando a distribuição se iniciou. Além disso, o acesso, digamos, à estratégia de distribuição por "C" causa muito mais que um mero dissabor, mas um verdadeiro dano a "A", o que não deixa dúvida quanto à necessidade de encerrar aquela relação contratual imediatamente.

Obviamente, há outros elementos a serem considerados. Um caso real seria muito mais rico em termos fáticos. Não se sabe, por exemplo, o teor do contrato de distribuição, se "A" possui contratos com outros distribuidores controlados por "C" ao redor do mundo, se "A" foi surpreendida pela aquisição ou se tomou conhecimento e nada fez a respeito. Até mesmo questões concorrenciais podem incidir sobre o caso. De todo modo, tudo o mais constante, o caso ilustra, de forma verossímil, uma situação em que o vínculo entre as partes, a confiança na continuidade saudável e profícua da relação se perdeu.

Da mesma forma, o caso retrata bem uma situação em que não houve inadimplemento por parte de "B", que provavelmente cumpria adequadamente

---

[286] **UNIDROIT 2016 Study L – Misc. 32 – Report 2nd Session of the Working Group on Long-Term Contracts (Hamburg Report)**, p. 86.

suas obrigações, antes e mesmo depois da aquisição. Não seria possível, portanto, recorrer à Resolução por inadimplemento, substancial ou não.

Além disso, sem dúvida houve uma "alteração das circunstâncias", mas sem tornar a obrigação impossível ou excessivamente onerosa para qualquer das partes. A economia do contrato, em termos estritamente monetários, provavelmente permaneceu a mesma.

Houve, precisamente, uma quebra absoluta da confiança, sendo o caso perfeito para a incidência do §314 ou da *Termination for Compelling Reasons*, caso fosse aprovada pelo UNIDROIT. Sem uma base legal, no entanto, a Resolução não seria possível e "A" seria forçada a se manter contratada com um concorrente ou a efetuar uma Resolução forçada, o que decerto traria custos enormes para todos os envolvidos.

Assim, o exemplo em questão demonstra não apenas que existe uma "lacuna" a ser preenchida pela Resolução por justa causa, mas comprova também que a confiança pode ser quebrada sem a ocorrência de um inadimplemento.

A proposta apresentada contém, ainda, outros casos ilustrativos, inclusive em que a Resolução não seria permitida. Um deles trata do cenário em que duas empresas iniciam uma *joint-venture* para o desenvolvimento de uma rede de hotéis. Uma das empresas, no entanto, não consegue financiamento para arcar com a sua parte no empreendimento. Os relatores consideram que esta situação talvez permitisse a Resolução por "inadimplemento substancial", mas não pela quebra absoluta da confiança.[287]

Mais uma vez, o exemplo é útil para comprovar que a Resolução por inadimplemento substancial e por quebra absoluta da confiança podem coexistir, mas, principalmente, para deixar claro que o conceito de quebra "substancial" tem relação com a perspectiva futura da relação – no caso, não haveria empreendimento no futuro. Mas não permite, no entanto, identificar o que seria a relação de confiança típica dos contratos de longa duração.

---

[287] *"4. C and D are companies who form a joint venture agreement to develop a chain of luxury hotels. They agree to provide financing in equal shares but C is finding it difficult to raise capital to meet its financial commitment. The chain of hotels therefore cannot be developed. Whilst D may be able to invoke the provisions on termination for fundamental non-performance under Article 7.3.1, it is not manifestly unreasonable to expect D to continue the joint venture agreement. D cannot, therefore, terminate the agreement for compelling reason"*. Ibid.

CAPÍTULO 4 – REQUISITOS DA RESOLUÇÃO CONFORME O §314 DO BGB: CONTRATO...

Quanto à jurisprudência alemã, Vogenauer comenta um *leading case* de 2004, no qual a Suprema Corte (*Bundesverfassungsgericht* – BVerfG) interpretou e reorganizou o entendimento sobre a Resolução por justa causa diante do §314.[288] O caso discutiu a hipótese de uma crise financeira posterior ser considerada uma causa legítima para a Resolução do contrato de longa duração.

Tratava-se de um contrato comercial de armazenamento de óleo, no qual o proprietário foi obrigado a fazer alterações nos reservatórios a fim de cumprir normas ambientais. Em função disso, o prestador do serviço resolveu o contrato alegando que estava sob risco de quebrar por conta de obrigações regulatórias impostas pelas autoridades públicas.

O Judiciário alemão entendeu que, nesse caso, o risco financeiro não constituiria causa legítima para a Resolução nos termos do §314, pois: (i) a viabilidade financeira da operação estava dentro do risco assumido pelo prestador, reafirmando o entendimento de que questões que componham a esfera de risco da parte não podem constituir a justa causa a legitimar a Resolução com base no §314, e; (ii) o prestador teve conhecimento da regulação antes de firmar o contrato em questão, estando, portanto, ciente dos riscos. O Tribunal ressaltou também a ausência de elementos relacionais que tivessem sido afetados pelo abalo financeiro alegadamente sofrido pelo prestador.[289]

Além disso, ao avaliar as circunstâncias do caso, o Tribunal citou decisões anteriores nas quais as dificuldades financeiras legitimaram a Resolução pela quebra da confiança do contrato. Um dos casos tratava de um contrato de agência no qual o "principal"[290] passou a enfrentar um declínio financeiro, o que autorizou a Resolução pelo agente a fim de evitar a "contaminação" pela situação do proponente.[291]

---

[288] O autor refere-se ao caso BGH, NJW 2005, 1360. "*In 2004, the Supreme Court used the opportunity of a dispute concerning a commerncial storage contract to clarify the state of the law as regards this matter and to reestructure the relevant case law which predated §314 BGB*". VOGENAUER, Termination of Long-term Contracts "for Compelling Reasons" under the UNIDROIT Principles: The German Origins, p. 1711..
[289] *Ibid.*, p. 1711/1712.
[290] "Proponente", nos termos do art. 710 do Código Civil brasileiro.
[291] VOGENAUER, Termination of Long-term Contracts "for Compelling Reasons" under the UNIDROIT Principles: The German Origins, p. 1712..

A Suprema Corte alemã ressaltou a importância do aspecto relacional, afirmando que, ao contrário do contrato de armazenamento, no contrato de agência existe uma particular relação de confiança e codependência, que o torna sensível a eventos dessa natureza.²⁹²

Ao final, o autor interpreta a decisão concluindo que, de acordo com a jurisprudência alemã, dificuldades financeiras não constituem, a rigor, causa legítima para a Resolução pela quebra da confiança – a não ser que o contrato possua forte carga relacional.²⁹³

O caso em questão é interessante porque confirma a importância do aspecto relacional para permitir a Resolução por justa causa, sendo este um critério determinante.

Além disso, há um aspecto curioso no caso: o prestador havia pedido a Resolução por conta de um fato ocorrido consigo mesmo, e não por conta de uma conduta da parte contrária. Uma situação como essa poderia ser caracterizada como um caso de *efficient breach*, que nada mais é que a hipótese em que o credor conscientemente descumpre o contrato por entender que a ruptura é mais vantajosa – mais "eficiente" – que o cumprimento.²⁹⁴

Este não parece ser o propósito da Resolução por justa causa²⁹⁵, mas sim o tipo de situação em que uma parte tenta a Resolução pela quebra da confiança

---

²⁹² Ibid.

²⁹³ "*Thus the position of the Supreme Court concerning financial difficulties as a potential 'compelling reason' allowing for the termination of a commercial long-term contract can be summarized as follows: as a general rule, financial difficulties do not justify termination; exceptions to this rule are, however, possible and may be based on a particular relationship of loyalty and trust and the participation of both parties in the financial success of the venture*". Ibid.

²⁹⁴ O tema da "efficient breach" é foco de estudo do ramo de direito e economia ao menos desde a década de 1970. O racional por trás da hipótese é que a sociedade se beneficiaria do inadimplemento quando este fosse mais eficiente que o cumprimento, pois isso equivaleria a evitar uma destruição de valor. O tema é controverso. Uma análise atual do tema pode ser encontrada em KLASS, Gregory, Effcient Breach, *in*: KLASS, Gregory; LETSAS, George; SAPRAI, Prince (Orgs.), **Philosophical Foundations of Contract Law**, Oxford: Oxford University Press, 2014.. Ian Macneil já escreveu sobre o tema em MACNEIL, Ian R., Efficient Breach of Contract: Circles in the Sky, **Virginia Law Review**, v. 68, n. 5, p. 947/969, 1982.. O tema já foi analisado pela perspectiva do direito brasileiro em PELA, Juliana Krueger, Inadimplemento eficiente (efficient breach) nos contratos empresariais, **Cadernos do Programa de Pós-graduação – Direito/UFRGS**, v. 1, n. 2, p. 77/88, 2015.

²⁹⁵ Neste sentido, Brunner afirma que "*only the party which has not predominantly caused the realization of the good cause by a faulty behaviour (breach of contract), or which has not explicitly or implicitly*

para evitar as consequências de uma decisão negocial ruim, o que é justamente o tipo de comportamento oportunista e abusivo que deve ser evitado.

No direito suíço, assim como no alemão, a Resolução por justa causa é reconhecida como um princípio geral (ainda que não positivado), existindo a possibilidade de dissolução de uma sociedade por *justes motifs*.[296] Brunner comenta a hipótese afirmando que a dissolução da sociedade é permitida quando houver uma *"ruptura irreversível da confiança e lealdade entre os sócios que irrazoável a continuidade da sociedade"*[297]. Neste caso, chama atenção não apenas a importância da relação de confiança, mas também a sua análise prospectiva, sob a perspectiva da inexigibilidade da continuação da sociedade.

Em conclusão, tem-se que, tanto na proposta apresentada ao UNIDROIT, quanto na jurisprudência alemã e na suíça, o traço comum e determinante na Resolução é a quebra absoluta da confiança.

No entanto, estes casos não permitem identificar de forma precisa os contornos desta confiança, sobretudo diante da associação frequente – e correta – com a noção de confiança como corolário da boa-fé objetiva e criadora de deveres anexos.

No nosso entendimento, não se trata do mesmo conceito, razão por que a distinção se torna essencial.

4.2.3.2. A ruptura da confiança e a violação dos deveres anexos da boa-fé

Alguns autores entendem que a ruptura da confiança pode ser causada pela violação a deveres anexos da boa-fé. Ehmann e Sutschet afirmam que

---

waived to invoke such reason, may request that the partnership contract be terminated and dissolved".
BRUNNER, Force Majeure and *Hardship* under General Contract Principles: Exemption for Non-performance in International Arbitration, p. 526..

[296] A hipótese está prevista expressamente no art. 545, (1) (7) e (2) – *(1) La société prend fin: (7) – par un jugement, dans les cas de dissolution pour cause de justes motifs (...) (2) La dissolution peut être demandée, pour de justes motifs, avant le terme fixé par le contrat ou, si la société a été formée pour une durée indéterminée, sans avertissement préalable.* **Le code civil suisse (Livre cinquième: Droit des obligations)**.

[297] *"Thus, either the common goal of the partnership may no longer be achieved in the manner as it was envisaged at the moment of the conclusion of the partnership contract, or the achievement of the partnership's goal is substantially endangered. These circumstances, which will usually amount to an irreversible breakdown of the parties' relationship of trust, (2593) must be of such a kind that it can no longer reasonably be expected of the respective partner to continue the partnership".* Op cit, p. 525

"*Cualquier tipo de violación de deberes de protección u otros deberes debería poder justificar la rescisión, también otras circunstancias que no están nombradas*".[298]

No entanto, vimos que a quebra absoluta da confiança pode ocorrer sem a violação de deveres laterais de conduta. Sendo assim, não é suficiente estabelecer uma correlação entre a ruptura da confiança e a violação desses deveres.

É possível considerar que a violação dos deveres anexos da boa-fé seja uma espécie de inadimplemento contratual. A este respeito, Jorge Cesa Ferreira da Silva, em sua obra sobre a violação positiva do contrato, enfrenta o debate sobre a natureza dos deveres anexos. O autor aponta que parte relevante da doutrina portuguesa entende que a proteção dos deveres anexos teria fundamento na responsabilidade civil aquiliana e não na responsabilidade civil contratual.[299]

O autor, no entanto, tem posição diferente, defendendo a "contratualidade" dos deveres anexos. No seu entendimento, o fenômeno obrigacional deve ser considerado de forma ampla, de modo a relacionar os deveres anexos a "*todos os interesses que compõem a relação*", de modo que "*a obrigação – e com mais vigor a obrigação contratual – possui na sua complexidade interna um conjunto de deveres que não se resumem aos deveres de prestação*".[300]

Seriam obrigacionais todos os deveres necessários à execução do contrato, como a proteção ao patrimônio da parte contrária, o dever de informar e outros, não sendo contratuais, por outro lado, deveres como os de não furtar ou não roubar a parte contrária.[301]

---

[298] EHMANN, Horst; SUTSCHET, Holger, **La Reforma Del BGB: Modernización del Derecho Alemán de Obligaciones**, 1a. ed. Bogotá: Universidad Externado de Colombia, 2006, p. 240.

[299] O autor, fazendo referência a Menezes Cordeiro, resume o raciocínio da divergência da seguinte forma: "*os deveres laterais – máxime os de proteção – não seriam decorrência do contrato, mas da regra geral do 'noeminem laedere'. Assim sendo, em caso de a relação contratual ser a ponte para a produção de um dano à pessoa ou ao patrimônio de uma das partes, a proteção jurídica correspondente estaria albergada na responsabilização aquiliana*". SILVA, Jorge Cesa Ferreira da, **A boa-fé e a violação positiva do contrato**, Rio de Janeiro: Renovar, 2007, p. 83.

[300] Ibid., p. 89.

[301] "*Nesses termos, todos aqueles deveres que não possam ser relacionados como necessários à execução do contrato, ou da obrigação, estão fora do seu âmbito, como o dever de não furtar ou de não roubar o patrimônio da outra parte. De outro lado, são obrigacionais o dever de não destruir o patrimônio da outra parte com a execução do contrato, ou o de não informar as eventuais consequências danosas do mau uso da máquina instalada, ou o de instalar a máquina de modo a melhor atender os interesses do adquirente*". Cit, p. 89.

CAPÍTULO 4 - REQUISITOS DA RESOLUÇÃO CONFORME O §314 DO BGB: CONTRATO...

O debate em questão, no entanto, é secundário para a captação do conceito de confiança que pode legitimar a Resolução por justa causa. Não se questiona que a violação positiva do contrato, causada pela quebra de deveres anexos, poderia levar à quebra absoluta da confiança e permitir a Resolução pela quebra da confiança do contrato – o §324[302] do BGB permite que contratos em geral sejam resolvidos pela violação aos deveres anexos previstos no §241(2),[303] caso não seja possível "manter o contrato". Segundo a doutrina alemã, tal hipótese é excepcional e se aplica sobretudo a casos de violações reiteradas,[304] o que também vale para os contratos de longa duração, como bem aponta a doutrina portuguesa.[305]

---

[302] Em inglês: §324 – If the obligor, in the case of a reciprocal contract, breaches a duty under section 241 (2), the obligee may revoke the contract if he can no longer reasonably be expected to uphold the contract. Em alemão: §324 – Verletzt der Schuldner bei einem gegenseitigen Vertrag eine Pflicht nach § 241 Abs. 2, so kann der Gläubiger zurücktreten, wenn ihm ein Festhalten am Vertrag nicht mehr zuzumuten ist.

[303] Em inglês: §241 – (1) By virtue of an obligation an obligee is entitled to claim performance from the obligor. The performance may also consist in forbearance. (2) An obligation may also, depending on its contents, oblige each party to take account of the rights, legal interests and other interests of the other party. Em alemão, *§241 – (1) Kraft des Schuldverhältnisses ist der Gläubiger berechtigt, von dem Schuldner eine Leistung zu fordern. Die Leistung kann auch in einem Unterlassen bestehen.*
(2) Das Schuldverhältnis kann nach seinem Inhalt jeden Teil zur Rücksicht auf die Rechte, Rechtsgüter und Interessen des anderen Teils verpflichten.

[304] "*Paragrapf 324 BGB entitles the creditors to terminate the contract even tough the contract has been adhered so far as to the duties of performance (§241 I BGB) are concerned. IN excepcional circumstances, the violantion of protective duties (Schutzpflichten), § 214 II BGB) not to harm the interest of the other contracting parties may justify termination, provided that it cannot reasonably be expected that the creditor should be abide by the contract. It is common ground that this must be limited to truly exceptional cases*". MARKESINIS, Sir Basil; UNBERATH, Hannes; JOHNSTON, Angus. The German Law of Contract. 2a. ed. Oregon: Hart Publishing, 2006. P. 432.

[305] "*Com efeito, a reiteração de actos de incumprimento, por pouco relevantes que sejam, mina seriamente a esperança numa posterior conduta adimplente e torna, por isso, inexigível que a contraparte se mantenha, pos sua vez, vinculada a cumprir*". PINTO, Fernando A. Ferreira. Contratos de Distribuição. 1a. ed. Lisboa: Universidade Católica Editora, 2013, p. 398. O autor acompanha a posição de Machado Baptista, que afirma que resolução do contrato de longa duração pela violação positiva do contrato é possível, desde que a análise seja feita pela perspectiva da inexigibilidade. Assim, o que importa não é somente a gravidade individual da violação, mas os seus efeitos na confiança futura do contrato. MACHADO, João Baptista. Parecer Sobre Denúncia e Direito de Resolução de Contrato de Locação de Estabelecimento Comercial. In: VASCONCELOS, Pedro Bacelar (Org.). João Baptista Machado Obra Dispersa. 1a. ed. Braga: Scientia Ivridica, 1991, p. 670/671.

A questão é que, sendo ou não considerados um "inadimplemento", a violação dos deveres anexos implica a violação de deveres jurídicos – atos comissivos (ou omissivos) por uma das partes –, não se tratando de violações à confiança pura entre as partes.

Os deveres anexos (ou laterais) de conduta são considerados como uma das manifestações do princípio da boa-fé objetiva, que, de acordo com a doutrina, possui a tríplice função de: (i) parâmetro interpretativo; (ii) criadora de deveres jurídicos, e; (iii) limite ao exercício de direitos objetivos.[306]

Além disso, não resta dúvida de que os atos ilícitos de natureza aquiliana também podem configurar justa causa e, consequentemente, legitimar a Resolução do contrato, como bem aponta Doralt.[307] Assim, ofensas, atos criminosos e atos de violência, apesar de não contratuais, podem, sem dúvida, tornar inexigível a continuidade da relação, legitimando a Resolução do contrato antes do prazo previsto.

No entanto, a confiança a que nos referimos não se encerra na violação dos deveres anexos. Tampouco diz respeito à interpretação do contrato ou à ocorrência de abuso de direito. Estes elementos são instrumentais na análise da repartição dos riscos e na identificação de medidas oportunistas, mas não chegam ao cerne do problema.

É necessário, portanto, aprofundar a análise do conceito da confiança.

4.2.3.3. Boa-fé e confiança como conceitos independentes

Carneiro da Frada inicia sua obra sobre a teoria da confiança deixando claro que se trata de um tema complexo, sobretudo por conta da sua vagueza, que leva a uma pluralidade de aplicações,[308] tornando difícil a delimitação dos seus contornos. Em suas palavras:[309]

---

[306] Por todos, remete-se à obra de MARTINS-COSTA, Judith, **A boa-fé no direito privado**, 1ª. São Paulo: Revista dos Tribunais, 2000, p. 427/472..

[307] DORALT, **Langzeitverträge**, p. 501/502.

[308] Tal entendimento é suportado também por Menezes cordeiro, que afirma que *"as implicações da confiança são inúmeras"* e destaca as tentativas históricas de delimitar este conceito, remetendo-se a autores alemães clássicos, como Oertmann e Herbert Meyer. CORDEIRO, António Manuel da Rocha e Menezes, **Da Boa-fé no Direito Civil**, Coimbra: Almedina, 2001, p. 1238/1239.

[309] FRADA, Manuel António de Castro Portugal Carneiro da, **Teoria da Confiança e Responsabilidade Civil**, 1a. ed. Coimbra: Almedina, 2003, p. 17.

A confiança não é, em Direito, um tema fácil. As dificuldades que ele coloca transcendem em muito a necessidade de delimitação do seu âmbito, já de si problemática. Não existe nenhuma definição legal de confiança a que possa socorrer-se e escasseiam referências normativas explícitas a propósito. O seu conceito apresenta-se fortemente indeterminado pela pluralidade ou vaguidade de empregos comuns que alberga, tornando difícil tração com ele as fronteiras de uma investigação jurídica. Tanto mais que transporta uma certa ambiguidade de princípio por se poder referir, tanto à causa, como aos efeitos de uma regulação jurídica. É a falta de consciência desta realidade que está na raiz de uma certa evanescência da confiança no discurso jurídico e se apresenta – antecipe-se – responsável pelas dificuldades de que se não logrou ainda hoje desembaraçar-se a reflexão dogmática a seu respeito.

Haveria, portanto, uma, hipertrofia no uso da confiança. De fato, fala-se de confiança a todo o tempo. No entanto, nosso entendimento é de que a confiança não é uma espécie de "coringa" retórico a servir para a justificação de qualquer teoria.

Tampouco é a intenção deste autor produzir mais um trabalho que se vale de um conceito abstrato para forçar um resultado contrário à lei. Nossa intenção é chamar atenção para um elemento intrínseco aos contratos de longa duração, que, até o momento, recebeu pouca atenção da nossa doutrina.

É justamente para evitar que a discussão caia no limbo da abstração que é necessário identificar o real contorno dessa confiança que funciona como o vínculo que, além do instrumento contratual, mantém as partes unidas em um contrato de longa duração. A confiança é o pilar que sustenta essas relações. Uma vez ruído esse pilar, torna-se impossível sustentar a relação contratual – razão porque entendemos que a sua quebra justifica a resolução. Porém, para saber se a relação negocial ainda pode ser sustentada por esse pilar, é necessário conhecê-lo melhor.

Fazendo coro com Carneiro da Frada, entendemos que a confiança é um termo amplo, polissêmico,[310] pois pode ter diversas manifestações. Há uma

---

[310] Carneiro da Frada afirma que *"A confiança emerge numa relação multifacetada e, se quiser, paradoxal até, com o Direito"*. Dada a importância da confiança na manutenção do tecido social,

inegável relação com o princípio da boa-fé objetiva, não se tratando de uma simbiose, mas sim de uma intersecção, de modo que há uma noção de confiança autêntica – em nosso entendimento, acreditamos que aí reside a confiança que sustenta o contrato de longa duração.[311]

Ao tratar da confiança, Menezes Cordeiro identifica as suas razões sociológicas na obra de Niklas Luhmann, ressaltando a importância da comunicação como sustentáculo da coesão social manutenção da coesão social[312]. Neste contexto, a confiança teria o papel de "reduzir a complexidade social", permitindo construir expectativas com base em parâmetros de comportamento adequado ou, de outra forma, afastando condutas indesejáveis[313]. Neste sentido, Baptista Machado, também com base em Luhmann, afirma que as condutas comunicativas, quando implicam uma ideia de promessa e trazem uma noção de verdade e autenticidade, despertam expectativas na conduta futura do agente.[314]

Certamente a tutela da confiança não alcança toda e qualquer expectativa humana. Cabe ao direito selecionar as que merecem proteção, e cuja violação, portanto, merecem sanção. O Direito, portanto, já pode ser considerado um

caberia ao Direito "seguir" a confiança, tutelando-a e institucionalizando-a (*Ibid.*, p. 19/24.). A complexidade das relações sociais leva a novas manifestações da confiança de tempos em tempos, sendo papel dos juristas, portanto, captar estas manifestações e garantir a devida tutela pelo direito. É o que ocorre com os contratos de longa duração.

[311] Lembrando mais uma vez que adotamos o conceito previsto no art. 11 dos Princípios do Unidroit, que considera a duração o elemento qualificados do contrato de longa duração, mas reconhece a importância do seu caráter relacional.

[312] Luciano Timm analisa a obra de Luhman pela perspectiva do direito contratual. Resenhando Luhman, Timm afirma que *"o grande sistema social é formado por complexas redes de comunicações, num processo dinâmico constante. À medida que o sistema vai aumentando a sua complexidade, formam-se subsistemas, com códigos próprios, autonominando-se uns em relação aos outros (redes de subsistemas, dentre eles o Direito). Apenas de esses subsistemas serem fechados operacionalmente, são interdependentes (quer pela 'abertura cognitiva' ao ambiente, quer porque 'o fechamento é condição de abertura')"*. TIMM, Luciano Benetti, **Direito Contratual Brasileiro**, 2ª edição. São Paulo: Atlas, 2015, p. 155.

[313] CORDEIRO, **Da Boa-fé no Direito Civil**, p. 1241/1242.

[314] *"As condutas comunicativas, quando implicam uma ideia de promessa, criam expectativa (...) Podemos dizer assim, que toda a conduta, todo o agir ou interagir comunicativo, além de carrear uma pretensão de verdade ou de autencicidade (de fidelidade à própria identidade pessoal), desperta nos outros expectativas quanto à futura conduta do agente"*. MACHADO, João Baptista, Tutela da Confiança e "Venire Contra Factum Proprium", *in*: VASCONCELOS, Pedro Bacelar (Org.), **João Baptista Machado Obra Dispersa**, 1a. ed. Braga: Scientia Ivridica, 1991, p. 350/351.

CAPÍTULO 4 - REQUISITOS DA RESOLUÇÃO CONFORME O §314 DO BGB: CONTRATO...

parâmetro de confiança, pois permite aos sujeitos desenvolver expectativas com base no cumprimento de normas jurídicas.[315]

Porém, nem sempre o Direito – aqui considerado como a Lei em sentido estrito –, serve de parâmetro suficiente para a formação das expectativas futuras dos sujeitos. É nesta "lacuna" que se insere a boa-fé objetiva, que, na lição de Zimmerman, tem justamente a função de "complementar o direito", estabelecendo parâmetros adequados para o cumprimento dos contratos, além de estabelecer deveres de conduta e evitar o exercício abusivo de direitos.[316]

Em termos mais abstratos, a boa-fé objetiva estabelece um determinado padrão de honestidade, lealdade e confiança (*reliability*), razão pela qual existe uma relação indissociável entre boa-fé e confiança, justamente no sentido de permitir a tutela das expectativas.[317]

Zimmerman afirma que, historicamente, a boa-fé serviu como uma espécie de "princípio geral de justiça", tendo sido o fundamento para o desenvolvimento de teorias sobre a alteração das circunstâncias, como a quebra da base do negócio e também a Resolução por justa causa, que é o objeto deste trabalho.[318]

---

[315] Segundo Carneiro de Frada, "*a 'produção da confiança' é um resultado inerente a qualquer estabelecimento de regras jurídicas e traduz uma função genérica do ordenamento jurídico na sua globalidade. Em última análise, elas reduzem a contingência e, combatendo os riscos de insucesso dos sujeitos, favorecem e estimulam a sua actuação e iniciativas. Que estes depositem confiança na eficácia das normas e dos meios predispostos para a assegurar é pois inteiramente natural*". FRADA, **Teoria da Confiança e Responsabilidade Civil**, p. 346.

[316] "*Thus, it is generally recognised today that §242 BGB operates supplendi causa (so as to supplement the law). It specifies the way in which contractual performance has to be rendered and it gives rise to host of ancillary, or supplementary, duties that may arise under a contract: duties of intomation, documentation, co-operation, protection, disclosure, etc.(...) In second place, §242 serves to limit the exercise of contractual rights.*" ZIMMERMANN; WHITTAKER, Good Faith in European Contract Law: surveying the legal landscape, p. 24.

[317] "*The combination of Treu und Glauben is sometimes seen to transcend the sum of its components and is widely understood as a conceptual entity, It suggests a standar of honest, loyal and considerable behavior, of acting with due regard for the interests of the other party, and it implies and comprises the protection of reasonable reliance*". Ibid., p. 30/31.

[318] "*Finnaly, and most problematically, §242 has also been used to interfere in contractual relations In order to avoid grave injustice. The modern German version of the clausula rebus sic stantibus, the doctrine of the collapse of the underlying basis of the transction (Wegfall der Geschäftsgrundlage) owes its origin to this corrective function os §242. (...) Closely related to Wegfall der Geschäftsgrundlage is the right to terminate a long term contractual relationship for 'for an important reason' without the necessity to observe a period of notice (...) The general rule is usually 'derived from §242*". Ibid., p. 25/26.

O autor, no entanto, afirma que o tempo se encarregou de permitir que muitos destes institutos seguissem um "caminho independente", como, por exemplo, a Resolução por quebra absoluta da confiança – que de fato ganhou vida própria quando positivada na reforma de 2002, deixando, portanto, de ser fruto de uma construção jurisprudencial baseada no princípio da boa-fé para assumir contornos próprios.[319]

Já vimos, no entanto, que o enquadramento da confiança tutelada na Resolução por justa causa não pode ser simplesmente extraído do conceito de boa-fé objetiva, pois não tem relação apenas com parâmetros adequados de conduta. Isso porque, como vimos, pode haver quebra da confiança sem que ocorra qualquer violação dos deveres anexos.

Tampouco a confiança equivale àquela tutela da expectativa que reprime o comportamento contraditório. A confiança na manutenção futura da relação duradoura não se fundamenta na expectativa de um comportamento baseado em "atos próprios". A ruptura da confiança nos contratos de longa duração não ocorre necessariamente porque uma das partes deu uma guinada inesperada, contrária à legítima expectativa gerada por suas condutas e declarações. Até porque, nem todo comportamento contraditório é contrário à boa-fé[320].

É claro, a ruptura da confiança pode ocorrer por conta de um comportamento contraditório, da mesma forma que pode ocorrer por um inadimplemento ou por sucessivas violações aos deveres anexos de conduta. Mas nem sempre. Há casos em que a confiança pode se romper por conta de atos

---

[319] "Many legal institutions 'based on' §242 have started to lead an independent life. (...) the rules concerning rights of termination without notice 'for an important reason' in long-term contracts to the general risk regime". Ibid., p. 31/32.

[320] Como explica Anderson Schreiber, um comportamento contraditório não é, a rigor, contrário ao direito, mas apenas quando frustra uma legítima expectativa causada inicialmente na parte contrária. "Também não se pode dizer que o factum proprium deve ser 'juridicamente relevante' ou 'juridicamente eficaz'. O factum proprium é um comportamento que seria tido, na concepção tradicional, como juridicamente irrelevante, inapto a produzir efeitos jurídicos (...) Nada, portanto, impede ou sanciona, no sistema positivo tradicional, a contradição a este comportamento inicial. É somente por força da eventual incidência do nemo potest venire contra factum proprium que a contradição a este comportamento pode vir a gerar consequências no mundo jurídico". SCHREIBER, Anderson, **A proibição de comportamento contraditório – tutela da confiança e venire contra factum proprium**, 2ª edição. Rio de Janeiro: Renovar, 2007, p. 136/137.

CAPÍTULO 4 - REQUISITOS DA RESOLUÇÃO CONFORME O §314 DO BGB: CONTRATO...

que não serão qualificados como "próprios"[321], mas que ainda assim podem permitir a Resolução pela quebra da confiança do contrato de longa duração.

Basta ver, novamente, o exemplo da reestruturação societária apontado acima. A distribuidora pode jamais ter se comprometido a não ser incorporada por um concorrente da fabricante, estando no seu legítimo exercício da livre iniciativa – mas ainda assim não há dúvida de que o vínculo de confiança com o fabricante se rompeu, tornando inexigível a manutenção do contrato. Pode-se pensar em casos como o envolvimento do parceiro em suspeitas de corrupção, o que é particularmente sensível nos dias de hoje,[322] ou mesmo em casos que, embora não representem ilegalidade em sentido estrito, podem impor danos reputacionais ou comerciais ao parceiro comercial, tornando a manutenção do contrato um fardo insuportável.

É difícil elencar hipóteses *a priori*, tornando a investigação da justa causa necessariamente casuística, o que pode gerar insegurança. No entanto, não há outro caminho, principalmente por conta do caráter aberto e incompleto dos contratos de longa duração – nunca se sabe o que pode acontecer, anos depois de uma contratação, que pode transformar uma relação contratual num fardo insuportável a legitimar o seu fim precoce. O mundo muda, as partes mudam, mas nem sempre o instrumento contratual acompanha essas mudanças. Nestes casos, diante da ruptura da confiança, o mais importante é garantir a liberação do vínculo. Mais que qualquer pretensão indenizatória, por vezes, o importante é encerrar a relação.

Este é o traço distintivo da confiança no contrato de longa duração: o desejo de manter o vínculo e de se libertar dele diante da ruptura absoluta da confiança – e nenhum dos elementos tradicionais da confiança ligada à boa-fé objetiva atende a este fim, senão por via reflexa.

Por último, não nos parece adequado vincular esta confiança à boa-fé como uma espécie de "princípio geral de justiça", como feito pela Jurisprudência alemã no início do século XX. Esta saída seria um reconhecimento tácito à ausência de rigor e um convite à subjetividade e à incerteza, o que de maneira alguma deve ser admitido. É necessário ter em mente que este uso

---

[321] O "ato proprio" é o ato vinculante, cuja contradição pode ser considerada como uma violação à boa-fé. Ver nota anterior.

[322] Dessemontet apontou a existência de caso semelhante em seu relatório sobre a proposta de inclusão da "Termination for cause" nos Princípios do UNIDROIT. Ver item 2.2 acima.

excessivamente amplo da boa-fé teve o seu lugar no período "caótico"[323] da sua gênese conceitual. Esse tempo passou.

Hoje, a boa-fé já tem contornos razoavelmente definidos e, mais do que isso, há todo um campo de estudo voltado aos contratos de longa duração e relacionais que surgiram na segunda metade do século XX com Ian Macneil e que tem as suas particularidades, o que os torna merecedores de reflexão própria. É preciso ir além, portanto, do uso da boa-fé como "coringa" ou uma cláusula geral de justiça contratual.

Por isso tudo, com o perdão da repetição, é que se faz necessário distinguir a confiança que sustenta – e destrói – o contrato de longa duração da confiança derivada da boa-fé e suas manifestações tradicionais.

4.2.3.4. A confiança em sentido estrito

Esta preocupação com a delimitação do conceito de confiança nos contratos de longa duração não é estranha na doutrina portuguesa. Ao tratar do assunto, Joana Farrajota reconhece a necessidade – e a dificuldade – de identificar o real significado da confiança nestas relações, dada a polissemia do termo e a frequente sobreposição com o campo da boa-fé objetiva. Vejamos:[324]

> A ausência de uma definição legal, bem como o emprego do termo em diferentes acepções e, finalmente ainda, a frequente sobreposição dos campos da boa-fé e da confiança, presente tanto na doutrina como na

---

[323] O "caos" neste caso se remete à noção de incerteza típica de um momento turbulento e inédito, que exige soluções heterodoxas. Este foi o justamente o caso do início do século XX, com os seus eventos marcantes e extraordinários, como as Guerras Mundiais, a Grande Depressão, etc. Em momentos como estes, de "caos" literal, é razoável o uso se soluções inovadoras e de certa forma imprecisas, baseadas num "sentimento" de justiça. Esse foi o caso da boa-fé, que fundamentou desde a noção de deveres anexos até soluções como a teoria da imprevisão, dentre outros. O tempo, no entanto, permite um aperfeiçoamento destas soluções e um retorno à estabilidade, no qual o recurso a conceitos amplos deve se dar com o maior rigor possível, sob pena de levar a um ambiente de caos e incerteza, que é justamente o que se pretende evitar. Por isso nossa insistência em identificar o traço determinante desta "confiança relacional": evitar o uso indiscriminado da Resolução pela quebra da confiança que leve a uma sensação genérica de insegurança jurídica, que infelizmente já não é trivial em nossa sociedade.

[324] FARRAJOTA, **A Resolução do Contrato Sem Fundamento**, p. 343.

CAPÍTULO 4 – REQUISITOS DA RESOLUÇÃO CONFORME O §314 DO BGB: CONTRATO...

jurisprudência, tornam, numa primeira fase, a tarefa de esclarecimento do significado da confiança e, subsequentemente, a determinação da respectiva relevância no âmbito das relações de execução duradoura, matéria de particular complexidade.

A autora inicia a sua análise reconhecendo que, a rigor, toda relação envolve algum grau de confiança, o que é particularmente verdadeiro nos contratos. Afinal, todos contam com a "expectativa" do cumprimento das obrigações oriundas do enlace, e também que isso ocorra de acordo com a boa-fé.[325]

Essa confiança, calcada numa expectativa geral de respeito à boa-fé e seus deveres anexos seria, no entanto, redundante[326]. Por isso, Carneiro da Frada ressalta a necessidade de desenvolver uma noção autônoma de confiança, que fuja do amálgama com a boa-fé, considerando-a como elemento determinante e não apenas como *"razão auxiliar para a obrigação de indenizar"*. Vejamos:

> Não é demasiada a insistência neste ponto. A doutrina da confiança da actualidade apenas logrará desembaraçar-se dos ataques que tem sofrido se aprofundar devidamente as condições de uma autêntica autonomia dogmática. Pode certamente subscrever-se que a responsabilidade pela confiança se afirma aí onde a tutela das expectativas se deva considerar o elemento determinante do sistema de responsabilidade e não simples razão para a obrigação de indenizar.

A observação cai como uma luva na nossa pretensão, pois, como vimos, o elemento determinante da confiança no contrato de longa duração não é a busca por indenização, mas sim a liberação do vínculo diante da ocorrência de uma causa grave. O pleito indenizatório pode existir, claro, mas não existe uma relação de causalidade.

---

[325] *"Afirmar que quem entra numa relação contratual constitui ipso facto uma relação de confiança pode por isso apenas querer dizer que espera que a contraparte cumpra todos os deveres emergentes da relação, designadamente os decorrentes da boa-fé"*. Ibid., p. 344.

[326] *"Afirmar que o Direito cumpre, com as suas normas, uma função geral de garantia das expectativas dos sujeitos não é, no fundo, senão pronunciar um enunciado de teoria do Direito que carece de operacionalidade dogmática própria"*. Cit, p. 347. Noutra passagem, o autor afirma que *"A relação de confiança, se se apresentar indiscriminadamente presumida em certas situações, é na realidade dispensável para alicerçar a regra da boa-fé"*. FRADA, **Teoria da Confiança e Responsabilidade Civil**, p. 474.

Ainda nesta linha, o autor afirma que um dos critérios para a existência de uma noção "autônoma" de confiança é justamente a existência de uma "lacuna" na norma, ou seja, de um *"grupo de casos que não está abrangido pelo fim e pelas valorações da norma"*,[327] o que é exatamente o caso da confiança nos contratos de longa duração. Afinal, se esta confiança pudesse ser contida no princípio geral da boa-fé objetiva, bastaria alegar que a Resolução encontra suporte na cláusula geral – o que não é o caso, ao menos com relação à concepção tradicional que o princípio assumiu, pelas razões já expostas.

Superando a noção de confiança como elemento redundante em relação à boa-fé, que se perde em termos de densidade, Carneiro da Frada distingue este uso presumido da confiança e a "relação de confiança", que existe naqueles contratos que tem como condição a existência de uma "especial atitude de confiança", que passa a ser o seu fundamento[328].

É nestas relações que existe a "confiança propriamente dita" (a confiança *strictu sensu* a que nos referimos acima). Nessas "relações de confiança", a tutela vai além dos *regulae agendi*, ou seja, dos deveres que derivam tradicionalmente da boa-fé. É quando, de acordo com Joana Farrajota, *"as partes esperam da contraparte algo mais do que resultaria da estrita observância dos deveres emergentes da relação jurídica encetada"*[329].

A essencialidade desta confiança nos contratos de longa duração teria como principal efeito permitir a Resolução do contrato. Vejamos:[330]

---

[327] *"Pelo contrário, apresentando-se a confiança apenas como telos de uma norma, a não verificação de expectativas determina (quando muito) a necessidade de uma redução teleológica. Este procedimento exclui do campo de aplicação de uma regra casos que se encontram abrangidos pelo seu enunciado textual-linguístico em homenagem à respectiva ratio legis. Envolve, no fundo, a detecção de uma lacuna ou de excepção imposta pela teleologia imanente àquela norma. É pois claro que para que a redução teleológica possa operar se torna necessária a demonstração positiva de que determinado grupo de casos não está abrangido pelo fim e pelas valorações da norma".* Ibid., p. 356.

[328] *"O termo relação de confiança (Vertrauensbeziehung, fiduciary relationship) exprime no fundo a experiência comum de que existem situações de interacção que têm como condição de surgimento ou de desenvolvimento uma especial atitude de confiança dos sujeitos uns nos outros. Mas nem todas as interações sociais postulam uma particular confiança. Caso contrário, a qualificação de uma relação como de confiança seria redundante".* Ibid., p. 343.

[329] FARRAJOTA, **A Resolução do Contrato Sem Fundamento**.

[330] *Ibid.*, p. 344/345.

O segundo grau de confiança e, portanto, a relação de confiança, em sentido próprio, surge quando exista um depósito mais intenso de confiança, em relação ao que se verifica no tráfico normal. É de confiança aquela relação cujo surgimento, subsistência e força vinculativa dependem da verificação em concreto de uma especial relação entre as partes.

(...)

A essencialidade da confiança na subsistência de tais relações tem ainda como principal efeito a autonomização da respectiva quebra como fundamento para a Resolução do contrato(...) O pensamento da confiança surge como fundamento autônomo da desvinculação contratual. A ideia é de que o desaparecimento de um elemento essencial na relação, por causa imputável a uma das partes, pode tornar para a outra inexigível a manutenção do contrato, razão pela qual se permite a esta que resolva o contrato.

É interessante que a autora ressalta também que não se deve atribuir a essencialidade desta confiança a todos os contratos de longa duração, mas somente àqueles com forte carga relacional, pois, como já vimos[331], nem todo contrato de longa duração é tão sensível a esta quebra de confiança.[332]

É possível afirmar, portanto, que a confiança que sustenta os contratos de longa duração é distinta da confiança "presumida" na boa-fé objetiva.

---

[331] Ver item 4.1 acima.

[332] *"Esclarecido este ponto, dir-se-á, à semelhança do que se afirmou a propósito da intensificação dos deveres acessórios de boa-fé, que também aqui não se deverá atribuir, ab origine, indiscriminadamente, aos contratos de execução duradoura, a qualidade das relações de confiança, muito embora, frequentemente, o sejam. Se, de facto, é frequente que as relações duradouras consubstanciarem relações de confiança, de colaboração entre as partes, em especial quando sejam intiutu personae, não nos parece existir um nexo de necessidade entre as duas. Mais uma vez, impõe-se uma análise casuística com vista à averiguação da existência, no caso concreto, de uma tal relação de especial colaboração e confiança, de forma a que as consequências daí resultantes possam ser retiradas. Não bastará assim, para aplicar o regime reservado às relações de confiança, afirmar que a relação em causa tem caráter duradouro".* FARRAJOTA, **A Resolução do Contrato Sem Fundamento**, p. 345.

4.2.3.5. A "confiança relacional" distinta da "confiança fiduciária"

Ao tratar da "relação de confiança" em termos concretos, Carneiro da Frada as equipara às *fiduciary relationships*, típicas da Common Law. De acordo com o autor, nestes contratos haveria um *"reconhecimento de que existem contratos que envolvem uma confiança mais intensa do que aquela que se deposita ordinariamente no plano geral e indiferenciado do tráfico contratual"*.[333]

O exemplo clássico de um contrato fiduciário seria aquele em que há *"ocorrência de uma transmissão de bens ou direitos, mas em que o adquirente se obriga a só exercitar o seu direito em vista de certo intuito"*[334], como o *Trust*, muito comum no direito americano. Na mesma categoria estariam, no entendimento do autor, contratos de prestação de serviços com médicos, advogados e notários.

O traço distintivo destes contratos fiduciários seria a existência de uma "sujeição" ou até mesmo uma vulnerabilidade perante o prestador de serviço, na medida em que este teria poderes sobre a gestão do patrimônio (*trust*), dos direitos (advogados), da saúde (médicos) e da veracidade de uma informação ou de um documento (notários). Em suas palavras[335]:

> Um entendimento mais alargado divisará o elemento característico destas relações na posição de poder conferido por uma das partes à outra, a reclamar desta o exercício desse poder de acordo com os interesses próprios da primeira; ou então na exposição particularmente intensa desses interesses à interferência de outrem, sendo-lhe confiados para que este os promova ou acautele.

Nestes chamados "negócios de confiança" a confiança constituiria um traço elementar, a espinha dorsal do negócio, quase tão importante quanto as obrigações em si. O padrão de conduta exigível é *"mais estrito que aquele que vigora para os contratos em geral"*.[336]

---

[333] FRADA, **Teoria da Confiança e Responsabilidade Civil**, p. 544.
[334] *Ibid.*, p. 545.
[335] *Ibid.*, p. 550.
[336] *Ibid.*, p. 551.

CAPÍTULO 4 – REQUISITOS DA RESOLUÇÃO CONFORME O §314 DO BGB: CONTRATO...

Inclusive, nestes contratos, a perda da confiança poderia legitimar a sua Resolução, independente da ocorrência de prejuízo *"certo e actual, em consequência da conduta do outro que defraudou a sua confiança"*. Vejamos[337]:

> De facto, como característica marcante destes negócios, aquela quebra é susceptível de legitimar uma Resolução do contrato pelo deceptus; com independência até de ter sofrido um prejuízo, certo e actual, em consequência da conduta do outro contraente que defraudou sua confiança. O incumprimento de um dever de prestar pode com certeza, abstraindo da forma concreta por que tenha efectuado efectivamente o interesse do credor, desencadear uma ruptura da confiança essencial ao normal desenvolvimento da relação e inviabilizá-la para o futuro; na verdade, revestir-se-á por vezes de um carácter sintomático, produzindo o receio justificado de que se sigam mais tarde outros inadimplementos.
>
> Ora, desaparecendo, por um facto imputável a uma das partes, o clima que (todas) as relações de confiança exigem para o seu adequado decurso, pode tornar-se inexigível para a outra a manutenção desta relação, conferindo-se então a esta o poder de a resolver.
>
> (...)
>
> A Resolução por quebra da confiança não visa propriamente nem a realização das expectativas, nem a indemnização dos prejuízos causados pela sua defraudação, mas – saliente-se –, em certo sentido, o seu inverso: reagir à sua frustração, pondo termo a uma relação que postula a sua confiança.

Pouco é necessário dizer diante disso. A descrição bate quase perfeitamente com a noção de confiança existente nos contratos de longa duração. O Autor, inclusive, os coloca sob o mesmo guarda-chuva destes "negócios

---

[337] *Ibid.*, p. 552.

de confiança", de natureza fiduciária.³³⁸ Ele reconhece, inclusive, que o fator tempo confere certa "individualidade" em relação aos contratos fiduciários³³⁹.

Ainda assim, permitimo-nos discordar do autor quanto à equiparação dos contratos de longa duração aos fiduciários, no que diz respeito à confiança. Em ambos os gêneros contratuais, a confiança possui um papel distintivo, estratégico e essencial. Talvez seja possível dizer que nesses casos a confiança é o verdadeiro vínculo. No entanto, há muitas outras diferenças a tornar imperativa a sua segregação, reconhecendo a existência de uma "confiança relacional" aos contratos de longa duração.

Isso porque, como o próprio autor reconhece, existe uma semelhança entre contratos fiduciários e de longa duração, mas os últimos possuem elementos distintivos. É possível, portanto, colocá-los dentro da mesma categoria de "negócios de confiança", dado que há um caráter autônomo e distinto em relação à confiança presumida na boa-fé objetiva.

Há, no entanto, um traço "pessoal" – relacional – que não existe, necessariamente, nos contratos fiduciários. Estes, de acordo com a própria doutrina especializada, têm uma proximidade quase que exclusiva com o mundo financeiro.³⁴⁰ São contratos que, assim como o *Trust*, envolvem a gestão do

---

[338] *"A destrinça perfilhada entre a protecção da confiança e a regra de conduta conforme a boa-fé propaga-se igualmente no campo da dogmatização da relevância das 'práticas' que costumam acompanhar as relações contratuais duradoutras"*. Ibid., p. 559/560.

[339] *"Há um conjunto de características que se conjugam e singularizam de algum modo as relações duradouras. Com muita frequência, são relações de confiança, no sentido acima descrito. Mas existe um factor específico, a sua perdurabilidade, que contribui para lhes conferir – mesmo entre as últimas – uma certa individualidade"*. Ibid., p. 560.

[340] De acordo com o "Black's Law", uma relação fiduciária implica numa pessoa agindo em benefício de outra, como na gestão de recursos de terceiros: *"1. A person who is required to act to the benefit of another peson on all matters within the scope of their relationship; one who owes to another duties of good faith, trust, confidence and candor 'the corporate officer is a fiduciary to the company'. 2. One who must exercise a high standard of care in managing another's money or property 'the beneficiary sued the fiduciary for investing in speculative securities'.* Um "fiduciary contract" consistiria num contrato em que *"by which one party delivers something to another on condition that the second party will return the thing to the first"*. GARNER, **Black's Law Dictionary**, p. 702. Sobre os "deveres fiduciários" e sua relação com o dever de cuidar de interesses ou bens de terceiros, ver EASTERBROOK, Frank H.; FISCHEL, R., Contract and fiduciary duty, **The Journal of Law & Economics**, v. 36, n. 1, p. 425/446, 1993. e CONAGLEN, Matthew, The nature and function of fiduciary loyalty, **Law Quarterly Review**, v. 121, p. 452/480, 2005. O economista Oliver Hart relaciona os deveres fiduciários a uma situação "principal-agent" no contexto da teoria da firma, em oposição ao raciocínio econômico neoclássico em HART, Oliver, An Economist's

patrimônio de terceiros. Equipará-los aos contratos de longa duração, sobretudo os de natureza relacional, não faz sentido.

Contratos fiduciários, mesmo na classificação mais ampla do autor, podem ter aquela confiança distintiva, mas podem não ter qualquer traço relacional. Um contrato de gestão de recursos com um banco e mesmo contratos de prestação de serviços com advogados, médicos e notários podem ter na confiança (fidúcia) um elemento essencial, mas serem absolutamente impessoais, o que jamais ocorreria num contrato relacional.

Por isso, uma distinção é necessária. A confiança dos contratos de longa duração merece uma classificação distinta, a que chamaremos de "confiança relacional". Esta confiança tem como elemento essencial o vínculo, o desejo de permanecer unido, compartilhando uma relação íntima de interdependência, nos termos da noção de "solidariedade orgânica" de Durkheim que é utilizada por Ian Macneil.

É a essa confiança que as partes – e em última análise, o julgador – devem recorrer para verificar se, diante de um determinado ato ou evento disruptivo, é possível ou exigível continuar aquela relação. E essa confiança, apesar de similar, não é a mesma dos contratos fiduciários, na qual existe, como bem afirma Carneiro da Frada, para equilibrar uma relação na qual o prestador de serviços tem sob o seu poder bens e direitos de extrema relevância para o credor. É uma confiança, portanto, imposta. A confiança relacional, por sua vez, é da natureza da relação contratual, mas é construída. Pode ou não existir, inclusive – por isso a análise é sempre casuística.

Assim, nos alinhamos à doutrina portuguesa de Carneiro da Frada, acompanhado por Joana Farrajota, ao reconhecer a existência de uma confiança autônoma, distinta daquela oriunda da boa-fé objetiva. Esta é a "confiança relacional".

---

view of Fiduciary Duty, **The University of Toronto Law Journal**, v. 43, n. 3, 1993. Sobre as origens do Trust e do dever fiduciário na Common Law e sua relação com a gestão de terras de terceiros, ver SEIPP, David J., Trust and fiduciary duty in the early Common Law, **Boston University Law Review**, v. 91, 2011.

4.2.4. Conclusão

Esperamos ter demonstrado que existe, de fato, uma "confiança em sentido estrito" aplicável aos contratos de longa duração e distinta da confiança ligada ao princípio da boa-fé objetiva.

Chamamos esta de "confiança relacional" – neste sentido divergindo pontualmente da doutrina de Carneiro da Frada, que iguala a confiança dos contratos de longo prazo à "confiança fiduciária". Nosso entendimento é que muito embora ambos possam ser incluídos sob a categoria de "negócios de confiança", na qual esta assume uma importância essencial e não apenas instrumental, como ocorre na boa-fé objetiva, há diferenças marcantes nos contratos de longa duração que os fazem merecedores de uma categoria própria.

A confiança da boa-fé é essencial nos contratos de longa duração e será, no mais das vezes, mais intensa que nos contratos de execução continuada. Mas não é o verdadeiro vínculo, que tanto pode ser rompido sem a violação à boa-fé como pode ser mantido com a violação da boa-fé. É o "desejo" de permanecer unido, vis-à-vis à inexigibilidade de se manter vinculado que distingue esta confiança relacional.

Não há nenhuma "heresia" em vincular esta "confiança relacional" à boa-fé. Este trabalho não tem a pretensão de reformar a concepção sobre este importante princípio. Em termos práticos, não é isso que importa.

A distinção é válida para evitar que o julgador ou o tomador de decisão vincule a confiança do contrato de longa duração às funções tradicionais da boa-fé objetiva (interpretativa, limitadora e criadora de deveres anexos), deixando de fora situações em que a manutenção do vínculo se torna inexigível ainda que não tenha ocorrido nenhuma violação à boa-fé ou que esta não tenha sido o traço elementar.

Nestes casos, a Resolução, a liberação do vínculo obrigacional, é mais importante que a indenização oriunda. Os danos podem ser acessórios, sendo a Resolução algo muito mais importante.

De outro modo, sequer faria sentido distinguir entre a Resolução causada por inadimplemento ou por quebra da confiança em sentido estrito – e é neste ponto que o instituto traz uma real contribuição à doutrina contratual. A rigor, bastaria aperfeiçoar o conceito de "inadimplemento substancial".

CAPÍTULO 4 – REQUISITOS DA RESOLUÇÃO CONFORME O §314 DO BGB: CONTRATO...

Mas, como bem lembram Doralt[341] e Brunner,[342] a Resolução por inadimplemento (ou violação de deveres anexos) não é suficiente. É necessário tratar especificamente da "ruptura absoluta da confiança".

E esta é a "confiança relacional", cuja ruptura deverá legitimar a Resolução dos contratos de longa duração com forte carga relacional.

Assim, àqueles que eventualmente desejarem vincular a confiança relacional à boa-fé, devem fazê-lo tendo em mente que esta confiança tem traços além dos tradicionais. Somente assim o conceito será plenamente compreendido.

---

[341] *"The existing rule for termination in cases of fundamental non-performance falls short of providing a satisfactory solution for cases of fundamental loss of trust"*. Doralt, Commentaries... cit.

[342] *"If the right to terminate a relational contract for irreconcilable differences were accepted under general contract principles, its scope of application should be limited to situations where, due to a change of circumstances, the confidence between the parties is irrevocably destroyed so as to make it unbearable and impracticable for a party to continue to perform the contract until the agreed termination date or until the end of a notice period. Situations involving a breach of contract could be dealt with by the ordinary rules regarding termination in case of non-performance"*. Op. Cit, p. 520.

Capítulo 5
A Resolução pela Quebra da confiança e Institutos Similares: Inadimplemento Substancial e Alteração das Circunstâncias

Já se viu que o BGB impõe um regime distinto quando a justa causa constitui também um inadimplemento. O §314(2) prevê que a Resolução deverá observar o regime geral do §323(2), que determina que, a rigor, a parte interessada deverá conceder um "período de graça" (*nachifrist*) antes de proceder à Resolução.

Vimos também que, ainda assim, o inadimplemento que legitima a Resolução pela quebra da confiança deve ser "qualificado", ou seja, grave a ponto de causar a ruptura da confiança entre as partes, tornando inexigível a continuidade da relação até o seu fim previsto. O traço distintivo é justamente essa análise prospectiva do inadimplemento, ou seja, não é somente a gravidade do inadimplemento em particular que importa, mas o seu efeito sobre o vínculo com relação ao futuro do contrato.

Desta forma, a Resolução por justa causa se aproxima de institutos como o inadimplemento substancial (*fundamental breach*).

Já adiantamos que esta proximidade é, de fato, muito significativa, a ponto de parte relevante da doutrina considerar que o regime do inadimplemento substancial é mais adequado para funcionar como pré-requisito para a Resolução do contrato, como afirma Brunner:[343]

> If the right to terminate a relational contract for irreconcilable differences were accepted under general contract principles, its scope of application should be limited to situations where, due to a change of circumstances, the confidence between the parties is irrevocably destroyed so as to make it unbearable and impracticable for a party to continue to perform the contract until the agreed termination date or until the end of a notice period. Situations involving a breach of contract could be dealt with by the ordinary rules regarding termination in case of non-performance.

Para fins de comparação, utilizaremos o regime da Convenção de Viena (CISG), que é parte do direito brasileiro e vem influenciando a doutrina e a jurisrudência nacional[344]. Isso porque o Código Civil alemão, mesmo após a Reforma de 2002, não adota completamente o regime do inadimplemento substancial.

Assim, como veremos adiante, a construção dos elementos do inadimplemento substancial é bastante similar à da Resolução por justa causa, sobretudo por considerar a frustração da expactativa sobre o contrato (*substantial deprivation*).

No entanto, isso não significa que o instituto da Resolução por justa causa não tenha utilidade diante do regime do inadimplemento substancial. Pelo contrário. A contribuição reside justamente no tipo de análise que deve ser feito ao se tratar de um contrato de longa duração. Como se sabe, a análise do inadimplemento deve se dar de forma prospectiva, com vistas ao futuro do contrato e não apenas com relação à gravidade do inadimplemento no presente.

Além disso, é importante ressaltar que a grande contribuição do instituto em análise, mais que aperfeiçoar o conceito de inadimplemento substancial,

---

[343] BRUNNER, Force Majeure and *Hardship* under General Contract Principles: Exemption for Non-performance in International Arbitration, p. 520.
[344] ARAGÃO *et al*, Adimplemento substancial.

é reconhecer a hipótese de quebra absoluta da confiança relacional por conta de uma alteração das circunstâncias, o que será também alvo de análise adiante.

5.1. A Resolução pela quebra da confiança e o inadimplemento substancial (*fundamental breach*)

Conforme já exposto, a Reforma do BGB em 2002 teve como um dos eixos alinhar o Código às tendências internacionais. Assim, o projeto inicialmente previa um alinhamento não apenas com a Convenção de Viena (CISG), mas também com os Princípios do Direito Contratual Europeu (em inglês, PECL).[345]

No regime de *remedies* adotado pela CISG, o eixo principal é dificultar a Resolução do contrato, que só deve ser possível após a adoção de certas medidas, como o período de graça e a cura ou diante de um inadimplemento substancial (*fundamental breach*).[346] Assim, a Resolução ocorrerá somente se o devedor não aproveitar a "chance" ou se ocorrer um inadimplemento qualificado, grave.

---

[345] A influência da CISG sobre o projeto é narrada por Zimmerman (*"That system had been largely inspired by the rules contained in the Convention on the International Sale of Goods"*), muito embora tenha se distanciado do modelo ao final. ZIMMERMANN, **The New German Law of Obligations**, p. 40.

[346] *"The most characteristic feature of the system of remedies under CISG is that it aims to keep the contract alive, and thus to avoid the necessity of unwinding it, as long as possible. The prime consequence of this is that termination of the contract will be available only as a remedy of last resort."* HUBER, Peter, CISG – The Structure of Remedies, p. 22–24, 2005.. Os arts. 49 e 64 da CISG preveem que a resolução do contrato será permitida somente diante de um inadimplemento substancial ou, tratando-se de um inadimplemento "comum", após a concessão de perío de graça (arts. 47 ou 63) ou, em caso de prestação defeituosa, permitir a cura da obrigação, ou seja, a correção do defeito em questão (arts. 48). Uma análise bastante completa sobre o sistema de remedies da CISG pode ser encontrada em CHENGWEI, Liu, Remedies for Non-performance – Perspectives from CISG , UNIDROIT Principles and PECL, 2003.. Dentre os autores brasileiros, destacamos o artigo da profa. Carmen Tiburcio – TIBURCIO, Carmen, Consequências do inadimplemento contratual na Convenção de Viena sobre Venda Internacional de Mercadorias (CISG), **Revista de Arbitragem e Mediação**, v. 37, 2010.

Este regime, ao menos na essência, foi adotado em diversos ordenamentos[347] e em todos os instrumentos internacionais produzidos após a criação da CISG, como os Princípios do UNIDROIT (art. 7.3.1)[348], o PECL,[349] o DCFR[350] e a CESL.[351] Além disso, também influenciou o novo Código Civil

---

[347] Uma análise sobre os impactos da CISG sobre ordenamentos nacionais pode ser encontrada em FERRARI, Franco, **The CISG and its impact on national legal systems**, Munich: Sellier, 2008.

[348] *Art. 7.3.1 (1) – A party may terminate the contract where the failure of the other party to perform an obligation under the contract amounts to a fundamental non-performance. (2) In determining whether a failure to perform an obligation amounts to a fundamental non-performance regard shall be had, in particular, to whether (a) the non-performance substantially deprives the aggrieved party of what it was entitled to expect under the contract unless the other party did not foresee and could not reasonably have foreseen such result; (b) strict compliance with the obligation which has not been performed is of essence under the contract; (c) the non-performance is intentional or reckless; (d) the non-performance gives the aggrieved party reason to believe that it cannot rely on the other party's future performance; (e) the non-performing party will suffer disproportionate loss as a result of the preparation or performance if the contract is terminated. (3) In the case of delay the aggrieved party may also terminate the contract if the other party fails to perform before the time allowed it under Article 7.1.5 has expired.*

[349] *Art. 8:103 – Fundamental Non-Performance – A non-performance of an obligation is fundamental to the contract if: (a) strict compliance with the obligation is of the essence of the contract; or (b) the non-performance substantially deprives the aggrieved party of what it was entitled to expect under the contract, unless the other party did not foresee and could not reasonably have foreseen that result; or (c) the non-performance is intentional and gives the aggrieved party reason to believe that it cannot rely on the other party's future performance.* **Principles of European Contract Law – PECL | Trans-Lex.org**, disponível em: <https://www.trans-lex.org/400200/_/pecl/>, acesso em: 24 dez. 2017..

[350] *Art. III.3:502 – (1) A creditor may terminate if the debtor's non-performance of a contractual obligation is fundamental. (2) A non-performance of a contractual obligation is fundamental if: (a) it substantially deprives the creditor of what the creditor was entitled to expect under the contract, as applied to the whole or relevant part of the performance, unless at the time of conclusion of the contract the debtor did not foresee and could not reasonably be expected to have foreseen that result; or (b) it is intentional or reckless and gives the creditor reason to believe that the debtor's future performance cannot be relied on.* VON BAR, Christian *et al*, **Principles, Definitions and Model Rules of European Private Law Draft Common Frame of Reference (DCFR)**, disponível em: <http://ec.europa.eu/justice/contract/files/european-private-law_en.pdf>, acesso em: 24 dez. 2017..

[351] A tradução oficial da União Europeia para o português se refere ao "incumprimento fundamental". *Art. 87 (2) – 2. O incumprimento de uma obrigação por uma parte é considerado fundamental: (a) se privar de forma substancial a outra parte do que tinha direito a esperar ao abrigo do contrato, salvo se, no momento da celebração do contrato, a parte em falta não previsse nem pudesse prever esse resultado; ou (b) se resultar evidente que não se pode confiar no futuro cumprimento da parte em falta.* COMISSÃO EUROPEIA, **Proposta de Regulamento do Parlamento Europeu e do Conselho relativo a um direito europeu comum da compra e venda**, disponível em:

Argentino[352] e o novo Código Civil francês[353], sendo possível afirmar, portando, tratar-se de uma tendência.[354]

A ideia, portanto, é privilegiar o pleito indenizatório em benefício da conservação do contrato, evitando os efeitos liberatórios e restitutórios da Resolução.[355]

O legislador alemão acabou por adotar o regime internacional somente em parte.[356] O §323 prevê como regra geral a concessão do período de graça, que poderá ser dispensado caso o devedor (i) recuse expressamente

<http://eur-lex.europa.eu/legal-content/PT/TXT/PDF/?uri=CELEX:52011PC0635&from=EN>, acesso em: 24 dez. 2017.em especial as pequenas e médias empresas (PME

[352] *Artículo 1084 – Configuración del incumplimiento A los fines de la resolución, el incumplimiento debe ser esencial en atención a la finalidad del contrato. Se considera que es esencial cuando: a) el cumplimiento estricto de la prestación es fundamental dentro del contexto del contrato; b) el cumplimiento tempestivo de la prestación es condición del mantenimiento del interés del acreedor; c) el incumplimiento priva a la parte perjudicada de lo que sustancialmente tiene derecho a esperar; d) el incumplimiento es intencional; e) el incumplimiento ha sido anunciado por una manifestación seria y definitiva del deudor al acreedor.* A influência dos instrumentos internacionais como a CISG e os Princípios do Unidroit é expressa: *"De acuerdo con lo establecido en los Principios Unidroit (Regla 7.3.1) y 49.1, 73.1 y 2° de la Convención de Viena sobre Compraventa Internacional de Mercaderías, se emplea el término "esencial" para caracterizar el incumplimiento relevante que puede habilitar un planteo resolutorio".* MARISA HERRERA; GUSTAVO CARAMELO; SEBASTÍAN PICASSO, **Código Civil y Comercial de la Nación Comentado, Tomo III, Libro tercero, Artículos 724 a 1250, 1ª.** Buenos Aires: Infojus, 2015, p. 510.

[353] Art. 1224 – *La résolution résulte soit de l'application d'une clause résolutoire soit, en cas d'inexécution suffisamment grave, d'une notification du créancier au débiteur ou d'une décision de justice.*

[354] *"Most legal systems will at some point or other allow the buyer to terminate the contract if the seller has delivered non-conforming goods. The interesting question, therefore, is not whether there is a right to terminate the contract, but rather when it will be available to the buyer. A comparative analysis, in this respect, reveals a number of differences and developments. Originally, at least those legal systems that were based on Roman law regarded termination of the contract as an easily available remedy. Nowadays, however, there is a clear international trend towards a more restrictive approach which regards termination as a last resort within the system of remedies. The CISG clearly is part of that international trend and in fact has considerably influenced it".* HUBER, CISG – The Structure of Remedies.

[355] Peter Huber destaca três razões para dificultar a resolução do contrato: (i) respeito ao *pacta sund servanda*, (ii) a ineficiência causada pelos efeitos restitutórios da resolução e (iii) o interesse legítimo das partes em cumprir o contrato, ainda que de forma imperfeita. *Ibid..*

[356] *"The original plan as well as the government's ambition was to follow the approach of the CISG and to reorganize the system according to remedies (request for substitute delivery, termination of contract, damages, etc.). In the end, however, this was done only in part".* REIMANN, The Good, the Bad, and the Ugly: The Reform of the German Law of Obligations Symposium: The Challenge of Recodification Worldwide, p. 893.

o cumprimento, (ii) não cumpra a obrigação no prazo, caso este seja essencial ou (iii) caso as circunstâncias justifiquem a Resolução imediata. Observe:[357]

> (1) If, in the case of a reciprocal contract, the obligor does not render an act of performance which is due, or does not render it in conformity with the contract, then the obligee may revoke the contract, if he has specified, without result, an additional period for performance or cure.
>
> (2) The specification of a period of time can be dispensed with if
>
> 1. the obligor seriously and definitively refuses performance,
>
> 2. the obligor does not render performance by a date specified in the contract or within a period specified in the contract, in spite of the fact that, according to a notice given by the obligee to the obligor prior to conclusion of the contract or based on other circumstances attending at the time of its conclusion, the performance as per the date specified or within the period specified is of essential importance to the obligee, or
>
> 3. in the case of work not having been carried out in accordance with the contract, special circumstances exist which, when the interests of both parties are weighed, justify immediate revocation.

---

[357] Em alemão: §323 – *(1) Erbringt bei einem gegenseitigen Vertrag der Schuldner eine fällige Leistung nicht oder nicht vertragsgemäß, so kann der Gläubiger, wenn er dem Schuldner erfolglos eine angemessene Frist zur Leistung oder Nacherfüllung bestimmt hat, vom Vertrag zurücktreten. (2) Die Fristsetzung ist entbehrlich, wenn 1. der Schuldner die Leistung ernsthaft und endgültig verweigert, 2. der Schuldner die Leistung bis zu einem im Vertrag bestimmten Termin oder innerhalb einer im Vertrag bestimmten Frist nicht bewirkt, obwohl die termin- oder fristgerechte Leistung nach einer Mitteilung des Gläubigers an den Schuldner vor Vertragsschluss oder auf Grund anderer den Vertragsabschluss begleitenden Umstände für den Gläubiger wesentlich ist, oder 3. im Falle einer nicht vertragsgemäß erbrachten Leistung besondere Umstände vorliegen, die unter Abwägung der beiderseitigen Interessen den sofortigen Rücktritt rechtfertigen.*

CAPÍTULO 5 – A RESOLUÇÃO PELA QUEBRA DA CONFIANÇA E INSTITUTOS SIMILARES...

Como se vê, portanto, §323 não prevê um conceito fechado de "inadimplemento substancial", tal como ocorre no art. 25 da CISG, muito embora permita a recusa do período de graça diante das "circunstâncias" ou se o prazo for determinante para a utilidade da prestação, que é uma situação clássica, de livro-texto,[358] sobre o conceito de inadimplemento substancial na Convenção de Viena.[359]

As eventuais semelhanças entre o regime de Resolução da CISG e o do BGB, no entanto, não são o foco deste estudo. Importa é ressaltar as diferenças e semelhanças entre o instituto da Resolução por inadimplemento substancial e a Resolução por justa causa prevista no §314 do BGB.

O conceito de inadimplemento substancial previsto no art. 25 da CISG é muito similar ao conceito de *fundamental non-performance* previsto no art. 7.3.1 dos Princípios do UNIDROIT. Observe:

---

[358] Trata-se do típico exemplo em que, se a data do cumprimento é essencial ("time is of the essence"), o atraso será considerado inadimplemento substancial. *"If, according to the contract, time is 'of the essence', lapse of the deadline agreed on in the contract contitutes one typical case where the debtor consistently and explicitly refuses to perform".* GRUNDMANN, Stefan, Regulating Breach of Contract – The Right to Reject Performance by the Party in Breach, **European Review of Contract Law**, v. 3, n. 2, 2007, p. 535..

[359] *"Com a reforma do direito alemão das obrigações, as novas regras do BGB sobre o direito de rescindir um contrato (Rücktrittsrecht) são também baseadas neste princípio, embora o §323(1) fo BGB se concentre primariamente na fixação de período adicional oara a execução da obrigação antes que o contrato possa ser rescindido; contudo, os casos em que a fixação do período adicional seja dispensável e, portanto, permite-se a resolução imediata, são basicamente aqueles decorrentes de violações muito graves pela parte obrigada, isto é, uma violação essencial".* SCHLECHTRIEM, Peter; SCHWENZER, Ingeborg, **Comentários à Convenção das Nações Unidas sobre contratos de compra e venda internacional de mercadorias**, São Paulo: Revista dos Tribunais, 2014, p. 525.

Art. 25 CISG	Art. 7.3.1 dos Princípios do UNIDROIT[360]
A violação ao contrato por uma das partes é considerada como essencial se causar à outra parte prejuízo de tal monta que substancialmente a prive do resultado que poderia esperar do contrato, salvo se a parte infratora não tiver previsto e uma pessoa razoável da mesma condição e nas mesmas circunstâncias não pudesse prever tal resultado.	(1) Uma parte pode extinguir o contrato se a falha da outra parte em cumprir uma obrigação contratual constitui um inadimplemento essencial. (2) Para determinar-se se o descumprimento de uma obrigação constitui um inadimplemento essencial, deve-se considerar, especialmente, se: (a) o inadimplemento priva substancialmente a parte prejudicada daquilo que ela poderia esperar do contrato, a menos que a outra parte não tenha previsto e não poderia ter razoavelmente previsto tal resultado; (b) o adimplemento nos exatos termos da obrigação não cumprida é da essência do contrato; (c) o inadimplemento é doloso ou culposo; (d) o inadimplemento dá à parte prejudicada motivo para acreditar que ela não pode confiar no adimplemento futuro da outra parte; (e) a parte inadimplente sofrerá excessivas perdas em consequência da preparação para o adimplemento ou dele próprio, caso o contrato seja extinto. (3) No caso de atraso, a parte prejudicada pode também extinguir o contrato se a outra parte deixa de adimplir dentro do prazo concedido nos termos do Artigo 7.1.5.

Como se pode ver, o inadimplemento será "fundamental" quando privar o credor das suas expectativas de acordo com o contrato.

É nesse ponto em que o inadimplemento substancial se aproxima bastante do conceito de justa causa (*Kündigung aus wichtigem Grund* ou *compelling reason*

---

[360] Tradução em português da versão de 2010 dos Princípios, que é a mesma da versão atual de 2016. GAMA JR., **Princípios do UNIDROIT 2010**..

CAPÍTULO 5 – A RESOLUÇÃO PELA QUEBRA DA CONFIANÇA E INSTITUTOS SIMILARES...

em inglês) que permite a Resolução do contrato de longa duração previsto no §314 (1) do BGB. Vejamos:

> 1) Each party may terminate a contract for the performance of a continuing obligation for a compelling reason without a notice period. There is a compelling reason if the terminating party, taking into account all the circumstances of the specific case and weighing the interests of both parties, cannot reasonably be expected to continue the contractual relationship until the agreed end or until the expiry of a notice period.

Note-se que, assim como na Convenção de Viena, no BGB a avaliação de uma justa causa deverá considerar as circunstâncias e os interesses das partes. Ou seja, a avaliação dos riscos é levada em consideração em ambos os institutos.[361]

A diferença está na análise dos efeitos deste inadimplemento. Na Convenção de Viena, o inadimplemento será substancial e permitirá a Resolução quanto frustrar o credor das suas expectativas no contrato. Na Resolução pela ruptura da confiança, esta será legítima quando o inadimplemento romper a confiança entre as partes a ponto de tornar inexigível a *continuidade* da relação até o seu fim.

Na CISG, portanto, importa não a extensão do dano, mas o impacto no alcance do fim do contrato[362] – o uso do equipamento num determinado evento a ocorrer numa determinada data, a utilização como insumo para a produção de outro bem, etc. O foco está no interesse "imediato" do inadimplemento.[363] O "teste" a ser feito, portanto, é se o inadimplemento privou a

---

[361] "*Saber quando é o caso e quais eram as expectativas merecedoras de proteção depende, dentre outros elementos, do programa de cada contrato, do peso atribuído a cada obrigação, da distribuição dos riscos entre partes, das circunstâncias envolvendo a contratação*". GRUENBAUM, Daniel, Resolução do Contrato: avoidance na CISG, **Revista de Arbitragem e Mediação2**, v. 37, 2013, p. 87.

[362] "*O prejuízo não se refere à extensão do dano sofrido, mas sim à importância dada pelo contrato e pelas obrigações individuais, ao resultado esperado pelo promissário do cumprimento de determinada obrigação*". SCHLECHTRIEM; SCHWENZER, **Comentários à Convenção das Nações Unidas sobre contratos de compra e venda internacional de mercadorias**, p. 534.

[363] "*To define this criterion in objective terms may be relatively simples for spot contracts (...) A breach is seen as 'fundamental' – as in the common law – when the other party loses roughly the benefit she has*

parte de um determinado objetivo. Assim, não importa, a rigor, a relação de longo prazo.

Nos contratos de longa duração, por outro lado, importa o impacto do inadimplemento na continuidade da relação, em sua viabilidade futura. O foco está no efeito sobre o vínculo, a confiança relacional. A análise é prospectiva.[364]

Assim, deve-se verificar se, diante daquele inadimplemento, é possível continuar a relação até o seu prazo final.[365] O importante é a relação de longo prazo. Deste modo, o inadimplemento pode até ser relevante e frustrar um objetivo de curto prazo, como, digamos, a realização de um determinado evento, mas, ainda assim, a parte prejudicada pode entender que vale a pena continuar a relação, uma vez que o vínculo de confiança não foi rompido. Isso, no entanto, não afasta a legitimidade de eventual pleito indenizatório, caso seja do interesse da parte prejudicado. Na impede que se apurem perdas e danos e o contrato, ainda assim, vá até o final. Tal cenário é muito comum em contratos de longa duração, sobretudo os de empreitada, em que as partes, ao final, fazem um "encontro de contas" que contempla pleitos indenizatórios de parte a parte.

Da mesma forma, uma pluralidade de inadimplementos de menor importância pode romper a relação de confiança, permitindo a Resolução.[366]

É evidente, portanto, que a diferença reside no foco da análise. No contrato de longa duração, está na relação, o que não ocorre, necessariamente, na CISG.

---

bargained for". GRUNDMANN, Regulating Breach of Contract – The Right to Reject Performance by the Party in Breach, p. 140.

[364] Ver cap. 4

[365] "*To this end, what is typically asked for is that the breach in one case or with respect to a part of the relationship must have destroyed the trust needed for the overall relationship in an irremediable way*". GRUNDMANN, Regulating Breach of Contract – The Right to Reject Performance by the Party in Breach, p. 144.

[366] "É justamente neste tipo de relação contratual que assume relevância a possibilidade de reiteração de actos desconformes com o clausulado negocial. Na perspectiva que aqui releva (a do malogro das expectativas de cumprimento futuro) a repetida violação das mesmas obrigações por parte de um dos contraentes torna seguramente mais gravoso o seu comportamento, suprindo eventual falta de significado que possa ter cada uma das violações contratuais por ele perpetradas. Com efeito, a reiteração de actos de incumprimento, por pouco relevantes que sejam, mina seriamente a esperança numa posterior conduta adimplente e torna, por isso, inexigível que a contraparte se mantenha, por sua vez, vinculada a cumprir". PINTO, **Contratos de Distribuição**.

CAPÍTULO 5 - A RESOLUÇÃO PELA QUEBRA DA CONFIANÇA E INSTITUTOS SIMILARES...

Esta diferença torna imperativo retornar às particularidades dos contratos de longa duração *vis-à-vis* os contratos de compra e venda. Na CISG, essa diferença fica ainda mais marcante, pois se trata de instrumento talhado para estes contratos.[367]

A rigor, este não é o caso dos Princípios do UNIDROIT, que tem a pretensão de lidar com contratos em geral. Mesmo assim, a influência do contrato de compra e venda é evidente, na medida em que é considerado o modelo contratual do comércio na era industrial[368] – tanto é que foi realizada uma reforma em 2016 justamente para incorporar dispositivos específicos dos contratos de longa duração.

Isso se explica pela diferença estrutural entre os tipos contratuais. Na CISG, o foco são contratos de compra e venda, que tem a característica "discreta", imediata, conforme a lição de Macneil. O que importa é a "troca" (*trade, exchange*) e não a relação. Nos contratos de longa duração, pelo contrário, o que importa é a relação, é a continuidade.

Esta é a diferença mais marcante, portanto: no contrato de longa duração, o inadimplemento será "qualificado" a ponto de permitir a Resolução quando tornar inexigível a continuidade do contrato. É a análise "prospectiva" que importa.

Deste modo, não há dúvida de que os institutos são diferentes e podem coexistir – afinal, os contratos de longa duração têm particularidades que os fazem merecedores senão de um regime à parte, ao menos de conceitos que prestigiem estas diferenças.[369]

---

[367] Isso é verdadeiro não apenas pelo "nome" da Convenção, mas também por ter sido o tradicional foco da teoria contratual clássica. Nas palavras de Doralt, "*Research on long-term contracts may have been constrained as a result of the specific focus on sales contracts during most of the 20th century. This is apparent, for instance, in the case of the CISG. The influence of the sales contract as a model for contract law in general has also been noted for the BGB*". DORALT, Right to Terminate for Compelling Reason (Commentary to Art. 6.3.1 PICC)..

[368] "*Against this background, it would seem as if transnational legislation and also research rather lagged behind: tre contract type paradigmatic of the industrial era, the sales contract, has been object of extensive international and supranational harmonization, while the same is not true for service contracts*". GRUNDMANN; CAFFAGI; VETTORI, **The Organizational Contract – from exchange to long-term network cooperation in European Contract Law**, p. 5.

[369] "*While some attention has been devoted to establishing doctrinal pigeonholes for (specific) long-term contracts, little analytical effort has been devoted to a better understanding of the problems common to long-term contracts. This, however, appears to be necessary as a first step before an informed decision*

Mesmo assim, entendemos que é perfeitamente possível se valer na noção de inexigibilidade para aperfeiçoar o conceito de inadimplemento substancial. Este aperfeiçoamento é relevante não apenas para casos aplicando diretamente a CISG, mas principalmente para os ordenamentos que adotaram o conceito de inadimplemento substancial, como é o caso do Brasil. Não é mais possível negligenciar as particularidades dos contratos de longa duração, tomando por base a dogmática tradicional, baseada na compra e venda, como bem aponta a doutrina contemporânea:[370]

Assim, é necessário que, diante de um contrato de longa duração, a análise da gravidade do inadimplemento seja feita não com relação aos seus impactos imediatos, mas com os efeitos sobre o vínculo, de modo a avaliar se a confiança relacional se rompeu absolutamente a ponto de tornar inexigível a continuidade do contrato até o seu prazo final.

5.2. A Resolução pela quebra da confiança no contexto da "alteração das circunstâncias"

É consenso na doutrina especializada[371] que o instituto da Resolução por justa causa tem uma relação próxima com institutos como a perda da base

---

can be taken as to how a distinctive contractual category with normative implications should be shaped. A number of problems seem to have particular relevance for long-term contracts, either because they are more likely to occur, or because they are more significant and difficult to deal with, in their context. The most important challenges are the following: incompleteness and drafting, contractual penalties, signalling, the distribution of information between the parties, and termination." DORALT, Right to Terminate for Compelling Reason (Commentary to Art. 6.3.1 PICC).

[370] *If long-term relationships are still rather neglected in contract regulation and contract law academia, the main reason for this would seem to be that the rules on content, performance and breach are still seen to follow basically that of simple on-the-spot contracts. This underlying idea (the presumption similitudinis) is, hoewever, erroneous.* GRUNDMANN; CAFFAGI; VETTORI, **The Organizational Contract – from exchange to long-term network cooperation in European Contract Law**, p. 7.

[371] Doralt afirma que existe uma relação próxima entre os institutos previstos nos §§ 313 e 314 do BGB (*"Zwischen der Regelungskonzeption des Wegfalls der Geschäftsgrundlage und der Kündigung aus wichtigem Grund besteht ein enger Zusammenhang"*. DORALT, **Langzeitverträge**, p. 489.). Zimmerman afirma que *"Closely related to Wegfall der Geschäftsgrundlage) is the right to terminate a long-term contractual relationship 'for an important reason' without the necessity to observe a period of notice'.* Vogenauer, por sua vez afirma que *"much more important is the relationship of termination*

do negócio (§313 do BGB) e do *hardship*. Esta aparente sobreposição entre os institutos foi um dos argumentos apresentados contra a adoção da proposta durante a reforma dos Princípios do UNIDROIT.[372] O próprio legislador alemão inseriu ambos os dispositivos em sequência, numa seção dedicada à "*Adaptação e Resolução dos contratos*".

De fato, os institutos são próximos, mas não existe uma sobreposição, uma redundância, de modo que a doutrina igualmente considera que ambos podem coexistir, pois tratam de fenômenos diferentes de alteração das circunstâncias.[373]

Em poucas palavras, a diferença é que, enquanto institutos como a perda da base objetiva do negócio e o *hardship* lidam com o desequilíbrio econômico-financeiro causado por um evento excepcional, a Resolução pela quebra da confiança é causada por um ato ou evento disruptivo que leve à quebra absoluta da confiança entre as partes. O primeiro, portanto, tem raízes econômico-financeiras, essencialmente monetárias, enquanto o segundo, que é o foco deste estudo, lida com a quebra do vínculo entre as partes, que torna a continuidade do contrato inexigível.

Tão importante quanto apontar as diferenças entre estes institutos é apontar as semelhanças. Como já mencionado diversas vezes, *hardship* e Resolução pela quebra absoluta da confiança são abordagens para diferentes fenômenos no contexto da "alteração das circunstâncias".[374]

---

for compelling reasons under §314 BGB with the remedies provided in cases of 'collapse of the basis of the transaction' (Wegfall der Geschäftsgrundlage) that are provided for in § 313 BGB". ZIMMERMANN; WHITTAKER, Good Faith in European Contract Law: surveying the legal landscape, p. 26. Dentre os portugueses, Fernando Ferreira Pinto afirma que *"a resolução por justa causa objetiva apresenta decisivos pontos de contacto com o instituto da alteração das circunstâncias ou da queda da base negocial"* (PINTO, **Contratos de Distribuição**, p. 404.).

[372] Ver Cap. 2

[373] Brunner afirma que *"The hardship exemption and the right to terminate a long-term contract for irreconcilable differences (good cause) are cumulatively available, since the requirements of the two instruments are different"*. BRUNNER, Force Majeure and *Hardship* under General Contract Principles: Exemption for Non-performance in International Arbitration, p. 519..

[374] Segundo Menezes Cordeiro, *"diz-se alteração das circunstâncias a modificação do condicionalismo que rodeie a celebração dos contratos. Segundo coordenadas históricas e geográficas, pode ser reconhecida eficácia jurídica a tais eventos; quando isso suceda, o Direito admite modificações no contrato atingido, ou a sua própria resolução"*. CORDEIRO, **Tratado de Direito Civil português II, tomo IV**, p. 259.

Mas o que isso significa? Uma análise profunda não está no escopo deste trabalho, sobretudo por se tratar de questão muito mais ampla. No entanto, entendemos que uma exposição superficial da questão é essencial para a adequada compreensão do instituto da Resolução por quebra absoluta da confiança.

Isto porque, como veremos adiante, a discussão sobre o impacto da alteração das circunstâncias sobre os contratos de longa duração tem relação direta com a insuficiência estrutural da dogmática tradicional para lidar com estas relações mais complexas. Não se trata somente de retomar o tema da cláusula *rebus sic stantibus*, mas de tratar da questão dos contratos incompletos e do paradigma do risco assumido em contraponto ao paradigma da manifestação da vontade.

A Resolução pela quebra da confiança é apenas uma das manifestações possíveis deste fenômeno, que ataca o vínculo de confiança que mantém as partes unidas em direção ao futuro. Há outras manifestações, no entanto, que atacam a relação, como a força maior, a frustração do fim do contrato e o *hardship*. Cada uma delas é uma espécie de "árvore" diferente e entender as diferenças entre elas é importante. Mas é essencial entender que se inserem dentro de um "ecossistema" muito maior.

5.2.1. A origem comum na cláusula *rebus sic stantibus*

É pacífico na doutrina que os efeitos jurídicos do impacto da alteração das circunstâncias sobre os contratos tem origem na cláusula *rebus sic stantibus*. A origem romana é controversa, uma vez que a força obrigatória dos contratos era a regra, não havendo uma fórmula geral que flexibilizasse o seu rigor diante de eventos extraordinários.[375]

Conta a doutrina, no entanto, que as lições de Cícero e Sêneca influenciaram o direito canônico a flexibilizar o rigor do contrato, defendendo ser imoral desprezar o fato de que os arranjos são sensíveis a circunstâncias excepcionais, dando origem à cláusula *rebus sic stantibus*,[376] que tem na essência a ideia de

---

[375] *"In ancient Roman Law the stability of contracts was one of the underlying principles of contract law".* THIER, Andreas, Legal history, *in*: HONDIUS, Ewoud; GRIGOLET, Christoph (Orgs.), **Unexpected Circumstances in European Contract Law**, [s.l.]: Cambridge University Press, 2011, p. 15.

[376] *"Cicero appears to be the first thinker to reflect on this situation. He argued that it would be unethical to return a sword to its depositor if this depositor had become insane in the meantime. That situation*

que todos os contratos possuem uma "condição tácita" de que uma mudança nas bases em que o contrato fora firmado pode levar a uma revisão do acordo. A cláusula teria se fortalecido durante a idade média, sobretudo por conta dos sucessivos conflitos ocorridos na época.[377] Durante este período, notadamente a partir do século XVII, a cláusula *rebus* passou por um processo de restrição contínuo, sobretudo por força da influência da escola jusnaturalista e de Hugo Grócio,[378] que reforçou a importância da força vinculante dos contratos.[379] Assim, os critérios para a flexibilização do contrato foram se tornando cada vez mais restritos e objetivos, deixando de ser uma "condição tácita" para considerar os riscos assumidos pelas partes, a responsabilidade na alteração das circunstâncias e a previsibilidade do evento em questão.[380]

was, as Cicero stated, an example of numerous cases where the course of time would change something originally honourable into a dishonourable pattern. As we shall see later the moralist essentials of this notion became influential especially in the Christian tradition and therefore also in the context of medival canon law. It was, however, Seneca who created the formula of the clausula rebus sic stantibus by stating that 'all conditions must be the same as they were when made the promise if you mean to hold me bound to honour to perform it". Ibid., p. 16.

[377] *"The 17th century was a flowering time for the clausula doctrine (partly, perhaps, in response to the devastating wars of the time) and it became part and parcel of the usus modernus as well as of the sistematica endeavours of the natural lawyers".* ZIMMERMANN, Reinhard, **The Law of Obligations: Roman Foundations of the Civilian Tradition**, Oxford: Oxford University Press, 1996, p. 581.

[378] *"Grotius focused on the will of the promissing party. He argued that the binding power of a promise was to be limited in two cases: if the underlying will of the obligation was defective or if a situation emerged that resulted in contradiction to the will".* THIER, Legal history, p. 21. Zimmerman afirma, no entanto, que neste período a cláusula ganhou força no contexto do direito internacional público, ao passou que foi perdendo força no campo privado (*"It attained great prominence in the field of public international law, but in the area of private law its star ultimately began to wane"*). ZIMMERMANN, **The Law of Obligations: Roman Foundations of the Civilian Tradition**, p. 581.

[379] A doutrina afirma que a escola jusnaturalista considerava o cumprimento do contrato como um princípio fundamental, uma manifestação de confiança entre os homens. Esta vinculação, no entanto, não deveria ser absoluta, podendo ser flexibilizada diante de situações injustas. *"The natural lawyer's understanding of the supremacy of the individual will, thus, did not mean necessarily that contractual obligations created by this will were absolute. According to this school, creating a contract by will is one matter, and attributing all the consequences of the agreement to the parties's wills, is another".* NASSAR, **Sanctity of Contracts Revisited: A Study in the Theory and Practice of International Commercial Transactions**, p. 47.

[380] *"Therefore, in this approach a more objective – and quite modern – approach was presented: the remedy for unexpected changes of circumstances was no longer sought in the idea of a tacit condition. Instead it was considered to be crucial whether and to what extent the risk of a future change of circumstances could be located in the sphere of a contracting party. If this risk was not attributable to either*

Finalmente, no século XIX a fórmula perdeu força totalmente, sobretudo por conta da influência dos ideais liberais e iluministas,[381] não tendo sido adotada nas grandes codificações, sobretudo no Código Civil francês e o alemão. O pensamento corrente da época era de que o contrato era um acordo de vontades entre indivíduos, que só poderia ser alterado através destes mesmos indivíduos, dando as bases filosóficas para uma concepção quase absoluta da força obrigatória dos contratos,[382] não deixando espaço, portanto, para a cláusula *rebus*.[383] Assim, os contratos deveriam ser cumpridos – a não ser que a obrigação fosse impossível.[384]

O final do século XIX, no entanto, testemunhou um retorno do ideal da cláusula *rebus*, por meio de novas abordagens, como a "Teoria da Pressuposição" de Windscheid, na Alemanha, e a doutrina da "frustração do fim do contrato" (*Frustration*) na Inglaterra. O BGB, no entanto, terminou por não adotar expressamente uma disposição que contemplasse o impacto das circunstâncias excepcionais, com exceção da doutrina da impossibilidade.

---

party a rescission (or modification) of the contract was only possible if the new circumstance was crucial for both parties". Ibid., p. 25.

[381] *"The intellectual movement propounding the social contract, led by hobber and Locke, on the British side, and Rouseau on the French side, had an immense influence on entrenching the principle of private autonomy and the development of individualism, with emphasis on individual free choice". Ibid.*, p. 8.

[382] *"By the same token, the notion of a contract as an expression of individual wills came to be regarded as the basis and the outer limit of the individual's relationship vis-a-vis each other. Any intervention with this private arrangement was prohibited since it would necessarily prejudice one or both of the parties. What was created by consent could be chamged only by consent. The above reasoning was the starting point for the drift towards embracing the concept of absolute contractual obligations". Ibid.*

[383] *"Taken to its limits, the social contract theory would regard marketplace imbalances and economic conditions as mere facts about which contracting parties should inform themselves. Thus, once a contract is concluded, it cannot be argued that market or economic imbalances adversely affect its operation". Ibid.*, p. 10.

[384] *"At the beginning of the nineteenth century the impact of the clausula doctrine was weak throughout Europe. As mentioned above, the German codifications and the French Civil code exhibited varyong degrees of reluctance to accept the idea of tacit conditions. Instead the rules of error and impossibility covered covered cases of supervening events (...) Here the binding power of the contractual will (or the protection of reliance on the contractual faith of the other party left no room for the application of the clausula doctrine. This development was similar to the hostility of the pandestic doctrine towards the rescission of a contract in general".* THIER, Legal history, p. 27. ZIMMERMANN, **The Law of Obligations: Roman Foundations of the Civilian Tradition**, p. 581.

CAPÍTULO 5 - A RESOLUÇÃO PELA QUEBRA DA CONFIANÇA E INSTITUTOS SIMILARES...

As condições econômicas do período entre guerras,[385] no entanto, "*levaram a jurisprudência a reconhecer definitivamente eficácia à alteração das circunstâncias, em nome da boa-fé*"[386], por meio da consolidação da teoria da base objetiva do negócio (*Wegfall der Geschäftsgrundlage*), que décadas depois foi positivada no §313, na Reforma de 2002. O mesmo ocorreu com a Resolução por causa "importante" (*Kündigung aus wichtigem Grund*), que, como já dito, é considerada pela doutrina como uma derivação da teoria da perda da base objetiva.

No curso do século 20, diversos ordenamentos adotaram teorias semelhantes, com base na cláusula *rebus sic stantibus*, como a *Théorie de l'imprévision*[387] na França e a *eccesiva onerosità* na Itália. Em Portugal, a doutrina foi incorporada no art. 437 do Código Civil de 1966 sob a nomenclatura "alteração das circunstâncias".

Esta digressão permite observar que todas as teorias conhecidas que lidam com a alteração das circunstâncias têm origem na cláusula *rebus sic stantibus*. O elemento comum é que todos estes institutos reconhecem que os contratos, sobretudo aqueles cuja execução se protrai no tempo, estão sujeitos aos efeitos do tempo e da incerteza.

---

[385] Conforme narra Rösler, a hiperinflação enfrentada pela Alemanha no período entre 1920 e 1923 – que derrubou a República de Weimar – forçou a jurisprudência a preencher a "lacuna" existente no BGB, primeiro com uma releitura do instituto da impossibilidade, por meio da noção de "impossibilidade econômica" e mais tarde, em 1922, o Tribunal do Império (*Reichsgericht*) adotou o instituto da quebra da base objetiva do contrato. ROSLER, Hannes, Hardship in German Codified Private Law – In Comparative Perspective to English, French and International Contract Law, **European Review of Private Law**, v. 15, n. 4, p. 483–513, 2007, p. 487/488.
[386] A boa-fé, neste caso, serviu como uma espécie de "*cláusula geral de justiça*", um fundamento casuístico. Como afirma Menezes Cordeiro, "*A consagração jurisprudencial da eficácia jurídica da alteração das circunstâncias teve, assim, o sabor de um remédio casuístico para injustiças evidentes*". CORDEIRO, António Menezes, **Tratado de Direito Civil – IX – Direito Das Obrigações**, 1a. ed. Coimbra: Almedina, 2010, p. 274.
[387] É conhecida a resistência histórica da Corte de Cassação (Cour de Cassation) francesa à adoção de teorias que contemplem a alteração das circunstâncias. Somente o Conselho de Estado (Conseil d'Etat), a instância superior administrativa aceitava a aplicação da "teoria da imprevisão". Isso mudou com a reforma do Código Civil em 2016, que passou a contemplar uma disposição sobre a alteração das circunstâncias com inspiração no BGB e os Princípios do Unidroit. Sobre o tema, ver ROWAN, The new French law of Contract, p. 12/13.

Atualmente, no entanto, há manifestações doutrinárias que não os reconhecem apenas como um "retorno" às bases canônicas e morais da cláusula *rebus*, mas que analisam pela perspectiva da insuficiência da dogmática tradicional.

Os contratos – sobretudo os de longa duração –, portanto, não estariam sujeitos apenas a uma "condição tácita" de que os acordos devem ser cumpridos *rebus sic stantibus*, mas que a manifestação da vontade se dá com base na assunção de determinados riscos.

Esta mudança de paradigma é essencial para o nosso estudo.

5.2.2. Da teoria do risco e o caráter incompleto dos contratos de longa duração

É certo que as teorias que lidam com a alteração das circunstâncias deitam suas raízes na cláusula *rebus sic stantibus* e, após um hiato no século XIX, retornaram com força no início do século XX por meio da boa-fé objetiva. Atualmente, no entanto, a doutrina reconhece que tanto a cláusula *rebus* quanto a boa-fé são insuficientes para dar adequada solução ao problema da alteração das circunstâncias.

Menezes Cordeiro já alegava a "insuficiência" da teoria da base do negócio, diante da sua subjetividade[388] e, mais do que isso, das "grandes teorias jurídicas", reclamando novas abordagens mais adequadas aos problemas em questão, que não se deixem levar pela solução fácil de, por exemplo, fundamentar tudo na boa-fé objetiva. Vejamos:[389]

---

[388] *"A doutrina comum associa ainda, com frequência, o tema da alteração das circunstâncias à denominada base do negócio (...) À semelhança da pressuposição de Windscheid, a base do negócio de Oertmann é subjectiva: justificar-se-ia, na sua eficácia, e delimitar-se-ia, no seu âmbito, por, tal como o negócio, emergir da vontade dos celebrantes (...) Tal concepção incorre nas mais variadas críticas metodológicas e de fundo. Refira-se, apenas, a fundamental: tudo quanto, de válido e eficaz, possa ser imputado à vontade das partes, consta do negócio; por isso a alteração das circunstâncias, a alteração das circunstâncias, a actuar através da vontade das partes, há-de filtrar-se no contrato. Fora disso, apenas o Direito objectivo, independentemente de quaisquer vontades, pode agir nos negócios das partes. A alteração das circunstâncias mais característica é aquela que surge totalmente de surpresa para as partes ou para uma delas. E aí, a base do negócio subjectiva nunca daria solução(...) Hoje em dia, a base do negócio traduz, apenas, um espaço de discussão: ela corresponde, no fundo, ao próprio fenómeno da alteração das circunstâncias, seja qual for a solução para ela encontrada"*.CORDEIRO, António Menezes, **Tratado de Direito Civil – X – Direito das Obrigações,** Coimbra: Almedina, 2010, p. 281/283.
[389] *Ibid.*, p. 288/289.

CAPÍTULO 5 – A RESOLUÇÃO PELA QUEBRA DA CONFIANÇA E INSTITUTOS SIMILARES...

Uma das características do pensamento jurídico dos nossos dias reside no abandono das grandes construções dogmáticas, absolutas e globais. A natural inclinação para reduzir os problemas a sistemas perfeitos e lógicos que, através de bitolas únicas, coerentes e rectilíneas, dêem resposta simples e imediatas a todos os problemas que se lhe ponham, tem vindo a ceder devido à complexidade e às contradições das sociedades actuais.

Perante uma questão em aberto, todas as teorias são chamadas a depor, procurando-se, então, a melhor solução para o caso concreto. Neste, por oposição a um Direito teórico, reside a verdadeira justiça.

A boa-fé deixa documentar, com clareza, a fenomenologia exposta. Tomada, apenas, na sua qualidade de conceito indeterminado, a boa-fé legitima as decisões que se lhe acolham; só por si não dá, contudo, qualquer critério de decisão. Ela torna-se, assim, justa e maleável: a solução justa confere com a boa-fé, sem necessidade de maiores indagações: toda uma imponente massa de questões lhe pode ser conduzida.

Neste momento, o fenómeno segue com curso inverso.

Depois de, num primeiro tempo, se ter recorrido à boa-fé para conquistar novas áreas para o direito, utiliza-se, agora, a Ciência do Direito, para redistribuir em institutos mais precisos e seguros, os progressos alcançados.

Segundo o autor, seria necessário superar as teorias "clássicas" em função da sua inegável ligação com a teoria da vontade, que leva a um confronto com a força obrigatória dos contratos.[390] Assim, a adaptação dos contratos ou a sua

---

[390] "A doutrina clássica, criada na terceira sistemática, para regular a alteração das circunstâncias esgotou, com Larenz, as suas potencialidades. A sua ligação perene à teoria da vontade, clara em Windscheid, perceptível e assumida em Oertmann a presente, embora de modo ténue, nos críticos da base negocial oertmanniana e em Larenz, dificultava a sua integração dogmática e paralisava a sua aplicação prática. A dimensão do jurídico, ainda quando querida é qualitativamente diferente de qualquer vontade humana individual; é a vontade das partes, naturalisticamente entendida, não pode facultar soluções que pressuporiam a presença de elementos estranhos, por definição, no momento necessário, ao conhecimento das pessoas implicadas". CORDEIRO, **Da Boa-fé no Direito Civil**, p. 1052.

Resolução em função da alteração das circunstâncias é sempre considerada como uma "relativização" do *pacta sunt servanda*.

A noção de risco, no entanto, permite uma leitura mais objetiva destes cenários, ainda que imperfeita,[391] com o que concordamos. Mais do que isso, entendemos que a insuficiência das abordagens clássicas tem ligação direta com a insuficiência da própria dogmática contratual tradicional, mas não apenas por conta de suas origens voluntaristas. Obviamente, não é possível negar a relação entre a ordem econômica que prevaleceu por força da revolução industrial e a dogmática que ali se originou. A concepção quase absoluta da força vinculante dos contratos, vinculada à manifestação da vontade, tem evidente relação com a teoria econômica neoclássica.

Ainda assim, não nos parece que a solução se encontre no retorno a uma concepção moral de contrato, em que a reação à alteração das circunstâncias teria fundamento ético ou numa determinada cláusula geral de cunho necessariamente abstrato.[392] É bem verdade que o século XX experimentou a superação – em certa medida – da economia neoclássica, com o fortalecimento do estado de bem-estar social, a constitucionalização do direito, etc., mas o *pacta sunt servanda* continua tendo importância capital no ambiente de negócios.[393] Por isso a avaliação da distribuição dos riscos no contrato é mais adequada que qualquer noção genérica que remeta à ideia de justiça.[394]

---

[391] *"A colocação da alteração das circunstâncias como tema da distribuição do risco corresponde a uma forma enriquecedora de ver o problema. Só por si, no entanto, ela não resolve: a ideia de risco não traz, consigo, regras da sua própria limitação e da sua distribuição. Para o efeito, haverá que recorrer ao Direito objectivo e à vontade das partes. Mas ela permite, sem dúvida, um ponto de partida para novas discussões".* CORDEIRO, **Tratado de Direito Civil – X – Direito das Obrigações**, p. 284/285.

[392] *"The very vagueness of these formulas may lead the reader to conclude that any attempt to discover concrete standards of solution will be fruitless and since in the last resort the courts are led by considerations which are hardly susceptible of racionalization, futile as well. There may be some truth in this, but a word of warning is in place. The tendency to decide theses cases solely by the use of general formulas and standards of 'Treu and Glauben', 'justice', should be resisted".* ZWEIGERT; KÖTZ, **An Introduction to Comparative Law**, p. 535.

[393] *"Reliance on these general formulas makes it too easy to overlook the fact that thi rights of the parties must in first instance be judged by the contract they have made, for it might well have contained and express allocation of the risk of the supervening events. The task for the courts is therefore to fill a gap in the contract which exists because the parties did not foresee a subsequent change of circumstances which has now ocurred, or failed to make provision for it if they did foresee it".* Ibid.

[394] *"The aim of the exercise is not to discover the 'hypotetical intention of the parties', that is, how the parties would have dealt with the point at issue if during the contractual negotiation some third party had*

CAPÍTULO 5 - A RESOLUÇÃO PELA QUEBRA DA CONFIANÇA E INSTITUTOS SIMILARES...

O ponto, portanto, é que a mudança de um paradigma formalista de contrato absoluto para um paradigma "solidarista" constituiria apenas mais uma "fuga para a equidade", como apontado por Menezes Cordeiro[395]:

> À mingua de soluções reais ou sob a proliferação das construções meramente formais, a jurisprudência, que não pode aguardar um aperfeiçoamento juscientífico que tarda e que, confrontada com casos efectivos, deve resolver, tem vindo a refugiar-se na equidade(...).
>
> A jurisprudência de equidade denota-se pelo recurso, na parte decisória das sentenças em causa, a fórmulas vagas e na remissão para cláusulas gerais, como a boa-fé em primeiro plano, sem indicação da via concretizadora utilizada (...).
>
> Os aspectos da fuga para a equidade e da subjacência de vectores inclusos nas decisões de aparência formam, deixam-se documentar, também, na jurisprudência portuguesa.

Assim, o recurso à boa-fé, princípios constitucionais, solidariedade etc., podem servir como fundamento legitimador mas não fogem da abstração; por maior que seja o esforço de objetivação, ficarão em segundo plano a segurança e a previsibilidade, que são essenciais para o bom desenvolvimento do ambiente de negócios.

Por isso entendemos que a raiz do problema está na própria estrutura sobre a qual foi construída a dogmática contratual tradicional, baseada em contratos de execução imediata. Conforme já expusemos anteriormente,[396] a doutrina

---

drawn their attention to it (...) The aim is to fin out what the relevant commercial interests would regard as the normal and appropriate allocation of risks in contracts of the type in question (...) The contract is the law adopted by the parties, and it is the contract which the judge must use as a starting point for his deliberations; if it has a gap, he must fill it in accordance with the standards developed by reputable commercial men for contracts of that type. No doubt this investigation leaves the judge a great deal of room for play, but it remains true that he must take functional and equitable considerations into account only to the extent necessary for the performance of his proper task, namely the discovery of the allocation of risk typical of contracts of the same type". Ibid., p. 535/536.

[395] CORDEIRO, **Da Boa-fé no Direito Civil**, p. 1098/1100.
[396] Ver cap. 1 e Item 4.1

contemporânea já reconhece que a teoria tradicional não tem condições de dar adequado tratamento a contratos que são estruturalmente diferentes, como é o caso dos contratos de longa duração e os contratos relacionais.[397]

Nesse sentido, vale destacar – e elogiar – a inovação trazida pelo art. 421-A, II, do Código Civil Brasileiro, alterado por meio da Lei da Liberdade Econômica, O dispositivo em questão prevê "a alocação dos riscos definidas pelas partes deve ser respeitada e observada", de modo que a intervenção do julgador no contrato deverá ser excepcional (art. 421, § único). Isso significa que o Direito brasileiro se alinhou com a tendência contemporânea de considerar a delimitação dos riscos e não somente elementos subjetivos, em situações que tratem, por exemplo, da alteração superveniente das circunstâncias, o que é essencial no campo dos contratos de longa duração.

Toda a concepção de formação do contrato com base na manifestação original da vontade se torna insuficiente diante de contratos cujo vínculo se baseia na confiança e cuja construção ocorre de forma contínua e, portanto, sujeita a variações contextuais.[398] Retorna-se, portanto, à diferença entre os *discrete contracts* e os *relational contracts* de Ian Macneil, que abordamos anteriormente.[399]

Por isso é tão importante abandonar a noção de "bases contratuais" e adotar a concepção de risco. A diferença não é trivial, pois, como afirmava o economista Frank Knight já na década de 1920, o risco, diferente da incerteza, é calculável:[400]

---

[397] *"According to theorists of the later school, the term 'contract' is seriously objectional, for it conveys a discrete conceptualization of contractual undertakings – a concept that canno be supported by the realities of long-term transacting which, in many instances, comprises a set of dinamically evolving exchanges that, together, represent a joint project"*. NASSAR, **Sanctity of Contracts Revisited: A Study in the Theory and Practice of International Commercial Transactions**, p. 1.

[398] *"What caracterizes the transaction that takes place in a long-term relationship? These transactions are not instantaneous; they take time to complete. In a dynamic enviroment, this implies change and thus uncertainty"*. VAN DER BEEK, Long-term Contracts and Relational Contracts, p. 283.

[399] Ver 4.1.1

[400] KNIGHT, Frank H, **Risk, Uncertainty, and Profit**, New York: Sentry Press, 1921, p. 19/20. Comentário sobre o conceito, cotejado inclusive com a posição do grande John Maynard Keynes pode ser encontrado em ANDRADE, Rogerio P. de, A construção do conceito de incerteza: uma comparação das contribuições de Knight, Keynes, Shackle e Davidson, **Nova Economia**, v. 21, n. 2, p. 171–195, 2011, p. 171–195.

> But Uncertainty must be taken in a sense radically distinct from the familiar notion of Risk, from which it has never been properly separated (...) The essential fact is that "risk" means in some cases a quantity susceptible of measurement(...) It will appear that a measurable uncertainty, or "risk" proper, as we shall use the term, is so far different from an unmeasurable one that it is not in effect an uncertainty at all.

Ao tomar emprestado da economia o conceito de risco, portanto, é possível abordar a problemática da alteração das circunstâncias em bases mais objetivas, permitindo o desenvolvimento de um arcabouço teórico que não se apegue a conceitos formais datados, mas, ao mesmo tempo, confira segurança e previsibilidade no tratamento da questão. Prova disso é que o legislador alemão tomou a "distribuição dos riscos" como critério para a aviação da ocorrência de quebra da base do negócio.[401] Vale ressaltar, inclusive, que a doutrina mais recente sobre os contratos de longa duração deixa claro que todo o seu design é feito justamente com base na noção de repartição de riscos. Observe:[402]

> Essential elements of complex *Long-term contracts* are risk identification, risk allocation, and risk mitigation. Risks are enhanced due to the long-term character of such contracts and the likelihood that circumstances will change. In order to make a project viable, the risk profile has to be balanced using a reasonable risk-reward approach.

---

[401] Em inglês: §313 (1) If circumstances which became the basis of a contract have significantly changed since the contract was entered into and if the parties would not have entered into the contract or would have entered into it with different contents if they had foreseen this change, adaptation of the contract may be demanded to the extent that, taking account of all the circumstances of the specific case, in particular the contractual or statutory distribution of risk, one of the parties cannot reasonably be expected to uphold the contract without alteration. Em alemão: §313 (1) *Haben sich Umstände, die zur Grundlage des Vertrags geworden sind, nach Vertragsschluss schwerwiegend verändert und hätten die Parteien den Vertrag nicht oder mit anderem Inhalt geschlossen, wenn sie diese Veränderung vorausgesehen hätten, so kann Anpassung des Vertrags verlangt werden, soweit einem Teil unter Berücksichtigung aller Umstände des Einzelfalls, insbesondere der vertraglichen oder gesetzlichen Risikoverteilung, das Festhalten am unveränderten Vertrag nicht zugemutet werden kann.*
[402] WÖSS *et al*, **Damages in International Arbitration under complex long-term contracts**, cap. 3.55.

A careful initial assessment of the project and a common understanding of all parties of the structure of the project serve to reduce risks and, therefore, limit disputes. Projects are structured considering the financial, technical, political, and legal risks, amongst others, of each individual project.

Isso implica também uma mudança de concepção sobre o contrato, que deve passar a ser visto como um meio para a conclusão de uma operação econômica[403] e não apenas como um negócio jurídico fruto de uma comunhão de vontades. Tendo esta natureza, portanto, o contrato passa a ser também um instrumento de assunção e repartição de riscos entre as partes[404] – e é por esta perspectiva que a alteração das circunstâncias, no nosso entendimento, deve ser analisada.

É inevitável, portanto, recorrer aos estudos da economia sobre os contratos de longa duração. Como afirma Walter Doralt,[405] esse campo vem sendo desenvolvido pelos economistas há décadas. Cabe ao Direito acompanhar este movimento, compreendê-lo e, com base nisso, reformar a dogmática para lidar melhor com as particularidades destes contratos de longa duração.

---

[403] *"As situações, as relações, os interesses que constituem a substância real de qualquer contrato podem ser resumidos na ideia de operação econômica. De facto, falar de contrato significa sempre remeter – explícita ou implicitamente, directa ou mediatamente – para a ideia de operação económica"*. ROPPO, Enzo, **O Contrato**, Coimbra: Almedina, 2009, p. 8.

[404] *"E, efectivamente, toda a solução representa nesta matéria um compromisso. Por um lado, todo o contrato, mormente o que se destina a vigorar por um certo período, coenvolve a assunção de um risco. Contratar é, desde logo, planificar, antecipar o futuro e, mesmo, de certo modo, 'trocar' o presente pelo futuro ou, vice-verda, assumir uma desvantafem presente em troca de uma vantagem futura. A tutela das expectativas exige, por isso, que se assegure o cumprimento do que tiver sido previamente acordado; esse cumprimento impõe-se, aliás, não só de uma perspectiva utilitarista, como também porque a assunção de um risco corresponde a uma manifestação de autonomia, de uma forma emancipada e autorresponsável de condução da própria vida"*.MONTEIRO, António Pinto; GOMES, Júlio, A "harship clause" e o problema da alteração das circunstâncias (breve apontamento), *in*: VAZ, Manuel Afonso; LOPES, J. A. Azeredo (Orgs.), **Juris et de Iure: Nos vinte anos da Faculdade de Direito da Universidade Católia Portuguesa – Porto**, Coimbra: Coimbra Editora, 1998, p. 18/19.

[405] *"Research on long-term contracts and their characteristics was first conducted in the disciplines of economics, and the economic analysis of contract law. Here, long-term contracts and their characteristics have been a field of research for many decades"*. DORALT, Right to Terminate for Compelling Reason (Commentary to Art. 6.3.1 PICC).

Além da noção de risco, os estudos da economia sobre os contratos de longa duração apontam também um outro aspecto crucial no tratamento da alteração das circunstâncias: o reconhecimento de que os contratos de longa duração são "incompletos", na medida em que as partes não têm condições de estipular previamente todos os cenários futuros possíveis.[406] Esta previsão é cognitivamente impossível e economicamente ineficiente.[407]

Assim, jamais haverá contrato de longa duração "perfeito", de modo que sempre estarão sujeitos a eventuais das circunstâncias. É interessante que este reconhecimento ressalta a insuficiência da dogmática tradicional na medida em que demonstra que o indivíduo "super racional" não tem condições de efetivamente prever e "precificar"[408] todos os cenários ao qual o contrato estará sujeito, sobretudo se tratando-se de um contrato de longa duração.

---

[406] *"Long-term contracts are incomplete, often both literally and economically. Literal incompleteness refers to the situation where the contract does not deal with all possible situations, either because there is no clause dealing with the current problem (linguistic under-determination) or because some contractual clauses conflict in the particular circumstance (literal over-determination). Both situations are part of the general class of 'unforseen contingencies', meaning that the contract does not foresee a way of dealing with the current circumstances regardless of the fact that the parties have ou could have foreseen the situation themselves (...) The incomplete contract literature deviates from the complete transacting assumption in an attempt to creat a theory that explains the prevalence of highly incomplete contracts in practice".* VAN DER BEEK, Long-term Contracts and Relational Contracts, p. 189.

[407] Segundo economistas, uma das razões porque os contratos são incompletos é porque a sua elaboração implica em custos de transação. Assim, Oliver Hart, um dos mais destacados economistas na área e vencedor do Nobel em 2016, resgata a teoria da firma de Ronald Coase para demonstrar que, num mundo em que os curtos de transação existem e são relevantes, as partes simplesmente criarão contratos incompletos, não apenas porque é impossível prever o futuro, mas porque seria muito custos. Vejamos: *"A consequence of the presence of such costs is that the parties to a relationship will not write a contract that anticipates all the events that may occur and the various actions that are appropriate in these events. Rather they will write a contract that is incomplete, in the sense that it contains gaps or missing provisions; that is, the contract will specify some actions the parties must take but not others; it will mention what should happen in some states of the world, but not in others. A result of this incompleteness is that events will occur which make it desirable for the parties to act differently from the way specified in the contract. As a consequence the parties will want to revise the contract. In addition the parties may sometimes disagree about what the contract really means; disputes may occur and third parties may be brought in to resolve them."* OLIVER HART, Incomplete Contracts and the Theory of the Firm, **Journal of Law, Economics, & Organization**, v. 4, n. 1, p. 119–139, 1988, p. 123.

[408] *"The above rationale was better suited to the scientific age of the Industrial Revolution and international trade. The social contract theory could not be accepted as scientific, or even logical, reasoning, and had to be replaced by a more concrete argument, which was found in the theory of the utilitarian market*

Desta forma, não apenas a estrutura baseada no contrato de execução imediata é inapta para lidar com as particularidades dos contratos de longa duração, como a teoria da declaração não tem condições de lidar com contratos que são necessariamente incompletos.

Sendo assim, é possível afirmar que os contratos de longa duração sempre estarão sujeitos a alterações supervenientes, pois são necessariamente incompletos, em função da impossibilidade (ou inviabilidade) de prever e precificar todos os cenários futuros que podem interferir na economia do contrato. A grande questão, portanto, é como lidar com isso.

Este é um traço comum a todos os institutos já consagrados que tratam da alteração das circunstâncias. Tanto a impossibilidade quanto a quebra da base objetiva, a frustração do fim do contrato e, por último, a Resolução pela quebra absoluta da confiança têm relação com o problema da ocorrência de eventos disruptivos cujos efeitos encontram-se fora da esfera de risco assumido pelas partes.

Não há dúvida, portanto, da importância do tema. A necessidade de pensar além das estruturas tradicionais, portanto, é real e concreta, o que significa que existe um imenso campo de estudo a ser explorado pela doutrina e com o qual esperamos contribuir.

Após apresentar os elementos comuns às teorias sobre a alteração das circunstâncias, que têm origem comum na cláusula *rebus sic stantibus* e retornaram ao cenário jurídico por meio de uma interpretação ampla do conceito de boa-fé

---

economy. This is not to say that the new individualistic utilitarian man would have disagreed with his predecessors as to any of the effects of the will theory, Nor would he have disagreed as to the absoluteness of contractual obligations. He merely justified absoluteness on different grounds (...) The apparent coherence of this argument is deceptive, for in many cases real conflicts arise between the enlightened self-interest of the individual, especially the bussinessman, and that of the system. For example, some contracts – because of the lack of, or change of, information – in retrospect may turn out to be gravely unfair. In addition, some speculative contracts may appear over the course of time to be ill-advised. Further, bargains can turn out to be bad or burdensome, and some mau become impossible to perform. All these are but a few instances where a conflitc arises between the enlightned self-interest of the contracting individual and that of trade. It is obvious that to further a policy rule in favor of one or the other party is not to further the interest of all. Nonetheless, the utilitarian agreed that the rational utilitarian man, when striking a bargain, should take into account the possibility of future change of circumstances, and make allowance therefor. The assumption is that contracts should be made with a view to such changes". NASSAR, **Sanctity of Contracts Revisited: A Study in the Theory and Practice of International Commercial Transactions**, p. 16.

CAPÍTULO 5 - A RESOLUÇÃO PELA QUEBRA DA CONFIANÇA E INSTITUTOS SIMILARES...

e tem maior incidência sobre os contratos de longa duração, sobretudo em função do seu caráter incompleto, é necessário distinguir a Resolução pela quebra absoluta da confiança dos institutos da impossibilidade, da frustração do fim do contrato e do *hardship*.

5.2.2.1. A Resolução pela quebra da confiança e a impossibilidade superveniente ou força maior

Comentamos acima que o BGB possuía originalmente um sistema de inadimplemento muito complicado, que tinha como uma das modalidades a impossibilidade[409]. Após a reforma, no entanto, a impossibilidade passou a ser tratada exclusivamente no §275 do BGB, que prevê o seguinte:[410]

> (1) A claim for performance is excluded to the extent that performance is impossible for the obligor or for any other person.
>
> (2) The obligor may refuse performance to the extent that performance requires expense and effort which, taking into account the subject matter of the obligation and the requirements of good faith, is grossly disproportionate to the interest in performance of the obligee. When it is determined what efforts may reasonably be required of the obligor, it must also be taken into account whether he is responsible for the obstacle to performance.
>
> (3) In addition, the obligor may refuse performance if he is to render the performance in person and, when the obstacle to the performance of the obligor is weighed against the interest of the obligee

---

[409] Ver cap. 4
[410] Em alemão: *§275 – (1) Der Anspruch auf Leistung ist ausgeschlossen, soweit diese für den Schuldner oder für jedermann unmöglich ist. (2) Der Schuldner kann die Leistung verweigern, soweit diese einen Aufwand erfordert, der unter Beachtung des Inhalts des Schuldverhältnisses und der Gebote von Treu und Glauben in einem groben Missverhältnis zu dem Leistungsinteresse des Gläubigers steht. Bei der Bestimmung der dem Schuldner zuzumutenden Anstrengungen ist auch zu berücksichtigen, ob der Schuldner das Leistungshindernis zu vertreten hat. (3) Der Schuldner kann die Leistung ferner verweigern, wenn er die Leistung persönlich zu erbringen hat und sie ihm unter Abwägung des seiner Leistung entgegenstehenden Hindernisses mit dem Leistungsinteresse des Gläubigers nicht zugemutet werden kann. (4) Die Rechte des Gläubigers bestimmen sich nach den §§ 280, 283 bis 285, 311a und 326.*

in performance, performance cannot be reasonably required of the obligor.

(4) The rights of the obligee are governed by sections 280, 283 to 285, 311a and 326.

Atualmente, portanto, o BGB prevê uma exclusão de responsabilidade diante da impossibilidade de cumprimento.[411] Note que a impossibilidade não precisa ser absoluta, estando o devedor liberado caso o cumprimento se afigure exagerado em termos econômicos (§275 (2).[412] Isso aproxima o instituto da quebra da base do negócio,[413] mas esta relação não é o foco deste trabalho.

Vale ressaltar também que a redação atual do §275 contempla todas as formas de impossibilidade, mesmo a superveniente,[414] o que aproxima o instituto da "força maior" prevista no Art. 393 do Código Civil brasileiro.[415]

---

[411] "Here, the reform hugely streamlined the law. For purposes of determining the fate of the primary duty to perform, it essentially abolished the previous categories as well as the criterion of (the obligor's) "responsibility." New § 275 sec. 1 thus declares that the right to performance is excluded if it (i.e., performance) is impossible for the debtor or for anyone. In other words, impossibility (of whatever kind and for whatever reason) extinguishes the duty to performbecause the impossible cannot be demanded. Sections 2 and 3 then add that the obligor may refuse performance if it cannot reasonably be required for various, strictly defined economic or personal reasons." REIMANN, The Good, the Bad, and the Ugly: The Reform of the German Law of Obligations Symposium: The Challenge of Recodification Worldwide, p. 895.

[412] "Distingue-se ainda a impossibilidade efectiva da impossibilidade meramente económica. No primeiro caso, o objecto do negócio é ontologicamente inviável. No segundo, ele é pensável, mas surge economicamente tão pesado que se torna injusto ou iníquo". CORDEIRO, **Tratado de Direito Civil – IX – Direito Das Obrigações**, p. 180.

[413] Doralt trabalha a relação entre o a impossibilidade (§/275) e a perda da base do negócio (§313). DORALT, **Langzeitverträge**, p. 415. e ss.

[414] "§ 275 I BGB, as its wording makes clear, applies to all types of impossibility: objective impossibility (nobody can perform), subjective impossibility (a specific debotor cannot perform), initial impossibility (performance was already impossible when the contract had beeen concluded), subsequent impossibility (performance has become impossible after conclusion of the contract), partial impossibility, and total impossibility". ZIMMERMANN, **The New German Law of Obligations**, p. 44.

[415] A força maior é mencionada em diversas oportunidades, mas a liberação do devedor está prevista no art. 393 do Código Civil. Esta dispersão ocorre também no Código Civil português, como atesta Menezes Cordeiro ("As regras que dão corpo ao requisito da possibilidade encontram-se dispersas no Código Civil") CORDEIRO, **Tratado de Direito Civil – IX – Direito Das Obrigações**, p. 179.

CAPÍTULO 5 - A RESOLUÇÃO PELA QUEBRA DA CONFIANÇA E INSTITUTOS SIMILARES...

Dito isso, a distinção entre o instituto da impossibilidade a Resolução por justa causa é simples:[416] no primeiro, a alteração das circunstâncias torna o cumprimento da obrigação impossível (ou virtualmente impossível), ao passo que a Resolução se dá diante da ruptura absoluta da confiança, que torna a continuidade do contrato inexigível.

A viabilidade material das obrigações futuras, portanto, não pesa na avaliação da legalidade da Resolução, bastando que esteja comprovada a ocorrência de uma justa causa a romper absolutamente a confiança que mantém as partes unidas com vistas ao futuro, tornando a continuidade do contrato até o final do prazo, inexigível.

Não se deve confundir este juízo de impossibilidade com o inadimplemento antecipado. Neste caso, não cabe avaliar se haverá descumprimento no futuro – o que pode justificar a Resolução –, mas de atestar que o cumprimento não ocorrerá diante de uma impossibilidade.

5.2.2.2. A Resolução pela quebra da confiança e a frustração do fim do contrato

A frustração do fim do contrato (*Frustration*) é a versão anglo-saxã da teoria da perda da base do negócio.[417] Trata-se de instituto mais amplo, cujo âmbito de

---

[416] Segundo Dessemontet, fazendo a distinção entre a resolução extraordinária e a impossibillidade e a força maior nos Princípios do Unidroit: *"The proposed provisions do not collide with the force majeure provision od Article 7.1.7 of the Principles because the force majeure provision addresses a temporary or definitive impediment to performance which could not have been expected at the time of the execution of the contract (...) The proposed text on termination for cause does not collide with the initial or subsequent impossibility of the performance which the terminating party is under any obligation to carry out, because the impossibility is seen as an absolute impossibility of fact or law to carry out the performance which is due under the contractual obligation, whereas the termination for cause is based on an appraisal of the extraordinary circumstances of the case and a balance between the interest of both or all parties which make continuation of the duty to perform an intolerable bruden for the debtor".* DESSEMONTET, Security of Contracts vs. Termination for Cause: Why is UNIDROIT afraid of the Big Bad 314 BGB?, p. 398.

[417] *"Its functional equivalent in English law is the doctrine of frustration of contract"*. ZIMMERMANN, **The Law of Obligations: Roman Foundations of the Civilian Tradition**, p. 582. O instituto da "Frustração do fim do contrato" foi analisado com propriedade por Rodrigo Barreto Cogo em dissertação de mestrado defendida perante a faculdade de Direito da Universidade de São Paulo. No trabalho, ele deixa claro que a *frustration* é ampla e não se limita às hipótese de frustração do fim do contrato, mas é neste ponto que o instituto de destaca a

aplicação cobre hipóteses de impossibilidade de cumprimento da obrigação, desequilíbrio e a "frustração do fim do contrato",[418] quando um evento superveniente faz com que a obrigação deixe de ter sentido, dado que o objetivo do contrato foi frustrado.[419]

A *frustration* se aproxima bastante dos outros institutos que tratam da alteração superveniente das circunstâncias.[420] Tal distinção, no entanto, não é o objeto deste estudo. Vale a pena distinguir, no entanto, a hipótese da frustração do fim do contrato da Resolução por justa causa. Apesar de a doutrina ter sido estabelecida com base num caso envolvendo a impossibilidade de cumprimento da prestação,[421] a doutrina da frustração do fim do contrato foi desenvolvida com base nos *coronation cases*.

traz a sua maior contribuição. COGO, Rodrigo Barreto, **A frustração do fim do contrato**, Universidade de São Paulo, 2005.

[418] *"Any discussion of the substance of the doctrine of frustration perhaps best initiated by distinguishing cases involving frustration from those involving impossibility or impracticability. The essential difference between these situations is that in a frustration situation, unlike the case of impossibility or impracticability, the basic element is not that the frustrated party's own performance become physically impossible or difficult, but that the promisee's counter-performance has become of little value"*. SMITH, Hans, Frustration of Contract: A Comparative Attempt at Consolidation, **Columbia Law Review**, v. 58, n. 3, p. 287/315, 1958, p. 98.

[419] *"The argument of frustration of purpose, on the other hand, is normally put forward by the recipient of the goods, services or facilities:it is that supervening events have so greatly reduced the value to him of the other party's performance that he should no longer be bound to accept it and to pay the agreed price"*. PEEL, Edwin, **The law of Contract**, London: Sweet & Maxwell, 2011, p. 942.

[420] *"The problem of frustration of contract concerns the effect of supervening circumstances, unforeseen at the time of contracting, upon rights and duties arising from a contractual arrangement.' Traditionally, it arises when unforeseen occurrences, subsequent to the date of the contract, render performance either legally or physically impossible, or excessively difficult, impracticable or expensive, or destroy the known utility which the stipulated performance had to either party. Although it is realized that the two are related, a distinction, followed here, is sometimes made between frustration caused by strict impossibility and frustration resulting from other factors, the former being described as impossibility and the latter as frustration."* SMITH, Frustration of Contract: A Comparative Attempt at Consolidation, p. 287.

[421] O caso Taylor v Caldwell foi um dos primeiros casos a aplicar a *Frustration* e discutiu a responsabilidade diante de um fato superveniente que tornou a obrigação impossível. No caso em questão, um determinado espaço foi contratado para a realização de uma série de concertos musicais. Poucos dias antes da realização do primeiro evento, o espaço foi destruído por um incêndio. Os contratantes buscaram indenização pelo inadimplemento diante da não realização dos eventos, mas a Corte afastou a responsabilidade diante da impossibilidade de realização dos eventos. Um comentário mais detalhado pode ser encontrado em **Taylor V Caldwell [1863] 3 B&S 826 Case Summary**, disponível em: <https://www.lawteacher.net/cases/taylor-v-caldwell.php>, acesso em: 30 dez. 2017.

Num desses casos (*Krell vs. Henry*), um apartamento foi alugado com o objetivo de acompanhar a coroação do Rei Eduardo VII. Com o adiamento da coroação, o locatário se recusou a pagar, alegando que o fim do contrato havia sido frustrado com o adiamento, o que foi reconhecido pela Corte. Neste caso o cumprimento era perfeitamente possível, mas havia perdido a sua razão de ser.

Noutro caso (*Herne Bay Steamboat Co. Vs. Hutton*), um barco havia sido alugado com o mesmo propósito de acompanhar o cortejo da coroação, mas a Corte considerou que o fim do contrato não fora frustrado porque o barco ainda poderia ser utilizado.[422] Atualmente, a teoria tem adoção bastante restrita.[423]

O que distingue o instituto da Resolução pela quebra da confiança é que, mais uma vez, o que importa não é o interesse ou viabilidade de alcançar o fim pretendido. O evento superveniente pode até afetar o fim pretendido do contrato, mas não é isso que os distingue.

A diferença, novamente, reside no fato de que a Resolução pela quebra da confiança é causada pela ocorrência de um ato ou um evento que cause a ruptura da confiança entre as Partes. Fazendo uma analogia com os *coronation cases*, suponha que se trate de um contrato de prestação de serviços de uma série de eventos importantes. Ainda que estes estejam confirmados, a existência de uma justa causa pode causar a ruptura absoluta da confiança e tornar inexigível a continuidade do contrato.

É bem verdade que a frustração do fim do contrato pode contribuir para a quebra da confiança, mas tratar-se-ia de fundamento incidental. O elemento determinante é, como reiterado, a quebra absoluta da confiança.

---

[422] Uma análise de ambos os casos pode ser encontrada em **The Coronation Cases – Frustration of Contract**, disponível em: <https://www.lawteacher.net/example-essays/contract-frustrations-krell.php>, acesso em: 30 dez. 2017.

[423] Segundo a doutrina, há muita relutância em reconhecer a frustração do fim do contrato, dado o risco de condutas abusivas e oportunistas. *"Since that case, there seems to have been some narrowing in the scope of the doctrine of frustration. Many factors account for this trend: the reluctance of the courts to allow a party to rely on the doctrine as an excuse for escaping from a bad bargain (...) There is now a marked reluctance to apply the doctrine in such circumstances"* PEEL, **The law of Contract**, p. 943.

5.2.2.3. A Resolução pela quebra da confiança, a quebra da base do negócio e o *Hardship*

O tema da alteração das circunstâncias é um dos mais intrigantes e interessantes em termos de direito contratual.[424] Como vimos acima, é fruto de uma intrincada evolução histórica que desafia a própria noção de contrato. Dentre as diferentes manifestações, o desequilíbrio superveniente pode ser considerado o caso paradigmático.

Após um hiato no século XIX,[425] o tema do desequilíbrio contratual voltou com força no início do século XX, notadamente na Alemanha, onde a jurisprudência recorreu à doutrina da "quebra da base do negócio" (*Wegfall der Geschäftsgrundlage*) para lidar com os problemas causados pela hiperinflação no período entre guerras. Como já mencionado,[426] somente na Reforma de 2002 o legislador alemão positivou o instituto.

De todo modo, a partir da experiência alemã, diversos ordenamentos adotaram, cada um a seu modo, alguma teoria que lidasse com o desequilíbrio causado por uma alteração superveniente das circunstâncias. A Itália adotou a teoria da onerosidade excessiva (*Eccessiva onerosità*) em 1942,[427] que influenciou o Código Civil brasileiro,[428] Portugal adotou a "alteração das circunstâncias"

---

[424] *"Esses preceitos são herdeiros de uma das mais complexas evoluções históricas que jamais informaram uma figura civil, com visíveis consequências actuais"*. CORDEIRO, **Tratado de Direito Civil português II, tomo IV**, p. 263.

[425] "In contrast to the twentieth century (and the eighteenth century), the nineteenth century was rather reluctant to recognize this principle with regard to private contracts, 'the heyday of "classical" contractual doctrine when freedom of contract, economic liberalism and certainty of law reigned supreme'. This is illustrated by the fact that the French Civil Code of 1804 did not provide for a defence based on a change of circumstances, and the German BGB of 1900 did not include such a provision either". BRUNNER, Force Majeure and *Hardship* under General Contract Principles: Exemption for Non-performance in International Arbitration, p. 403.

[426] Ver cap. 4

[427] Art. 1467 do Codice Civile – *Nei contratti a esecuzione continuata o periodica ovvero a esecuzione differita, se la prestazione di una delle parti è divenuta eccessivamente onerosa per il verificarsi di avvenimenti straordinari e imprevedibili, la parte che deve tale prestazione può domandare la risoluzione del contratto, con gli effetti stabiliti dall'articolo 1458. La risoluzione non può essere domandata se la sopravvenuta onerosità rientra nell'alea normale del contratto. La parte contro la quale è domandata la risoluzione può evitarla offrendo di modificare equamente le condizioni del contratto.*

[428] Arts. 478 a 480. O art. 317, originalmente destinado a tratar da desvalorização monerária, também trata do desequilíbrio, porém permitindo a revisão judicial, o que não encontra

em 1966,⁴²⁹ dentre outros exemplos.⁴³⁰ A França, por sua vez, veio adotar disposição semelhante somente na reforma do *Code* em 2016.⁴³¹

No âmbito internacional, a comunidade desenvolveu as cláusulas de *hardship*, com o objetivo de conferir às partes alguma previsibilidade diante da ausência de previsão legal, ou das diferentes abordagens.⁴³² Estas cláusulas

---

paralelo no Código italiano. Comentários sobre o tema em TEPEDINO, Gustavo; BARBOSA, Heloiza Helena; MORAES, Maria Celina Bodin de, **Código Civil interpretado conforme a Constituição da República – Vol.** I, Rio de Janeiro: Renovar, 2004, p. 610/613. e TEPEDINO, Gustavo; BARBOSA, Heloiza Helena; MORAES, Maria Celina Bodin de, **Código Civil interpretado conforme a Constituição da República – Vol.** II, Rio de Janeiro: Renovar, 2006, p. 129/134.

⁴²⁹ Arts. 437º – 1. Se as circunstâncias em que as partes fundaram a decisão de contratar tiverem sofrido uma alteração anormal, tem a parte lesada direito à resolução do contrato, ou à modificação dele segundo juízos de equidade, desde que a exigência das obrigações por ela assumidas afecte gravemente os Princípios da boa fé e não esteja coberta pelos riscos próprios do contrato. 2. Requerida a resolução, a parte contrária pode opor-se ao pedido, declarando aceitar a modificação do contrato nos termos do número anterior.

⁴³⁰ Segundo Brunner, *"In many civil law jurisdictions, the principle of changed circumstances has received special statutory recognition, in particular in Article 1467 of the Italian Codice civile of 1942, Articles 478-480 of the Brazilian Civil Code, in Article 1198 of the Argentine Civil Code, (2015) in Article 6:258 of the Dutch BW of 1992, (2016) in Article of the Civil Code of the Russian Federation of 1994/1995, in § 313 BGB, as well as in the Civil Codes of Greece, Portugal, Poland, Hungary, the former Czechoslovakia and the former German Democratic Republic. In other civil law jurisdictions such as Switzerland, Austria or Spain, the doctrine is recognized by case law. Numerous statutory provisions in Civil Codes allowing avoidance or adjustment of particular contracts in cases of certain hardships, change of circumstances and the like may also be seen as expression of a general principle. Furthermore, the more modern civil codes in many Arab countries have also imported European civil law notions of 'rebus sic stantibus'"*. BRUNNER, Force Majeure and Hardship under General Contract Principles: Exemption for Non-performance in International Arbitration, p. 402/403.

⁴³¹ Art. 1195 – *Si un changement de circonstances imprévisible lors de la conclusion du contrat rend l'exécution excessivement onéreuse pour une partie qui n'avait pas accepté d'en assumer le risque, celle-ci peut demander une renégociation du contrat à son cocontractant. Elle continue à exécuter ses obligations durant la renégociation. En cas de refus ou d'échec de la renégociation, les parties peuvent convenir de la résolution du contrat, à la date et aux conditions qu'elles déterminent, ou demander d'un commun accord au juge de procéder à son adaptation. A défaut d'accord dans un délai raisonnable, le juge peut, à la demande d'une partie, réviser le contrat ou y mettre fin, à la date et aux conditions qu'il fixe.*

⁴³² *"Esta profusão de respostas tão díspares tem constituído um incentivo para que as partes de contratos internacionais tentem, elas próprias, encontrar soluções para eventuais alterações de circunstâncias. A importância dos interesses em jogo e a inadequação do instrumentário clássico desenvolvido ao nível dos direitos nacionais explicam que a origem das cláusulas de hardship deva ser procurada no comércio internacional. Neste domínio, uma multiplicidade de motivos concorre para que a solução da renegociação e adaptação do contrato seja, por via de regra, uma opção preferível à sua morte"* MONTEIRO; GOMES, A "harship clause" e o problema da alteração das circunstâncias (breve apontamento), p. 20.

tinham como particularidade não apenas permitir a Resolução do contrato ou a revisão judicial diante de uma alteração superveniente, mas determinavam a renegociação, passando às partes a prerrogativa de adaptar o contrato ao novo contexto.⁴³³

Além disso, na esteira desse movimento, os Princípios do UNI-DROIT adotaram disposições relativas ao desequilíbrio contratual no art. 6.2.1, sob a nomenclatura de *Hardship*.⁴³⁴ A partir daí, todos os instrumentos de harmonização ou uniformização do direito⁴³⁵ contratual

---

⁴³³ Um dos exemplos mais marcantes é a cláusula de *hardship* da Câmara de Comércio Internacional (CCI), publicada em 2003: *1. A party to a contract is bound to perform its contractual duties even if events have rendered performance more onerous than could reasonably have been anticipated at the time of the conclusion of the contract. 2. Notwithstanding paragraph 1 of this Clause, where a party to a contract proves that: A. the continued performance of its contractual duties has become excessively onerous due to an event beyond its reasonable control which it could not reasonably have been expected to have taken into account at the time of the conclusion of the contract; and that B. it could not reasonably have avoided or overcome the event or its consequences, the parties are bound, within a reasonable time of the invocation of this Clause, to negotiate alternative contractual terms which reasonably allow for the consequences of the event. 3. Where paragraph 2 of this Clause applies, but where alternative contractual terms which reasonably allow for the consequences of the event are not agreed by the other party to the contract as provided in that paragraph, the party invoking this Clause is entitled to termination of the contract.* **ICC Force Majeure Clause 2003/ICC Hardship Clause 2003 – ICC – International Chamber of Commerce**, disponível em: <https://iccwbo.org/publication/icc-force-majeure-clause-2003icc-hardship-clause-2003/>, acesso em: 31 dez. 2017. A primeira cláusula modelo da CCI, no entanto, foi publicada em 1985 – **ICC (ed.), Force Majeure and Hardship, Paris 1985 (ICC Publ No. 421). | Trans-Lex.org**.

⁴³⁴ Art. 6.2.1 – Where the performance of a contract becomes more onerous for one of the parties, that party is nevertheless bound to perform its obligations subject to the following provisions on *hardship*. A disposição sobre *Hardship* existe deste a primeira versão dos Princípios do Unidroit, publicada em 1994. O comentário oficial deixa clara a influência das teorias tradicionais e das cláusulas de *hardship* – "*The phenomenon of hardship has been acknowledged by various legal systems under the guise of other concepts such as frustration of purpose, Wegfall der Geschäftsgrundlage, imprévision, eccessiva onerosità sopravvenuta, etc. The term "hardship" was chosen because it is widely known in international trade practice as confirmed by the inclusion in many international contracts of so-called "hardship clauses"*. **UNIDROIT Principles of International Commercial Contracts – 2016.**, p. 218.

⁴³⁵ A Convenção de Viena (CISG) não possui disposição expressa sobre *hardship* ou desequilíbrio superveniente causado por uma alteração das circunstâncias. No entanto, possui uma disposição sobre "exclusão de responsabilidade" (art. 79), que a rigor seria equivalente à força maior. No entanto, há posições doutrinárias que defendem uma interpretação ampliativa do dispositivo para que contemple questões relativas ao desequilíbrio superveniente. Sobre o tema, SCHWENZER, Ingeborg, **Force Majeure and Hardship in international sales contracts**, disponível em: <http://www.nzlii.org/nz/journals/VUWLawRw/2008/39.

adotaram disposições semelhantes, tais como o PECL,[436] o DCFR[437] e a CESL.[438]

---

pdf>, acesso em: 31 dez. 2017.such as France, Germany and the Netherlands. It goes on to examine the Convention on the International Sale of Goods (CISG. Disponível em: <http://www.nzlii.org/nz/journals/VUWLawRw/2008/39.pdf>. Acesso em: 31 dez. 2017 e ALEJANDRO M. GARRO, **Comparison between provisions of the CISG regarding exemption of liability for damages (Art. 79) and the counterpart provisions of the UNIDROIT Principles (Art. 7.1.7)**, disponível em: <http://www.cisg.law.pace.edu/cisg/principles/uni79.html>, acesso em: 31 dez. 2017. Defendendo a aplicação dos Princípios do Unidroit como "gap filling", ver TARQUINIO, Renatha, **The *hardship* gap in the contracts of international sales of goods**, UC Davis – University of California, 2015. Há ainda uma famosa decisão da Suprema Corte belga aplicando os Princípios do Unidroit como norma subsidiária à CISG no que diz respeito ao *Hardship*. VENEZIANO, Anna, UNIDROIT Principles and CISG: Change of circumstances and Duty to renegotiate according to the Belgian Supreme Court, **Uniform Law Review**, v. 1, 2010.

[436] Art. 6:111 (Change of Circunstances) – *(1) A party is bound to fulfil its obligations even if performance has become more onerous, whether because the cost of performance has increased or because the value of the performance it receives has diminished.(2) If, however, performance of the contract becomes excessively onerous because of a change of circumstances, the parties are bound to enter into negotiations with a view to adapting the contract or terminating it, provided that: (a) the change of circumstances occurred after the time of conclusion of the contract, (b) the possibility of a change of circumstances was not one which could reasonably have been taken into account at the time of conclusion of the contract, and (c) the risk of the change of circumstances is not one which, according to the contract, the party affected should be required to bear. (3) If the parties fail to reach agreement within a reasonable period, the court may: (a) terminate the contract at a date and on terms to be determined by the court ; or (b) adapt the contract in order to distribute between the parties in a just and equitable manner the losses and gains resulting from the change of circumstances. In either case, the court may award damages for the loss suffered through a party refusing to negotiate or breaking off negotiations contrary to good faith and fair dealing.*

[437] III – 1:110 (Variation or termination by court on a change of circumstances) – *(1) An obligation must be performed even if performance has become more onerous, whether because the cost of performance has increased or because the value of what is to be received in return has diminished. (2) If, however, performance of a contractual obligation or of an obligation arising from a unilateral juridical act becomes so onerous because of an exceptional change of circumstances that it would be manifestly unjust to hold the debtor to the obligation a court may: (a) vary the obligation in order to make it reasonable and equitable in the new circumstances; or (b) terminate the obligation at a date and on terms to be determined by the court. (3) Paragraph (2) applies only if: (a) the change of circumstances occurred after the time when the obligation was incurred;*

[438] Art. 89 (Alteração de circunstâncias) – 1. A parte tem de cumprir as suas obrigações mesmo quando o cumprimento se torna mais oneroso em consequência do aumento do custo do cumprimento ou da diminuição do valor da prestação que se recebe em contrapartida. Sempre que o cumprimento se torne excessivamente oneroso devido a uma alteração de circunstâncias excepcional, as partes têm o dever de encetar negociações com vista à adaptação ou à resolução do contrato. 2. Se as partes não chegarem a um acordo num prazo razoável, um tribunal, a pedido

Por conta disso, é possível afirmar que o tratamento do desequilíbrio contratual superveniente, no formato adotado pelos instrumentos internacionais, se consolidou, sendo, portanto, uma espécie de princípio geral do direito contratual[439]. Além disso, é inegável que existe uma tendência quanto ao dever/obrigação de renegociar, que é um tema de abordagem recente no Brasil, e que ganhou tração com os inúmeros casos envolvendo os impactos da pandemia da COVID-19.[440]

Dada a pluralidade de abordagens, tomaremos como referência apenas a teoria da perda da base do negócio (§313 do BGB) e os art. 6.2.1 e 6.2.2 dos Princípios do UNIDROIT, que são as referências para o estudo do tema.[441] As diferenças entre as abordagens adotadas em outras jurisdições não serão alvo de análise, o que não causa prejuízo, uma vez que o núcleo da questão é o mesmo: o desequilíbrio contratual superveniente.

Feita a introdução, cabe determinar, afinal, no que consiste o tratamento ao "desequilíbrio contratual superveniente" causado por uma alteração nas circunstâncias do contrato. Vejamos a redação do §313 (1) do BGB e do art. 6.2.2 dos Princípios do UNIDROIT:

de qualquer das partes, pode decidir: (a) adaptar o contrato para o ajustar ao que as partes teriam razoavelmente acordado no momento da sua celebração se tivessem tido em conta a alteração de circunstâncias; ou (b) extinguir o contrato, na acepção do artigo 8.º, na data e segundo as condições por ele determinadas. 3. Os n.os 1 e 2 só se aplicam se: (a) a alteração de circunstâncias ocorreu após a data de celebração do contrato; (b) a parte que invoca a alteração de circunstâncias não teve em conta nesse momento, nem se podia esperar que tivesse, a possibilidade ou a importância dessa alteração de circunstâncias; e (c) a parte lesada não assumiu, nem se pode razoavelmente considerar que tenha assumido, o risco da referida alteração de circunstâncias. 4. Para efeitos dos n. 2 e 3, o termo «tribunal» inclui um tribunal arbitral.

[439] *"The hardship exemption as provided for in the UPICC/PECL may be regarded as an expression of a generally recognized principle"*. BRUNNER, Force Majeure and *Hardship* under General Contract Principles: Exemption for Non-performance in International Arbitration, p. 417.

[440] A discussão sobre o "dever de renegociar" é tema de obra recente do prof. Anderson Schreiber, oferecida como tese de titularidade perante a faculdade de Direito da UERJ. A obra oferece uma análise ampla sobre o tema, inserindo a renegociação no contexto do "princípio do equilíbrio contratual". SCHREIBER, **Equilíbrio contratual e dever de renegociar**, cap. III e IV.

[441] A disposição adotada nos Princípios é o "benchmark" internacional, ao passo que a abordagem alemã é a referência em termos dogmáticos, dado o pioneirismo no tratamento do tema no século XX. A este respeito, Menezes Cordeiro afirma que *"hoje em dia, a base do negócio traduz, apenas, um espaço de discussão: ela correspondem no fundo, ao próprio fenômeno da alteração das circunstâncias, seja qual for a solução para ele encontrada"*. CORDEIRO, **Tratado de Direito Civil português II, tomo IV**, p. 283.

§313(1) do BGB	Art. 6.2.2 dos Princípios do UNIDROIT
1) If circumstances which became the basis of a contract have significantly changed since the contract was entered into and if the parties would not have entered into the contract or would have entered into it with different contents if they had foreseen this change, adaptation of the contract may be demanded to the extent that, taking account of all the circumstances of the specific case, in particular the contractual or statutory distribution of risk, one of the parties cannot reasonably be expected to uphold the contract without alteration.	There is *hardship* where the occurrence of events fundamentally alters the equilibrium of the contract either because the cost of a party's performance has increased or because the value of the performance a party receives has diminished, and a) the events occur or become known to the disadvantaged party after the conclusion of the contract; (b) the events could not reasonably have been taken into account by the disadvantaged party at the time of the conclusion of the contract; (c) the events are beyond the control of the disadvantaged party; and (d) the risk of the events was not assumed by the disadvantaged party.

Afora diferenças pontuais que não são objeto deste estudo, não há dúvidas de que existe um núcleo comum, que é a alteração significativa no equilíbrio do contrato, que ultrapasse os riscos assumidos quando da sua formação.[442]

Diante disso, três questões devem ser abordadas na diferenciação entre o *hardship* e a Resolução pela quebra absoluta da confiança: (i) objeto e hipótese de incidência, (ii) coexistência entre ambos e (iii) possível interpretação ampliativa do *hardship* para contemplar a Resolução pela quebra da confiança.

Quanto ao objeto, a diferença é bastante clara: o *hardship* trata do desequilíbrio superveniente. Grosso modo, é quando uma prestação se torna excessivamente onerosa em função de eventos extraordinários, como surtos inflacionários, desabastecimento – uma pandemia global –, etc.[443] Trata-se, portanto, de uma questão econômico-financeira. Já a Resolução por justa causa trata de hipóteses em que um evento disruptivo leva à quebra absoluta da confiança entre as partes, que é o vínculo e torna inexigível a continuidade do

---

[442] Mckendrick chama atenção para a necessidade de uma alteração "fundamental" do equilíbrio do contrato. MCKENDRICK, Commentary on Section 6.2 (*hardship*), p. 814.
[443] Vogenauer aponta como exemplo em termos internacionais os efeitos do bloqueio do Canal de Suez em 1956, que dificultou imensamente o transporte de bens. Outros exemplos seriam guerras, mudanças bruscas na lei, processos de nacionalização, etc. *Ibid*.

contrato. Trata-se, portanto de uma questão "relacional", ligada aos interesses das partes. A diferença fica evidente na comparação entre os §§313 (1) e 314 (1) do BGB e os arts. 6.2.2 e a proposta original do art. 6.3.1 dos Princípios do UNIDROIT:[444]

§313(1) do BGB	§314 do BGB
1) If circumstances which became the basis of a contract have significantly changed since the contract was entered into and if the parties would not have entered into the contract or would have entered into it with different contents if they had foreseen this change, adaptation of the contract may be demanded to the extent that, taking account of all the circumstances of the specific case, in particular the contractual or statutory distribution of risk, one of the parties cannot reasonably be expected to uphold the contract without alteration.	(1) Each party may terminate a contract for the performance of a continuing obligation for a compelling reason without a notice period. There is a compelling reason if the terminating party, taking into account all the circumstances of the specific case and weighing the interests of both parties, cannot reasonably be expected to continue the contractual relationship until the agreed end or until the expiry of a notice period.

Art. 6.2.2 dos Princípios do UNIDROIT	Proposta original do Art. 6.3.1 dos Princípios do UNIDROIT
There is *hardship* where the occurrence of events fundamentally alters the equilibrium of the contract either because the cost of a party's performance has increased or because the value of the performance a party receives has diminished, and a) the events occur or become known to the disadvantaged party after the conclusion of the contract; (b) the events could not reasonably have been taken into account by the disadvantaged party at the time of the conclusion of the contract; (c) the events are beyond the control of the disadvantaged party; and (d) the risk of the events was not assumed by the disadvantaged party.	1) A party may terminate a contract to be performed over a period of time on notice to the other party with immediate effect if there are compelling reasons for doing so. 2) There are compelling reasons if, having regard to all the circumstances of the case and balancing the interests of the parties, it would be manifestly unreasonable for the terminating party to be expected to continue the contractual relationship.

[444] A versão final da proposta excluiu a menção aos "interesses das partes", o que nos parece ter sido uma má decisão, na medida em que tornou o requisito mais amplo, limitando a caracterização da "compelling reason" apenas às "circunstâncias do caso". **UNIDROIT 2016 Study L – Misc. 32 – Report 2nd Session of the Working Group on Long-Term Contracts (Hamburg Report).**

A diferença em questão também foi ressaltada pela jurisprudência suíça,[445] conforme aponta Brunner[446]:

> The clausula [doctrine of rebus sic stantibus or *hardship*] requires changes of external circumstances, by which both parties are struck equally, and which have caused a fundamental alteration of the equilibrium of the contract (cf. BGE 127 III 300 consid. 5b). By contrast, termination for good cause does not require an alteration of equilibrium. Preponderant is the question whether due to the occurrence of the events it has become unbearable for the party to be bound to the contract in general, not only with regard to economics aspects, but also [and indeed mainly] for other aspects affecting that party's personality.

Não resta dúvida, portanto, que, apesar da proximidade entre os institutos, as hipóteses de incidência são diferentes, o que torna a coexistência de ambos perfeitamente possível, com defende a doutrina.[447] Brunner, no entanto, ressalta que a adoção da Resolução pela quebra da confiança como um "princípio geral" aplicável aos contratos de longa duração, é mais adequada quando limitada às hipóteses de quebra absoluta da confiança relacionadas à alteração das circunstâncias, de modo que os casos que envolvem inadimplemento

---

[445] O autor refere-se ao julgado BGE 128 III 428, 432 (2002). BRUNNER, Force Majeure and *Hardship* under General Contract Principles: Exemption for Non-performance in International Arbitration, p. 519.

[446] *"Whereas the hardship concept is concerned with economic considerations in that it requires a fundamental change of the equilibrium of the contract, the right to terminate for irreconcilable differences applies to relational contracts and focuses on personal considerations. It requires that the parties' relationship of mutual trust be destroyed to such extent that it cannot be reasonably expected from the terminating party to continue the contractual relationship any longer"*. Ibid.

[447] Segundo Brunner, *"The hardship exemption and the right to terminate a long-term contract for irreconcilable differences (good cause) are cumulatively available, since the requirements of the two instruments are different"*. Ibid. Dessemontet compartilha da mesma visão, ao afirmar que *"The proposed provisions do not collide with the hardship privisions of Article 6.2 ff because the test for just cause is not whether the performance of the contract becomes too onerous in view of the equilibrium of contract, as it is for hardship, but whether the performance can still be expected from the terminating party in spite the changed circumstances and without having regard to the value of the performance to be received from the other party"*. DESSEMONTET, Security of Contracts vs. Termination for Cause: Why is UNIDROIT afraid of the Big Bad 314 BGB?, p. 398.

seriam mais bem tratados pelo instituto do "inadimplemento substancial", com o que concordamos.

De fato, a grande contribuição da Resolução pela quebra da confiança é justamente o reconhecimento de que os contratos de longa duração possuem como particularidade um vínculo de confiança com vistas à manutenção futura da relação – e essa perda deve legitimar a Resolução antes do prazo previsto. Sendo assim, nada impediria a coexistência de ambos os institutos, como ocorre no BGB, poderia ocorrer nos Princípios do UNIDROIT e ocorre, pela via jurisprudencial, em ordenamentos como o Suíço e o Austríaco – e nada impede que o mesmo ocorra, eventualmente, no Brasil ou em qualquer outro ordenamento, dado que se trata de um instituto ínsito aos contratos de longa duração e não se uma categoria dogmática pura.

Parte da doutrina considera que as disposições sobre *hardship* tem precedência sobre a Resolução pela quebra da confiança, sobretudo com relação à renegociação.[448] Isso significa que, diante de uma justa causa, as partes devem tentar salvar o contrato antes de recorrer à sua Resolução, o que reforça o caráter extraordinário da medida e a importância da conservação dos negócios jurídicos, sobretudo por conta da sua frequente relevância social e econômica.

Haverá casos, no entanto, em que essa tentativa de salvar o contrato não será possível, pois a causa será tão grave e a ruptura da confiança tão abrupta que a única solução será a Resolução imediata do contrato. Isso porque há casos em que a relação é afetada de forma irreversível. No caso da aquisição do parceiro comercial pelo concorrente, por exemplo, não haverá tempo a perder diante do risco de vazamento de informações estratégicas.

O próprio BGB estabelece uma válvula de escape nesse sentido, tanto no §313 quando no §314. Em ambos os casos, o legislador permitiu que, diante da impossibilidade de adaptação do contrato (§313(3)) ou da gravidade da situação (§314(1) e (2)), a parte prejudicada recorra à Resolução do contrato. Vale destacar, inclusive, que o §314(1) sequer prevê expressamente a renegociação, mas põe em evidência a gravidade dos eventos que legitimam a Resolução.

---

[448] Este é o entendimento de DORALT, **Langzeitverträge**, p. 489–490.. Segundo Vogenauer, *"some suggest that § 313 BGB takes precedente, others that §314 prevails, and a third view holds that both co-exist independently of each other, with their combined remedies being available to the claimant"* MCKENDRICK, Commentary on Section 6.2 (*hardship*), p. 1710.

CAPÍTULO 5 – A RESOLUÇÃO PELA QUEBRA DA CONFIANÇA E INSTITUTOS SIMILARES...

Sendo assim, reconhece-se a importância da tentativa de conservação do negócio jurídico, quando possível. Mas não a qualquer custo, a ponto de tornar o contrato um fardo insuportável para uma das partes, condenando-a a se manter numa relação cuja confiança que os une se rompeu absolutamente.

Por último, cabe discutir uma possível interpretação ampliativa do *hardship* para abarcar também a hipótese de Resolução pela quebra absoluta da confiança.

Esse foi um dos argumentos levantados durante a Reforma dos Princípios do UNIDROIT em 2016.[449] Argumentou-se que seria possível alcançar o mesmo objetivo – permitir a Resolução diante de uma *compelling reason* – por meio de uma interpretação mais ampla das disposições sobre *hardship*.[450]

Muito embora essa linha não tenha sido adotada – os comentários à seção sobre *Hardship* não trazem estar disposição –, essa nos parece uma interpretação possível.

É bem verdade que *hardship* e a Resolução por quebra absoluta são institutos diferentes. Isto é incontroverso.[451] Ainda que próximos, tratam de diferentes tipos de disrupção que podem afetar um contrato de longa duração: o *hardship* trata de um desequilíbrio econômico-financeiro que inviabiliza a continuidade do contrato sem que ocorra um ajuste e a Resolução pela quebra da confiança trata da quebra da confiança, que torna inexigível a continuidade do contrato diante da ruptura do vínculo.

Não se pode esquecer, no entanto, que *hardship* é, na essência, uma "dificuldade"[452]. É claro que esta adversidade se apresenta tradicionalmente em forma de um desequilíbrio financeiro, uma *gross disparity*, mas manifestações doutrinárias mais antigas deixam claro que o *hardship* pode ter relação

---

[449] Cap. 2
[450] Dessemontet afirma que a mesma sugestão foi apresentada em 2009, no contexto da reforma que resultou na edição de 2010 dos Princípios. DESSEMONTET, Security of Contracts vs. Termination for Cause: Why is UNIDROIT afraid of the Big Bad 314 BGB?, p. 398.
[451] O próprio tratamento diverso dado pelo legislador é prova desta diferença. Além disso, ambos os institutos traçaram evoluções históricas diferentes.
[452] De acordo com o Black's law dictionary, *hardship* é sobretudo uma "privation, suffering or adversity". GARNER, **Black`s Law Dictionary**, p. 764.

com eventos não financeiros,[453] desde que cause alguma desvantagem a uma das partes.

De certa forma, é isso também o que se dá na Resolução pela quebra da confiança. A ocorrência de uma justa causa afeta negativamente uma das partes a ponto de impedir a continuidade do contrato. Não ocorre um desequilíbrio econômico em termos monetários, como o aumento ou a diminuição brusca nos preços de um determinado bem, mas sem dúvida uma das partes é economicamente afetada pelo evento em questão, de modo que a continuidade do contrato lhe é prejudicial.

Ainda que o núcleo da Resolução pela quebra da confiança diga respeito ao vínculo, à quebra da "confiança relacional", não há dúvida de que a continuidade do contrato deve trazer repercussões econômicas negativas. Afinal, a Resolução só pode ocorrer em situações extraordinárias e não diante de meros inconvenientes comerciais.

Assim, hipóteses como a aquisição de um parceiro comercial pelo seu concorrente ou mesmo a revelação de polícias comerciais danosas pela contraparte, como o uso de mão de obra infantil ou escrava, casos de corrupção, etc., que transformem o contrato num fardo insuportável a ponto de afetar a reputação comercial da contraparte – que é um ativo absolutamente valioso – são sem dúvida "dificuldades" (*hardship*) que não podem ser ignoradas pelo direito, sobretudo em relações de longo prazo, que são mais sensíveis a eventos disruptivos.

Desta forma, entendemos que, na ausência de disposição legal expressa, nada impede o reconhecimento de que o conceito "*hardship*" – aqui considerado em sentido amplo, contemplando todas as hipóteses de alterações nas circunstâncias – pode ser ampliado a fim de incluir não apenas a situação de desequilíbrio contratual "clássico", financeiro, mas também casos em que o contrato é severamente afetado por um evento que leve à quebra absoluta da confiança entre as partes que torne a continuidade do contrato inexigível.

---

[453] "*Hardship can be defined narrowly or broadly. While often framed in terms of economic consequences, hardship clauses can take into account noneconomic eventualities as well*". ULLMAN, Harold, Enforcement of *Hardship* clauses in the French and American Legal systems, **California Western International Law Journal**, v. 19, n. 1, 1988, p. 83/84.

5.2.2.5. Conclusão

Ao fim, fica claro que a Resolução pela quebra da confiança pode ser considerada como uma das espécies do gênero "alteração das circunstâncias". Tal como a impossibilidade, a frustração do fim do contrato e o desequilíbrio superveniente, a quebra absoluta da confiança também pode levar à Resolução do contrato.

Capítulo 6
Outros Aspectos Relevantes da Resolução: Qualificação, Efeitos, Perdas e Danos e Renúncia

6.1. Resolução ou resilição?

Diante da ocorrência de uma justa causa que permita a Resolução pela quebra absoluta da confiança, o §314 prevê que a Resolução se opera mediante notificação à parte contrária.[454] Esta notificação terá, em regra geral, eficácia imediata ou, caso a Resolução seja motivada por um inadimplemento qualificado, deverá atender ao regime geral do §323, conforme já analisado.

Esta notificação deve ser emitida em prazo razoável após a ciência da justa causa, nos termos do §314 (3)[455]. Isso significa que a parte prejudicada deve agir imediatamente, sob pena de ser caracterizada a omissão e a Resolução ser considera ilegal.[456] Este prazo "razoável" deve ser avaliado de acordo com

---

[454] A proposta do art. 6.3.1 dos Princípios do Unidroit tem a mesma previsão – *"The right of a party to terminate the contract is exercised by notice to the other party"*. **UNIDROIT 2016 Study L – Misc. 32 – Report 2nd Session of the Working Group on Long-Term Contracts (Hamburg Report).**

[455] §314 (3) The person entitled may give notice only within a reasonable period after obtaining knowledge of the reason for termination. Em alemão: §314 (3) *Der Berechtigte kann nur innerhalb einer angemessenen Frist kündigen, nachdem er vom Kündigungsgrund Kenntnis erlangt hat.*

[456] Segundo Vogenauer, *"The period commmences with actual knowledge. Ignorance based on gross negligence does not trigger the termination period"*. VOGENAUER, Termination of Long-term

as circunstâncias, ou seja, de acordo com a natureza e da complexidade do contrato e da causa em questão.[457]

A demora significa que a causa é suportável e a relação não está absolutamente afetada a ponto de tornar inexigível a sua continuidade. Esse requisito funciona como uma espécie de "proteção" contra comportamentos abusivos, na medida em que reprime a parte que se mantém em silêncio com o objetivo de invocar a Resolução por um fato ou evento pretérito a fim de encerrar a relação antes do prazo.[458]

Vale ressaltar que este requisito não é trivial, pois significa que, de acordo com o BGB, a Resolução é extrajudicial, ou seja, não exige pronunciamento prévio de um juiz ou árbitro. Vale notar que a resolução extrajudicial é a regra não apenas para os contratos de longa duração, mas também para os contratos em geral, nos termos do §323. A diferença entre os regimes está nos efeitos da Resolução, como veremos à frente.

Esta é uma tendência internacional,[459] observada no Código Civil português,[460] no novo Código Civil francês,[461] no novo Código Civil

---

Contracts "for Compelling Reasons" under the UNIDROIT Principles: The German Origins, p. 1709.

[457] "What it is reasonable period depends on the type of contract and the specific circumstances of each case. In the case of an authorised dealership agreement, the period was held to be two months, four months for a lease and three months for the lease of a farm were also seen as reasonable. In contrast, for a commercial agency agreement, two months of pondering were held to be too long, so were two months with regard to a loan agreement and five years (!) in case of a commercial lease". Ibid.

[458] "Waiting too long before giving notice indicates that continuing the contractual relationship is acceptable to the party wishing to terminate, By ensuring that notice is given with reasonable speed, §314 (3) protects the other party against protracted uncertainty with regard to the future existence of the contract". Ibid.

[459] Dessemontet já apontava esta tendência ao comentar a proposta apresentada ao Unidroit em 2009: "Some systems of law require a court to decide on termination, so that the notice has only a declaratory rather than a constitutive effect. Other systems do not require the intervention of a court for the contract to be terminated. In those scenarios, the notice the creates new legal circumstances and all the rules that would be applicable to such a formative act would apply to the notice. Thys system is by far the most preferable to include in an international set of rules that aim at symplifying bussiness matters because it tends to lower transaction costs". DESSEMONTET, Security of Contracts vs. Termination for Cause: Why is UNIDROIT afraid of the Big Bad 314 BGB?, p. 401.

[460] Art. 436º – 1. A resolução do contrato pode fazer-se mediante declaração à outra parte.

[461] O Código Civil francês regula as hipóteses de resolução entre os arts. 1224 a 1230, permitindo a resolução extrajudicial diante de uma cláusula resolutiva expressa ou diante de um inadimplemento substancial ("inexécution suffisamment grave").

Argentino,[462] assim como nos instrumentos internacionais mais recentes, como a CISG,[463] os Princípios do UNIDROIT,[464] o PECL,[465] o DCFR[466] e a CESL.[467]

O Código Civil brasileiro, no entanto, só admite a resolução extrajudicial quando houver cláusula resolutiva expressa (art. 474) ou no caso da resilição unilateral (art. 473). A despeito da divergência entre as nomenclaturas[468], há vozes na doutrina brasileira que consideram que a resolução por justa causa, inspirada no §314 do BGB e na *Termination for compelling Reasons*, pode ser invocada através do art. 473, que permite a resilição quando a Lei assim o autorizar, ainda que implicitamente[469].

Concordamos com esse entendimento. Apesar de a doutrina internacional e o próprio BGB inserirem o instituto na categoria da "alteração das

---

[462] Arts. 1077 e 1078
[463] Art. 26
[464] Art. 7.3.2
[465] Art. 9:301 (2)
[466] III – 3:507
[467] Art. 118.
[468] Orlando Gomes destaca a confusão terminológica em torno da disciplina da extinção dos contratos: *"A matéria da extinção dos contratos não se acha ordenada numa teoria geral que ponha termo à confusão proveniente inicialmente da terminologia usada na legislação e na doutrina e, em seguida, das divergências e vacilações dos conceitos, classificações e distinções necessárias".* GOMES, Orlando, **Contratos**, 25a. ed. Rio de Janeiro: Editora Forense, 2002, p. 202.
[469] *"Assim, o direito brasileiro admite, tacitamente, que o contrato de longa duração seja resilido unilateralmente, ainda que celebrado por prazo determinado, se existir um motivo de extrema relevância. Essa regra tácita pode ser derivada de regras expressas, já mencionadas anteriormente, que em linhas gerais permitem a extinção do contrato por prazo determinado, normalmente de longa duração, se houver uma justa causa".* MENDES, Rodrigo Broglia, Anotações preliminares sobre a resolução por justa causa nos contratos de longa duração, *in*: CASTRO, Rodrigo Rocha Monteiro de; AZEVEDO, Luiz Andre; HENRIQUES, Marcos de Freitas (Orgs.), **Direito Societário, Mercado de Capitais, Arbitragem e outros temas – Homenagem a Nelson Eizirik**, São Paulo: Quartier Latin, 2019, p. 796. No mesmo sentido, Renata Steiner afirma que *"No caso dos contratos de longa duração, a pergunta propõe-se a determinar se a perda de confiança decorrente de evento diverso do inadimplemento compõe uma forma de resilição implicitamente admitida, nos termos do art. 473 do Código Civil. A resposta é afirmativa e, arrisca-se dizer, prescinde da existência de previsão legal de regra sobre perda do interesse do credor. Em jogo está a proteção da finalidade do vínculo contratual específico e que, na generalidade dos casos dos contratos de longa duração, pressupõe a existência contínua de confiança. Desaparecida essa, ainda que por fato não imputável ao contratante, deixa de ser exigível a manutenção do pacto".* STEINER, Renata Carlos, Contrato de longa duração e quebra de confiança: a extinção por compelling reasons, **Revista de Direito Civil Contemporâneo – no prelo**.

circunstâncias", entendemos que, de fato, o paralelo mais adequado no Código Civil brasileiro é o art. 473 e não o art. 478, que trata da resolução por onerosidade excessiva, ou mesmo o art. 317, que trata da teoria da imprevisão. Ainda que seja possível fazer uma interpretação extensiva do conceito de *hardship*, tal instituto não está positivado no direito brasileiro. Nesse sentido, entendemos que a redação do art. 478 não permite alcançar o mesmo resultado.

A redação do art. 473, no entanto, nos parece admitir a extinção do contrato de longa duração diante de uma justa causa que leve à ruptura da confiança entre as partes. Afinal, por se tratar de aspecto intrínseco às relações contratuais de longo prazo, decerto encontra-se implicitamente admitido pelo Código Civil. Tal posicionamento não é estranho na doutrina. Orlando Gomes, ao tratar da resilição, destaca que, além da possibilidade de denúncia vazia, ou seja, da extinção do contrato de longa duração pela mera vontade de uma das partes, há casos em que *"o contrato distingue-se pelo elemento fiduciário que encerra, de modo que só subsiste enquanto existe confiança de uma parte na outra. Justo que a lei autorize sua resilição pelo contratante que a perdeu"* [470]. O clássico autor prossegue afirmando que a resilição pode ser aplicada inclusive para contratos por prazo determinado, desde que presente uma "justa causa". Da mesma forma, a justa causa pode ser exigida para a resilição de contratos de prazo indeterminado – que, a rigor, podem ser encerrados por meio de simples declaração unilateral[471].

Assim, fica clara a aplicabilidade do instituto no direito brasileiro, seja por meio dos arts. 474/475, quando a justa causa equivaler a um inadimplemento, seja por meio do art. 473, por se entender que a Lei admite, implicitamente, que a ruptura da confiança permite a resilição do contrato de longa duração mesmo antes do final do prazo.

Em todo caso, vale ressaltar que a extinção extrajudicial do contrato traz novos desafios quanto à avaliação da legalidade da ruptura do contrato. No

---

[470] GOMES, **Contratos**, p. 185.
[471] *"Nos contratos por prazo determinado não cabe, em princípio, a resilição unilateral. Mas alguns admitem a denúncia, que os extingue ante tempus, sujeitando o denunciante a perdas e danos, se não houver justa causa. No entanto, se a causa extintiva é a inexecução, haverá resolução"* e *"Em princípio, a denúncia não precisa ser justificada. Meio lícito de por fim ao contrato por tempo indeterminado, sabem as partes que, em qualquer momento, pode ser desfeito mediante simples declaração unilateral de vontade, mas em certos contratos exige-se que se obedeça à justa causa."* Ibid., p. 188 e 186, respectivamente..

CAPÍTULO 6 - OUTROS ASPECTOS RELEVANTES DA RESOLUÇÃO: QUALIFICAÇÃO...

regime que demanda a apreciação judicial, cabe à parte interessada comprovar a ocorrência de inadimplemento. Já no regime extrajudicial, cabe à parte contrária demonstrar ao juiz ou árbitro que não houve inadimplemento ou qualquer outra causa que legitime a Resolução, requerendo, eventualmente, a manutenção do contrato. O problema é bem resumido por Assunção Cristas:[472]

> O credor exerce o seu direito sem necessidade de recurso a tribunal. Enquanto modo de extinção do contrato, que opera através de declaração receptícia, a Resolução ocorre no momento em que a declaração se torna eficaz nos termos do art, 224º do Código Civil. Nesse momento, o contrato é destruído, deixa de existir.
>
> A ocorrer a intervenção do tribunal, ela não se situa, pois, por regra, num momento prévio à Resolução do contrato. Acontecerá depois de emitida declaração resolutiva, no caso de a parte destinatária dessa declaração discordar da existência de motivos (constantes da própria lei ou de convenção) para a Resolução.
>
> (...)
>
> Os maiores problemas nascem, pois, quando a contraparte discorda da existência de fundamentos para a Resolução. Neste caso, dois cenários podem ser equacionados: a parte em causa invoca factos no sentido de reverter a Resolução a seu favor, não discutindo, portanto, a destruição do contrato, mas apenas a imputação das razões justificativas dessa destruição; a parte que se entende faltosa pretende a manutenção do contrato e invoca o direito ao cumprimento das obrigações contratuais.
>
> (...)

---

[472] CRISTAS, Assunção, É Possível Impedir Judicialmente a Resolução De Um Contrato?, in: AMARAL, Diogo Freitas do; ALMEIDA, Carlos Ferreira de; ALMEIDA, Marta Tavares de (Orgs.), **Estudos Comemorativos Dos 10 Anos da Faculdade de Direito da Universidade Nova de Lisboa**, Coimbra: Almedina, 2008, v. II, p. 57/58.

A natureza extrajudicial da Resolução aponta para a exclusão da natureza constitutiva de acção destinada a contestar os fundamentos da Resolução.

(...)

Importa, no entanto, discutir se o tribunal é chamado a verificar se 'a Resolução juridicamente se deu' ou apenas extrair outras consequências de uma Resolução exercida com falta de fundamento legalmente reconhecido, podendo originar um 'pedido reconvencional de Resolução a favor do citado ou uma sentença declarativa (proposta pelo 'pretenso' titular do direito) infirmadora ou confirmadora da legitimação material ou processual da 'libertação'

Admitindo que a parte pretensamente faltosa propõe acção judicial onde fica decidida a falta de fundamento para a Resolução, quais são os pedidos admissíveis no âmbito desta acção?

Este é um tema complexo, que demandaria uma análise mais profunda, o que não será possível nesta oportunidade. Mas a doutrina portuguesa possui trabalhos recentes sobre o tema, como o de Assunção Cristas, citado acima e profundos, como o de Joana Farrajota[473]. Em ambos os trabalhos, as autoras analisam a possibilidade de requerer ao juiz ou árbitro a manutenção de um contrato diante de uma Resolução ilegítima ou se cabe somente a pretensão indenizatória.[474]

A título ilustrativo, Farrajota apresenta tese contrária ao entendimento majoritário e defende a possibilidade de manutenção do contrato diante de uma Resolução – ou resilição – sem fundamento, com base na relação entre

---

[473] FARRAJOTA, **A Resolução do Contrato Sem Fundamento**.
[474] Assunção Cristas afirma que a questão é controversa, havendo autores que entendem que a única solução para a resolução sem fundamento é a via indenizatória, como Galvão Telles e Almeida Costa. Outros autores, como Vaz Serra e Pedro Romano Martinez seriam favoráveis ao pleito conservatório. A jurisprudência portuguesa, de acordo com a autora, costuma considerar a resolução infundada como um inadimplemento e inverter o direito às perdas e danos. CRISTAS, É Possível Impedir Judicialmente a Resolução De Um Contrato?, p. 59/60. e notas de rodapé nº 12 a 17.

CAPÍTULO 6 – OUTROS ASPECTOS RELEVANTES DA RESOLUÇÃO: QUALIFICAÇÃO...

um "direito ao cumprimento" por parte do credor e um "direito a cumprir", por parte do devedor.[475] É pela ponderação entre estas duas variáveis que se deve avaliar a possibilidade de manter um contrato resolvido sem fundamento. Vejamos:[476]

> Tratar-se-á, por exemplo, de casos em que a realização da prestação devida é susceptível de aumentar a reputação do prestador. Veja-se o caso do pintor desconhecido que aceita fazer um quadro de um célebre monumento, por um preço inferior ao de mercado, na convicção de que a exposição pública da obra beneficie a sua reputação enquanto artista plástico. O pintor celebra o contrato não tendo em vista apenas o preço, mas a realização da prestação acordada em si mesma considerada.
>
> Em casos como este, em que o devedor tem um interesse na realização da prestação – para além da contraprestação – haverá ainda, em todo o caso, que esclarecer se este é merecedor de tutela jurídica. Tal dependerá sempre da análise do caso em concreto e, em particular, da interpretação do contrato. De facto, apenas quando ambas as partes tenham reconhecido aquele interesse como relevante no momento da celebração do contrato, parece-nos, deverá ser este ser ponderado no âmbito do juízo de manutenção do mesmo.
>
> (...)
>
> Nesta linha, o direito à manutenção do contrato encontrar-se-á sempre limitado pela ponderação de outros interesses igualmente tutelados pela ordem jurídica nacional. Os contornos deste direito deverão pois

---

[475] A autora pontua que a, ao tratar dos efeitos do inadimplemento, a doutrina tradicionalmente se ocupa apenas do direito do credor à resolução, mas não do direito ao devedor de manter o contrato. Esse parece ser mais um dos temas sensíveis aos contratos de longa duração que escapam à doutrina tradicional em função do foco estrutural no contrato de compra e venda. *"A literatura de Direito das obrigações tende, na parte dedicada aos efeitos do incumprimento, a centrar a análise naquela faculdade de o credor pôs fim ao contrato, em detrimento do estudo do direito a manter o contrato. Ora, esta é, parece-nos, uma faculdade essencial"*. FARRAJOTA, **A Resolução do Contrato Sem Fundamento**, p. 253/254.
[476] *Ibid.*, p. 254/257.

ser definidos, caso a caso, na relação com os demais interesses presentes, reconhecidos e tutelados pelo Direito.

Como se vê, portanto, trata-se de tema atual e de extrema importância, sobretudo na disciplina dos contratos de longa duração. Assim, será útil tratar da Resolução sem fundamento justamente para lidar com as hipóteses de abuso, quando o credor fabrica artificialmente uma quebra absoluta da confiança com o objetivo de se livrar do contrato por conveniências comerciais e não juridicamente legítimas.

Vale ressaltar ainda que a proposta do UNIDROIT segue sentido oposto, equivalendo a Resolução sem fundamento a um inadimplemento antecipado, mas reconhece também a possibilidade de conservar o contrato, por parte do devedor.[477]

6.2. Efeitos da Resolução pela quebra da confiança

Outro ponto que merece destaque é a análise dos efeitos da Resolução pela quebra da confiança, pois, mais uma vez, os contratos de longa duração obedecem a um regime diverso dos contratos de execução imediata.

No direito alemão, a Resolução de um contrato (*Rücktritt*) implica, em regra, no seu desfazimento, o retorno ao status *quo ante*, nos termos do § 346 do BGB.[478] Além do efeito liberatório – ou seja, que isenta a parte do

---

[477] *"Inappropriate termination for compelling reason. If a party gives notice of termination under this Article without there being compelling reason, this may constitute anticipatory non-performance. The other party may then terminate the contract for fundamental non-performance under Article 7.3.3. Alternatively, that party may keep the relationship alive and withhold its own performance under Article 7.3.4."* **UNIDROIT 2016 Study L – Misc. 32 – Report 2nd Session of the Working Group on Long-Term Contracts (Hamburg Report)**, p. 88.

[478] Em inglês: §346 – (1) *If one party to a contract has contractually reserved the right to revoke or if he has a statutory right of revocation, then, in the case of revocation, performance received and emoluments taken are to be returned. (2) In lieu of restitution or return, the obligor must provide compensation for value, to the extent that 1. restitution or return is excluded by the nature of what has been obtained, 2. he has used up, disposed of, encumbered, processed or redesigned the object received, 3. the object received has deteriorated or has been destroyed; but deterioration that is caused by the object being used in accordance with its intended use is not taken into account. If consideration is specified in the contract, then this is to be used as a basis when the compensation for value is calculated; if compensation for value for the benefit*

CAPÍTULO 6 – OUTROS ASPECTOS RELEVANTES DA RESOLUÇÃO: QUALIFICAÇÃO...

cumprimento de quaisquer obrigações –, a Resolução possui também, em regra, efeito restitutório, permitindo a devolução de eventuais pagamentos ou bens entregues no curso do cumprimento do contrato. Vejamos:[479]

> La possibilidad de resolver el contrato por incumplimiento (Rücktritt) se considera en derecho alemán un derecho potestativo, de origen legal o convencional, que se ejercita mediante una declaración de voluntad recepticia. Tiene como consecuencia la transformación de la relación jurídica obligacional en una relación jurídica de restituicíon (Rückgewährschuldverhältnis). La restituicion propriamente dicha funciona según lo estabelecido en el §346 BGB. De acuerdo com el mismo, en principio consistirá en la devolución de las prestaciones recebidas y de los aprovechamientos percibidos.

of use of a loan is to be paid, it can be shown that the value of the benefit of use was lower. (3) The duty to compensate for value does not apply 1. if the defect justifying revocation only became apparent during processing or transformation of the object, 2. to the extent that the obligee is responsible for the deterioration or destruction or that the damage would also have occurred if the object had remained with the obligee, 3. if in case of statutory revocation the deterioration or destruction occurred with the person entitled, although the latter showed the care that he customarily exercises in his own affairs. Any remaining enrichment must be returned.(4) The obligee may demand damages, in accordance with sections 280 to 283, for breach of a duty under subsection (1) above. Em alemão: (1) Hat sich eine Vertragspartei vertraglich den Rücktritt vorbehalten oder steht ihr ein gesetzliches Rücktrittsrecht zu, so sind im Falle des Rücktritts die empfangenen Leistungen zurückzugewähren und die gezogenen Nutzungen herauszugeben. (2) Statt der Rückgewähr oder Herausgabe hat der Schuldner Wertersatz zu leisten, soweit 1. die Rückgewähr oder die Herausgabe nach der Natur des Erlangten ausgeschlossen ist, 2.er den empfangenen Gegenstand verbraucht, veräußert, belastet, verarbeitet oder umgestaltet hat, 3. der empfangene Gegenstand sich verschlechtert hat oder untergegangen ist; jedoch bleibt die durch die bestimmungsgemäße Ingebrauchnahme entstandene Verschlechterung außer Betracht. Ist im Vertrag eine Gegenleistung bestimmt, ist sie bei der Berechnung des Wertersatzes zugrunde zu legen; ist Wertersatz für den Gebrauchsvorteil eines Darlehens zu leisten, kann nachgewiesen werden, dass der Wert des Gebrauchsvorteils niedriger war. (3) Die Pflicht zum Wertersatz entfällt, 1. wenn sich der zum Rücktritt berechtigende Mangel erst während der Verarbeitung oder Umgestaltung des Gegenstandes gezeigt hat, 2. soweit der Gläubiger die Verschlechterung oder den Untergang zu vertreten hat oder der Schaden bei ihm gleichfalls eingetreten wäre, 3. wenn im Falle eines gesetzlichen Rücktrittsrechts die Verschlechterung oder der Untergang beim Berechtigten eingetreten ist, obwohl dieser diejenige Sorgfalt beobachtet hat, die er in eigenen Angelegenheiten anzuwenden pflegt. Eine verbleibende Bereicherung ist herauszugeben. (4) Der Gläubiger kann wegen Verletzung einer Pflicht aus Absatz 1 nach Maßgabe der §§ 280 bis 283 Schadensersatz verlangen.

[479] SALA, Rosa Miquel, El Derecho Contractual Alemán, in: LORENZO, Sixto Sánchez (Org.), **Derecho Contractual Comparado Una perspectiva europea y transnacional**, 3a. ed. Granada: Thomson Reuters, 2017, p. 309.

O direito alemão, no entanto, prevê um outro regime aplicável aos contratos de longa duração, em que a Resolução (*Kündigung*) possui apenas efeitos liberatórios e prospectivos.[480] Muito embora não esteja expresso no §314, esta é a posição de parcela significativa da doutrina.[481]

Isto ocorre porque nos contratos de longa duração, em regra, as obrigações se desenvolvem no tempo, havendo diversos "adimplementos" no curso de sua vigência. No contrato de distribuição, por exemplo, comissões são pagas periodicamente. O mesmo ocorre com outros contratos, como o de locação, franquia etc., de modo que, em regra, a Resolução não possui efeitos restitutórios:[482]

> In these cases of 'termination by notice' (Kündigung), the legal relationship ends when notice is received by the other party. It operates only in respect of performances not yet due at the time of termination. It follows that performance which was due, but had not yet been rendered, must still be made (as under English law). The reasons why

---

[480] Vale ressaltar que a construção jurisprudencial da resolução por "justa causa" buscou não apenas permitir a liberação do contrato antes do prazo como aplicar um regime distinto de liberação com efeito prospectivo, como ensina Franz Wieacker. "*Um importante apoio para estes pontos de vista foi construído pela exploração da estrutura particular das relações obrigacionais duradouras e reiteradas, ainda desconhecidas no direito obrigacional geral do BGB. Uma vez que aqui a dissolução da relação obrigacionao atingida por um vício se tornava especialmente importante, a jurisprudência aperfeiçoou as determinações especiais da relação obrigacional individual no sentido do princípio geral da denúncia em virtude de 'causas graves' e, em seguida, substituiu também, de forma de novo característica do progressivo respeito das realidades sociais da relação contratual, a anulação com efeitos retroactivos pela denúncia com efeitos ex nunc*". WIEACKER, **História do Direito Privado moderno**, p. 598.

[481] "*In German two terms are used depending on whether the contract is a 'continuing contract or not; in the first Kündingung is the relevant term, in the second Rücktritt is used(...) Any performance already effected must be returned, according to §346 et seq BGB. Since this sweeping regime of restitution would cause difficulties if applied to long-term or 'continuing' contracts, a different approach to termination is adopted in relation to these contracts*". MARKESINIS; UNBERATH; JOHNSTON, **The German Law of Contract**, p. 520."*And for all contracts to be performed over a period of time the code now contains a special provision granting the aggrieved party a right to terminate the contract 'for a good cause'. This kind of termination is called Kündigung and merely operates ex nunc*". ZIMMERMANN, **The New German Law of Obligations**. "*En las relaciones contractuales de tracto sucesivo, sin embargo, el incumplimiento de un das partes puede dar lugar a una Kündigung (lo que se ha venido a traducir por rescisión), y que tiene simplemente efectos ex nun, sin que sea necesaria la devolución de las pretaciones desde que se empezaron a producir*". SALA, El Derecho Contractual Alemán, p. 310.

[482] MARKESINIS; UNBERATH; JOHNSTON, **The German Law of Contract**, p. 437.

Kündigung of a continuing contract has no retrospective effect must be sought in the fact that, for all practical purposes, the many acts of performance on each side which have taken place in the past cannot be ignored because this has happened within the framework of a functioning legal relationship. The termination of such continuing contract, therefore, does not as a general rule lead to restitution of past performance. It simply brings to an end the duties of performance from the moment of termination onwards.

Esta também é a estrutura adotada na nova versão dos Princípios do UNIDROIT, sob o fundamento de que o contrato de longa duração é "divisível":

ARTICLE 7.3.7

(Restitution with respect to *Long-term contracts*)

(1) On termination of a long-term contract restitution can only be claimed for the period after termination has taken effect, provided the contract is divisible.

Esta regra, no entanto, admitirá exceções conforme o caso concreto, de modo que sempre será necessário liquidar as posições,[483] tendo-se em mente que os serviços prestados e pagos não devem ser atingidos; por outro lado, eventuais pagamentos adiantados poderão ser restituídos.[484]

Brunner, neste sentido, afirma que as partes devem fazer uma "transição" entre a notificação e data efetiva da Resolução.[485] Doralt, por sua vez, entende

---

[483] "*The termination for just cause entails the end of the contractual relationship for the future only. It does not retroact to the time of execution of the contract. The parties are still bound by a duty to liquidate their relationship through disclosure of the relevant accounts and inventory*". DESSEMONTET, Security of Contracts vs. Termination for Cause: Why is UNIDROIT afraid of the Big Bad 314 BGB?, p. 402.

[484] O art. 81 da CISG prevê a restituição como regra – o que faz sentido, tratando-se de contratos de compra e venda –, mas ainda assim prevê que as partes devem liquidar suas posições ("*Se ambas as partes estiverem obrigadas a restituir, deverão fazê-lo simultaneamente*").

[485] "*If the termination is effective it generally operates ex nunc, with immediate effect. Yet the principle of good faith may require the terminating party to allow for a reasonable transition period between the*

que em regra a Resolução não deverá levar à restituição, tendo apenas efeitos *ex nunc*, ressaltando que este desfazimento da relação (*unwinding*) é mais adequado em contratos de execução imediata (*one-off contracts*). Porém, questiona a rejeição "vertical" da restituição a todos os contratos de longa duração, ressaltando que há casos na jurisprudência alemã em que a restituição foi deferida em contratos de longa duração e rejeitada em contratos de execução imediata.[486]

Os Princípios do UNIDROIT, em sua nova versão, também admitem, no art. 7.3.7 (2),[487] uma exceção à regra de que não deve haver restituição na Resolução dos contratos de longa duração. O Código Civil português também possui uma disposição similar no art. 434º, de modo que haverá restituição caso *"entre estas* [as prestações vencidas] *e a causa da Resolução existir um vínculo que legitime a Resolução de todas elas".*

Tem-se, portanto, que nos contratos de longa duração, os efeitos serão, em regra, prospectivos, não havendo restituição a fim de retornar ao *status quo ante.*

Vale ressaltar, por último, que o Código Civil brasileiro não possui uma disposição expressa sobre os efeitos restitutórios da Resolução[488]. Isso não

---

exercise of the termination right and its effective date. Thus a parallel may be drawn to the hardship concept, where the court may terminate the contract at a date and on terms to be fixed". BRUNNER, Force Majeure and *Hardship* under General Contract Principles: Exemption for Non-performance in International Arbitration, p. 527.

[486] *"The real question is whether a normative category is at all helpful to decide whether or not to unwind contracts retrospectively. It may be much better to address the problem more directly rather than along the detour of a more or less firmly established doctrinal category. There may be good reasons not to unwind contracts after termination in certain cases where performance has extended over a period of time. More particularly, where performances and counterperformances corresponded to each other, as in the case of a flat that has been rented, it is usually inappropriate to unwind them, often for a period reaching far back into the past. By contrast, the unwinding of performances will usually be allowed in a failed 'one-off' contract of sale(...) for there are both cases where the courts retrospectively grant restitution in cases of a 'Dauerschuldverhältnis' and where they refuse to unwind 'one-off' contracts"*. DORALT, Right to Terminate for Compelling Reason (Commentary to Art. 6.3.1 PICC).

[487] Art. 7.3.7 (2) – *As far as restitution has to be made, the provisions of Article 7.3.6 apply.* A exceção se aplicaria caso o contrato seja considerado "indivisível". A título de exemplo, o comentário considera um contrato para a produção de uma série de pinturas para um determinado evento. Dado que não seria aceitável ter apenas parte do total, diante do inadimplemento de parte do contrário, deveria ocorrer a restituição.

[488] Araken de Assis entende que o art. 182, que trata dos efeitos da decretação da nulidade do negócio jurídico, deveria ser utilizado como analogia para fundamentar o efeito restitutório da resolução: *"Decorre do art. 182 do CC-02, cuja incidência analógica se propugna, a eficácia*

torna o tema irrelevante, dada a importância para os contratos de longa duração de natureza complexa, em que há intenso fluxo de informações, recursos e equipamentos, no qual o processo de liquidação é particularmente relevante.

6.3. Perdas e danos na resolução pela quebra da confiança

O §314 prevê ainda que o recurso à Resolução pela quebra da confiança não exclui eventual pleito por perdas e danos[489]. Esta questão não é particularmente polêmica, sobretudo pela lente do direito brasileiro, no qual prevalece o princípio da reparação integral[490] e a previsão expressa de que a Resolução do contrato pode ser cumulada com perdas e danos.[491]

No entanto, é importante inserir esta disposição no contexto histórico do direito alemão, uma vez que, como mencionado, originalmente o BGB não permitia a cumulação da Resolução com as perdas e danos.

Neste sentido, a doutrina afirma que as perdas e danos podem contemplar tanto eventos passados como as consequências futuras da conduta da parte contrária, tendo como referência as condições que seriam alcançadas caso o contrato vigorasse até o seu prazo final. Vejamos:[492]

---

restitutória, remetendo aos parceiros ao estado anterior". ASSIS, Araken de, **Resolução do Contrato por inadimplemento**, São Paulo: Revista dos Tribunais, 2013, p. 154. Orlando Gomes, no entanto, já admite que *"só é possível remontar à situação anterior à celebração do contrato se este não for de trato sucessivo, pois, do contrário, a resolução não tem efeito em relação ao passado; as prestações cumpridas não se restituem. O efeito da resolução entre as partes varia, pois, conforme o contrato, seja de execução única ou de duração. No primeiro caso a resolução opera ex tunc, no segundo, ex nunc".* GOMES, **Contratos**, p. 210.

[489] §314 (4) – *The right to demand damages is not excluded by the termination.* Em alemão: *§314 (4) Die Berechtigung, Schadensersatz zu verlangen, wird durch die Kündigung nicht ausgeschlossen.* O art. 7.3.5 (2) dos Princípios do Unidroit também possui disposição semelhante (*"Termination does not preclude a claim for damages for non-performance"*).

[490] Art. 186 e Art. 944 do Código Civil.

[491] Art. 475 do Código Civil

[492] VOGENAUER, Termination of Long-term Contracts "for Compelling Reasons" under the UNIDROIT Principles: The German Origins, p. 1710.

> The termination of a contract for a compelling reason does not prevent the terminating party from claiming damages. Damages can potentially be claimed for past events as well as for future consequences from the conduct of the other party. Generally, however, damages for future events are limited by the hypothetical termination of the contract on the due date, i.e., termination without the compelling reason taking place.

É importante ressaltar também que a Resolução pela quebra absoluta da confiança pode ocorrer ainda que não haja perdas e danos ou mesmo que não ocorra um inadimplemento[493] – isso porque a Resolução pode ser causada por um evento superveniente, uma alteração das circunstâncias que torne inexigível a continuidade do contrato até o final do prazo.[494]

Nestes casos, o maior interesse da parte pode ser justamente a liberação do contrato diante da ruptura absoluta da confiança, sendo as perdas e danos secundárias, como bem aponta Dessemontet:

> Compensation of damages may include lost profits, but the sheer admittance that a just cause for terminating the contract exists does not imply that compensation should necessarily be paid for the profits lost by the party not willing to terminate. The general rule is that the termination for cause does not change the conditions for monetary compensation and financial winding down of the relationship between parties, nor does it alter the prerequisites for the other remedies may be available under the contract or applicable legislation.

---

[493] Isto estava claro nos comentários à proposta do art. 6.3.1 aos Princípios do Unidroit: *"It is neither necessary, nor sufficient, for one party to be in breach of contract for the other to be granted a right to terminate for compelling reason. In cases of fundamental non-performance by one party, the other has a right to terminate under Article 7.3.1. If there also exist circumstances which make it manifestly unreasonable to continue the relationship, then that party will also be able to terminate for compelling reason".* **UNIDROIT 2016 Study L – Misc. 32 – Report 2nd Session of the Working Group on Long-Term Contracts (Hamburg Report)**, p. 85.

[494] Inserir referência interna no final. Afinal, como bem ressalta Doralt, *"The existing rule for termination in cases of fundamental non-performance falls short of providing a satisfactory solution for cases of fundamental loss of trust"*. DORALT, Right to Terminate for Compelling Reason (Commentary to Art. 6.3.1 PICC).

A judgement is necessary in order to define any duty to compensate. Compensation may be ordered by a court, for example, when the events leading to the termination fall within the sphere of risks of the terminating party.

A discussão sobre os danos, no entanto, não se esgota na previsão sobre a cumulação dos pleitos indenizatórios com a Resolução. As diferenças entre os contratos de longa duração e os contratos de execução imediata, que são a base deste estudo, interferem também nos pleitos indenizatórios:[495]

Damages claims under complex *Long-term contracts* are different from those under discrete transactions such as isolated sales operations, or simple *Long-term contracts* such as lease contracts. To develop a damage claim for the breach of complex *Long-term contracts*, it is necessary to understand their fundamental structures and mechanisms.

Trata-se de tema de extrema relevância, sobretudo em contratos de infraestrutura que envolvem estruturas financeiras complexas (*Project finance*)[496]. Num breve resumo, pode-se dizer que a diferença na avaliação dos pleitos indenizatórios reside na estrutura financeira dos contratos de longa duração, que é o fluxo financeiro oriundo do mercado:[497]

However, there is a significant difference between typical synallagmatic contracts, such as sales and construction contracts, and complex *Long-term contracts* based on income stream. In typical synallagmatic

---

[495] WÖSS *et al*, **Damages in International Arbitration under complex long-term contracts**, pt. 3.04.
[496] Os projetos baseados nesta modalidade têm como característica extrair a sua manutenção do seu próprio fluxo financeiro ("*Project performance, both technical and economic is the nucleus of project finance*"): "*a nonrecourse or limited recourse financing structure in which debt, equity and credit enhancement are combined for the construction and operation, or the refinancing, of a particular facility in a capital-intensive industry, in which lenders base credit appraisals on the projected revenues from the operation of the facility, rather than the general assets or the credit of the sponsor of the facility, and rely on the assets of the facility, including any revenue-producing contracts and other cash flow generated by the facility, as collateral for the debt*". *Ibid.*, p. item 3.37.
[497] *Ibid.*, pt. 3.42.

contracts the purpose of the contract is the delivery of goods or services to the other party against the payment of the price agreed. In complex *Long-term contracts* based on income stream, such as joint venture agreements, concessions for toll roads, PPPs or BOT projects, the parties contribute assets of any kind including concessions in order to generate income from a third party, which is the market. As a result, the generation of the income stream is the very purpose of such contracts. In synallagmatic contracts the income stream is generated through collateral transactions. In both cases, the purpose is to obtain a profit. This is of particular relevance when framing a damages claim.

Muito embora trabalhe com o conceito de "reparação integral" (*full compensation*),[498] a avaliação destes dos danos nestes contratos é particularmente complexa, valendo-se de metodologias como a *but-for*, que busca analisar hipoteticamente a diferença entre o cenário ideal do adimplemento e a situação real causada pelo inadimplemento:[499]

> The but-for premise is a useful tool when analyzing, framing, and proving a damages claim under a complex long-term contract. This premise requires a breach of the contract's performance obligations and leads to the reconstruction of the hypothetical course of events but for the breach in order to compare it to the actual course of events. This premise provides the framework for the determination of the loss, causation, and the measure of damages, as well as the quantum, including mitigation.

Além disso, os efeitos do desfazimento de um contrato de longa duração devem contemplar a discussão sobre o "interesse positivo e negativo" do contrato, em que se avalia a hipótese em que as perdas e danos devem considerar o interesse na parte lesada no cumprimento da obrigação[500].

---

[498] "'It is undisputed among legal systems-both domestic and international-that the aggrieved party must be entitled to recover all losses incurred due to the breach of contract. This principle is referred to as the principle of full compensation" Ibid., pt. 5.05.
[499] Ibid., pt. 5.08.
[500] A respeito do tema, fazemos referências, entre os brasileiros, às obras de STEINER, Renata Carlos, **Interesse positivo e interesse negativo: a reparação de danos no Direito privado**

CAPÍTULO 6 – OUTROS ASPECTOS RELEVANTES DA RESOLUÇÃO: QUALIFICAÇÃO...

Como se pode verificar, as particularidades dos contratos de longa duração vão muito além da importância da "confiança relacional", perpassando todos os aspectos do contrato, desde a sua formação até o tratamento do inadimplemento, da alteração das circunstâncias e a avaliação das perdas e danos.[501]

6.4. Renúncia à Resolução pela quebra da confiança

Por último, existe uma discussão que, embora não esteja expressa na lei alemã, foi fonte de grande controvérsia nos debates junto ao UNIDROIT. Trata-se da possibilidade de renúncia prévia à Resolução pela quebra da confiança.

Conforme já exposto,[502] uma das críticas à proposta da *Termination for Compelling Reasons* na reforma dos Princípios do UNIDROIT era com relação à suposta insegurança provocada pela possibilidade de resolver o contrato de longa duração pela quebra absoluta da confiança.

A crítica é legítima, mas, a nosso ver, exagerada, sobretudo porque, conforme exposto, a Resolução pela quebra da confiança deriva da própria estrutura dos contratos de longa duração com forte carga relacional. Conforme já

---

brasileiro, Universidade de São Paulo, 2016; SZTAJNBOK, Felipe, A indenização pelo interesse positivo como forma de tutela do interesse do credor nas hipóteses de inadimplemento culposo da obrigação: análises a partir do AgRg no REsp 1.202.506/RJ e do AgRg no AgRg no AI 1.137.044/RJ, **Revista Civilística**, v. Ano 3, n. n. 2, 2014. Segundo Felipe, a discussão pode ser resumida da seguinte forma: *"Trazendo os conceitos para a responsabilidade contratual, deve-se comparar a situação real do credor, diante do inadimplemento da obrigação, com aquela, hipotética, em que ele estaria sem o inadimplemento. E aí poderá se seguir dois caminhos: ou se levará em conta (i) a situação em que ele estaria caso o contrato tivesse sido cumprido – ou seja, com a adição de um elemento –; (ii) ou a situação em que ele estaria caso não tivesse celebrado o contrato que foi descumprido – ou seja, com a abstração de um elemento". Ibid.*, p. 5. Em resumo, portanto, cabe verificar se a indenização deverá considerar a situação hipotética em que o contrato não teria existido, havendo apenas o retorno ao status quo ante ou a situação hipotética onde o contrato teria sido plenamente cumprido. Por todos, recomendamos a obra de referência de PINTO, Paulo Mota, **Interesse Contratual Negativo e Interesse Contratual Positivo**, Coimbra: Coimbra Editora, 2008.
[501] Como afirma Doralt, *"A number of problems seem to have particular relevance for long-term contracts, either because they are more likely to occur, or because they are more significant and difficult to deal with, in their context. The most important challenges are the following: incompleteness and drafting, contractual penalties, signalling, the distribution of information between the parties, and termination"*. DORALT, Right to Terminate for Compelling Reason (Commentary to Art. 6.3.1 PICC).
[502] Ver cap. 2

esclarecemos, estes contratos são necessariamente incompletos e, portanto, mais sensíveis a alterações nas circunstâncias. Isso somado à importância da "confiança relacional" torna a Resolução por justa causa necessária a um quadro regulatório que se preocupe com as especificidades dos contratos de longa duração.

De todo modo, uma das saídas – um *compromise* – propostas foi deixar expresso nos comentários que as disposições sobre a *Termination for Compelling Reasons* não seriam cogentes (*non-mandatory*):[503]

4. Non-mandatory nature of right to terminate

The provisions on termination for compelling reason, in line with the general principle laid down in Article 1.5, are not of a mandatory character. The parties may thus exclude or limit their application. They may also indicate in their contract specific cases, which entitle a party to terminate for compelling reason.

É bem verdade que o art. 1.5 dos Princípios já estabelece a premissa de que as partes podem renunciar a quaisquer disposições, a não ser que haja determinação expressa em contrário,[504] como é o caso da observância da boa--fé objetiva (art. 1.7), impossibilidade inicial (art. 3.1.4), etc.[505] No entanto,

---

[503] **UNIDROIT 2016 Study L – Misc. 32 – Report 2nd Session of the Working Group on Long-Term Contracts (Hamburg Report)**, p. 86.. Dessemontet expunha a mesma posição com relação à proposta de 2009. Segundo ele, *"Parties are free to provide that the termination for just cause will be excluded or to provide for other remedies such as renegotiation or judicial adaptation of the contract only within given parameters. Parties should be advised that more detailed contractual provisions are advisable whenever the issue is likely to arise"*. DESSEMONTET, Security of Contracts vs. Termination for Cause: Why is UNIDROIT afraid of the Big Bad 314 BGB?, p. 399.

[504] Art. 1.5 *(Exclusion or modification by the parties) – The parties may exclude the application of these Principles or derogate from or vary the effect of any of their provisions, except as otherwise provided in the Principles.*

[505] Comentário 3 ao art. 1.5: *"3. Mandatory provisions to be found in the Principles A few provisions of the Principles are of a mandatory character, i.e. their importance in the system of the Principles is such that parties should not be permitted to exclude or to derogate from them as they wish. It is true that given the particular nature of the Principles the nonobservance of this precept may have no consequences. On the other hand, it should be noted that the provisions in question reflect principles and standards of behaviour which are of a mandatory character under most domestic laws also. Those provisions of the Principles which are mandatory are normally expressly indicated as such. This is the case with Article 1.7*

CAPÍTULO 6 – OUTROS ASPECTOS RELEVANTES DA RESOLUÇÃO: QUALIFICAÇÃO...

vale notar que a menção expressa à possibilidade de renúncia não é comum nas disposições ou nos comentários aos Princípios. Pelo contrário, dado que a renúncia é a regra, é o caráter mandatório da disposição que costuma ser mencionado expressamente.

Isso demonstra, ao final, que o comentário apresentado na proposta do art. 6.3.1 funciona como uma "garantia" de que, diante da suposta incerteza gerada pela normal, as partes poderiam derrogá-la.

Existe, de fato, toda uma discussão sobre a natureza dos Princípios, o caráter voluntário e possibilidade de renúncia às suas disposições, inclusive em respeito à autonomia da vontade. A disponibilidade, inclusive, é comum em instrumentos internacionais, como ocorre na CISG, no PECL, no DCFR e na CESL.

Mesmo em termos de direito doméstico, essa discussão sobre a disponibilidade das normas de direito privado é igualmente importante, sobretudo no contexto do intenso debate sobre os limites à autonomia da vontade. De todo modo, a regra do Código Civil brasileiro (art. 425) é de que as partes são livres para adotar disposições "atípicas", desde que respeitadas a "normas gerais", dentre as quais pode-se mencionar a função social (art. 421) e os elementos de validade do negócio jurídico (art. 104).

Mas este não é ponto. A questão de maior relevo é sobre a possibilidade de afastar completamente disposições que tratem da alteração das circunstâncias, sobretudo em contratos de longa duração.

A doutrina especializada é pacífica quanto à impossibilidade de as partes renunciarem previamente à Resolução pela quebra absoluta de confiança nos contratos de longa duração. Neste sentido, Vogenauer ressalta que as disposições do §314 do BGB tem natureza imperativa (*mandatory*), sendo lícito às partes apenas regular as hipóteses, mas sem excluí-las:[506]

---

on good faith and fair dealing, with the provisions of Chapter 3 on substantive validity, except in so far as they relate or apply to mistake and to initial impossibility (see Article 3.1.4), with Article 5.1.7(2) on price determination, with Article 7.4.13(2) on agreed payment for nonperformance and Article 10.3(2) on limitation periods. Exceptionally, the mandatory character of a provision is only implicit and follows from the content and purpose of the provision itself (see, e.g., Articles 1.8 and 7.1.6)". **UNIDROIT Principles of International Commercial Contracts – 2016.**, p. 86.

[506] VOGENAUER, Termination of Long-term Contracts "for Compelling Reasons" under the UNIDROIT Principles: The German Origins, p. 1711. Na passagem Vogenauer afirma que a restrição é ainda maior para contratos de consumo, o que evidencia a incidência da norma em questão a estes contratos. A jurisprudência alemã trata do assunto sobretudo com relação

At its core, § 314 BGB is a mandatory rule. Standard contract terms for consumers may neither exclude the right to termination for compelling reasons nor establish additional requirements for its exercise which might bar the consumer from exercising the right. By contrast, individual contractual agreements may limit the termination right for a compelling reason – although they may not exclude it in its entirety.

Brunner reitera esta posição, afirmando que a jurisprudência suíça considera a Resolução pela quebra da confiança inclusive como parte da "ordem pública internacional":

> In Germany and Switzerland, the core of the right to terminate *Long--term contracts* for good cause is of mandatory character and thus may not be modified by agreement of the parties. Under Swiss arbitration law, the right to terminate a long-term contract for good cause is – at least in its core – even recognized as part of the transnational public policy as applicable in setting aside proceedings

A posição que nos parece mais importante, no entanto, é a de Baptista Machado, que deixa claro que a renúncia não é possível, pois a Resolução pela quebra da confiança é da essência dos contratos de longa duração, sendo uma das *"características típicas do seu regime"*. Assim, a Resolução deve ser admitida, quer esteja prevista na lei ou não, pois trata-se de um elemento intrínseco a estes contratos. Vejamos:[507]

> Para tanto, comecemos por estabelecer como premissa maior uma tese de todo irrecusável: todas as relações contratuais duradoiras são susceptíveis de Resolução por justa causa, sendo esta uma das

---

aos contratos de consumo com "cláusula de fidelidade", Este, no entanto, não é o foco deste estudo, cujo âmbito são os contratos de natureza comercial (B2B), mas não há dúvidas de que a discussão é instigante e seria merecedora de investigação.

[507] MACHADO, Parecer Sobre Denúncia e Direito de Resolução de Contrato de Locação de Estabelecimento Comercial, p. 699. O autor sugere que o Código Civil português possua uma disposição similar ao §314 do BGB, mas não o tem. Na nota de rodapé nº 6 do texto em questão, ele ressalta que isso é uma construção em torno do disposto nos arts. 801 e 1222 do Código Civil português.

CAPÍTULO 6 – OUTROS ASPECTOS RELEVANTES DA RESOLUÇÃO: QUALIFICAÇÃO...

características típicas do seu regime. Assim é, quer essa Resolução esteja (sempre) prevista na lei (como acontece no nosso Código Civil), quer o não esteja. E não deixe de notar-se que as partes não podem renunciar antecipadamente a tal faculdade resolutiva, típica das relações obrigacionais duradoiras.

A nosso ver, este é o ponto nevrálgico da questão: não é possível excluir a possibilidade de Resolução pela quebra absoluta de confiança porque isso é intrínseco aos contratos de longa duração. Assim, mais do que uma questão de ordem pública ou de respeito à autonomia da vontade, trata-se de uma questão lógica, de respeito às particularidades dos contratos de longa duração.

De todo modo, entendemos que, ao menos no direito brasileiro, não é preciso adotar uma interpretação demasiado extensiva para permitir a extinção por justa causa. Afinal, como dito acima, o art. 473 do Código Civil permite a resilição em casos implicitamente admitidos. Isso porque, conforme expusemos acima, qualquer regime que busque atender às particularidades dos contratos de longa duração deve reconhecer a possibilidade de Resolução pela quebra absoluta da confiança. Melvin Eisenberg, por exemplo, reconhece a importância do vínculo, mas afirma que, diante do caráter incompleto destes contratos, o direito deve permitir a Resolução, sob pena de incentivar, por via indireta, a tomada de medidas oportunistas diante da ruptura do vínculo.[508]

Sendo assim, não é possível excluir de pronto a possibilidade de resolver o contrato diante da ruptura absoluta da confiança. Mas é possível regular esta hipótese – da mesma forma como as cláusulas de *hardship* buscaram regular o tratamento do desequilíbrio superveniente, contribuindo para o desenvolvimento do sistema hoje vigente.

Daí porque o tema da renúncia nos leva a um assunto muito mais amplo e complexo, que é a regulação dos contratos de longa duração. Este não é o foco principal deste trabalho, mas a natureza incompleta dos contratos de longa duração, que os torna mais sensíveis a eventos supervenientes, traz grandes desafios não apenas ao seu regime jurídico[509] mas à regulação com

---

[508] EISENBERG, Why There Is No Law of Relational Contracts?, p. 805/821.
[509] Como afirma Doralt, *"A number of problems seem to have particular relevance for long-term contracts, either because they are more likely to occur, or because they are more significant and difficult to deal with, in their context. The most important challenges are the following: incompleteness and drafting,*

vistas a "domar" as incertezas a que estes contratos estão necessariamente sujeitos.[510]

Neste sentido, a doutrina ressalta que, quanto mais longo e complexo for um contrato, mais incompleto ele será, necessariamente – e assim, mais susceptível ao impacto de eventos supervenientes. Assim, as partes sempre estarão diante do desafio de lidar com essas incertezas, dado que é impossível regular previamente todos os cenários futuros:[511]

> A second major characteristic of Long-term contracts is their inherent uncertainty linked to the time frame of the contract and the resulting impossibility of drafting a complete contract that could foresee and solve all potential contingencies that could arise during its life span. When any contract is designed, parties face the ex-ante challenge of foreseeing and including all clauses to address the potential issues that may affect the contractual relationship between the parties.
>
> (...)
>
> In other words, all contracting parties face the challenge of addressing uncertainty and aiming at drafting a complete contingent contract. This challenge is especially difficult in long-term relations because of the time frame they try to cover.

---

contractual penalties, signalling, the distribution of information between the parties, and termination". DORALT, Right to Terminate for Compelling Reason (Commentary to Art. 6.3.1 PICC).

[510] *"It is very costly for contracting parties to anticipate all potential situations that contracting parties should take into account and further prove that one of them took place. Uncertainty about the future and the cost of writing complete contracts are essential elements when determining the contract length"*. GOLOBARDES, Mireia Atigot i; POMAR, Fernando Góme, Dissecating Long-term contracts: a law and economics approach, *in*: GRUNDMANN, Stefan; CAFFAGI, Fabrizio; VETTORI, Giuseppe (Orgs.), **The organizational Contract – from exchange to long-term network cooperation in European contract law**, London: Routledge, 2013, p. 54.

[511] GOLOBARDES; POMAR, Dissecating Long-term contracts: a law and economics approach, p. 39/40. No mesmo sentido, Doralt afirma que *"The more complex a contract, and the longer its duration, the more incomplete it will necessarily be. Incompleteness is therefore the first challenging aspect. This can be mitigated, to some extent, by prudent drafting of the contract. Nevertheless, a highly complex contract with a long duration cannot regulate all eventualities that may occur"*. DORALT, Right to Terminate for Compelling Reason (Commentary to Art. 6.3.1 PICC).

CAPÍTULO 6 – OUTROS ASPECTOS RELEVANTES DA RESOLUÇÃO: QUALIFICAÇÃO...

Por isso, a elaboração destes contratos é tão importante, sobretudo com relação à distribuição dos riscos, que, de acordo com a doutrina especializada, pode significar a inclusão de uma cláusula de renegociação[512], a atribuição de poderes a uma das partes para que lide melhor com o risco em questão[513] ou mesmo a Resolução do contrato, caso se trate de um evento que leve à ruptura absoluta da confiança. Há exemplos marcantes, como a das "cláusulas morais" no mercado de entretenimento, que permitem a Resolução de um contrato de patrocínio diante de um comportamento reprovável do atleta contratado.[514]

Em suma, trata-se de questão absolutamente importante – nas palavras de Doralt, *"Perhaps the most fundamental challenge in the context of Long-term contracts is drafting, and understanding the risks and incentives involved for the parties"*.[515]

---

[512] *"Sometimes parties may consider that leaving some contingencies or circumstances open would allow them to renegotiate the contract terms according to their evolving contract conditions or even allow a third party, such as a court, to fill the gaps left by them"*. GOLOBARDES; POMAR, Dissecating Long-term contracts: a law and economics approach, p. 55.

[513] *"Once risks have been determined, they have to be allocated. Each project has a different risk profile, which depends on the host country, the infrastructure sector in question, and many other factors. The basic rule in risk allocation is that a particular risk should be borne by the party most suited to control, influence, and bear the cost of such risk. A party bearing a risk will normally take measures to avoid or mitigate such risk"*. WÖSS et al, **Damages in International Arbitration under complex long-term contracts**, pt. 3.84. No mesmo sentido, Golobardes, que afirma que "The challenge presented by long-term contracts is that they cannot determine in advance all the obligations of both parties during the life of the contract, and it might be necessary to give to one of the parties or to both of them the discretion necessary to best respond to new circumstances as new information or situations become available". GOLOBARDES; POMAR, Dissecating Long-term contracts: a law and economics approach, p. 54.

[514] O tema foi explorado pelas autores Ana Parra Leile e Zilda Constanter, que analisaram o caso do nadador Ryan Lochte, que teve diversos contratos de patrocínio resolvidos diante do seu envolvimento com um escândalo no final das Olimpíadas do Rio de Janeiro em 2016. As autoras tratam a questão como um exemplo de "alteração das circunstâncias", sugerindo que a resolução poderia ocorrer com base no art. 478 do Código Civil brasileiro, inclusive relacionando-o com o §313 do BGB. Discordamos das autoras com relação à qualificação como uma hipótese de *"hardship"*, de modo que nos parece ser uma hipótese típica de resolução causada pela quebra absoluta da confiança. De todo modo, é um exemplo de como o mercado pode regular situações em que atos ou eventos podem tornar inexigível a continuidade do contrato. LEITE, ana Paula Parra; CONSALTER, Zilda Mara, O caso Ryan Lochte e a aplicação da cláusula moral no direito negocial brasileiro, **Revista Brasileira de Direito Civil**, v. 12, 2017.

[515] *"Perhaps the most fundamental challenge in the context of long-term contracts is drafting, and understanding the risks and incentives involved for the parties. All other things being equal, drafting a contract becomes more difficult the longer the duration envisaged. One of the challenges is the creation of appropriate incentives for the parties. Counterintuitive results can occur in some situations and thus,*

Não surpreende, portanto, que a pesquisa sobre a distribuição de poderes no contexto dos contratos incompletos tenha sido agraciada com o prêmio Nobel de economia em 2016.[516]

Retornando ao ponto inicial, nos parece evidente que uma renúncia prévia e completa à Resolução do contrato de longa duração pela ruptura absoluta da confiança não é possível. Além de se tratar de hipótese inerente ao regime aplicável aos contratos de longa duração, esta renúncia implicaria em forçar as partes a suportar as consequências de todo e qualquer evento futuro possível, o que não se deve admitir.

Isso equivaleria a retornar ao paradigma clássico, baseado em relações de execução imediata, que presume que todos os riscos estão dados no momento da formação do contrato, o que simplesmente não é verdadeiro.

Nada impede, no entanto, que as partes tentem regular o impacto de possíveis cenários futuros, inclusive caracterizando previamente o que poderia ser considerado um inadimplemento ou um evento grave a ponto de permitir a Resolução imediata do contrato de longa duração.

---

the art of drafting reaches far beyond what sound legal advice usually requires. A fair degree of imagination may be necessary with regard to possible future developments or an accurate assessment of the risks involved. Aligning the interests of the parties from the beginning of a long-term contract, and fixing conditions that keep them aligned, can be a challenging endeavour". DORALT, Right to Terminate for Compelling Reason (Commentary to Art. 6.3.1 PICC).

[516] O trabalho de Oliver Hard e Bengt Holmström tratou justamente do tema da regulação dos contratos incompletos pela perspectiva da atribuição de mecanismos de controle interno. Um resumo do trabalho de Hart pode ser encontrado em HART, Oliver, Incomplete Contracts and Control, **American Economic Review**, v. 107, n. 7, p. 1731/1752, 2017, p. 1731/1752.

Capítulo 7
Aplicação do Instituto ao Direito Brasileiro

A principal lição a ser extraída do estudo da Resolução pela quebra absoluta da confiança é que os contratos de longa duração merecem tratamento específico. É bem verdade que a Resolução é apenas um dentre os diversos institutos que atendem especificamente aos contratos de longa duração – muitos deles contemplados pela reforma dos Princípios do UNIDROIT concluída em 2016. Ainda assim, não há dúvida quanto à sua importância dentro do regime dos contratos de longa duração.

O direito alemão, ao reconhecer, no início do século XX, a possibilidade de resolver um contrato de longa duração antes do prazo, foi vanguardista, pois atendeu a uma das particularidades deste tipo contratual – o mesmo aconteceu com a jurisprudência suíça. A positivação da hipótese no §314 do BGB, incluído na Reforma de 2002, teve o mérito de consolidar esta tendência. O UNIDROIT, no entanto, perdeu a oportunidade de reconhecer a importância desta disposição ao rejeitar a proposta da *Termination for Compelling Reasons* na reforma de 2016.

Nada impede, no entanto, que outros ordenamentos, como o brasileiro, acompanhem o direito germânico e reconheçam que o regime de Resolução dos contratos de longa duração tem particularidades cuja inobservância pode motivar, por via indireta, a adoção de comportamentos oportunistas e abusivos pelas partes envolvidas, que, diante da quebra absoluta da "confiança relacional" que as une, podem ser injustamente obrigadas a se manter contratadas.

Para tanto, uma série de questões deverá ser enfrentada. A seguir, algumas reflexões:

a) **A utilidade do instituto para o direito brasileiro:** contemplar a possibilidade de resolver um contrato de longa duração antes do final do seu prazo diante de uma "justa causa" que pode ser um inadimplemento ou um "evento disruptivo" é útil na medida em que reconhece uma particularidade inerente ao contrato de longa duração, que é a importância do vínculo de confiança que mantém as partes unidas. Ao reconhecer este traço do contrato de longa duração, ou seja, que as partes são mantidas por um laço de "confiança relacional", a resolução se torna uma consequência lógica de sua ruptura. Assim, a incorporação do instituto ao direito brasileiro permite aperfeiçoar o direito contratual, adaptando o sistema às particularidades do contrato de longa duração, que, como visto no Capítulo 1, vem ganhando cada vez mais importância nas relações comerciais.

b) **Onde o instituto poderia ser enquadrado dentro do ordenamento jurídico brasileiro?** Como verificamos no trabalho, a Resolução pela quebra absoluta da confiança pode se manifestar (i) como um inadimplemento ou (ii) como a consequência de um "evento disruptivo", no contexto da alteração das circunstâncias[517]. Neste sentido, na medida em que o instituto permite aperfeiçoar a concepção de inadimplemento nos contratos de longa duração, chamando a atenção para a análise prospectiva deste evento[518], de modo que a resolução só deverá ser legitimada quando o inadimplemento afetar a perspectiva futura do contrato, entendemos que o instituto pode ser aplicado como uma interpretação dos arts. 474 e 475 do Código Civil, que tratam da resolução por inadimplemento, mas também do art. 473[519], que trata da resilição unilateral, quando se estiver diante de uma justa causa

---

[517] Ver item 4.2.2
[518] 4.2.2 supra
[519] Vide o posicionamento de MENDES, Anotações preliminares sobre a resolução por justa causa nos contratos de longa duração; STEINER, **Interesse positivo e interesse negativo: a reparação de danos no Direito privado brasileiro.**

CAPÍTULO 7 – APLICAÇÃO DO INSTITUTO AO DIREITO BRASILEIRO

que não constitua um inadimplemento, ou seja, de uma quebra da confiança "pura".

c) **Quais seriam as possíveis aplicações do instituto no cenário brasileiro?** A análise das possíveis aplicações é necessariamente casuística, pois não há um rol *numerus clausus* que indique as hipóteses em que uma ruptura absoluta da confiança pode acontecer. Pelo contrário. Conforme exposto no capítulo 4.2, o instituto busca justamente lidar com situações inesperadas. Ainda assim, no entanto, é possível contemplar alguns cenários. Considerando que a resolução pode ocorrer por conta de um inadimplemento ou um "evento disruptivo", dividiremos as hipóteses desta maneira.

Inadimplemento e atos similares: (i) inadimplementos graves, (ii) sequência de inadimplementos de baixa gravidade, (iii) violação dos deveres anexos, (iv) danos extracontratuais, como atos de violência e violação a direitos da personalidade, (v) atos criminosos (violência física, racismo), etc.

Eventos disruptivos: estes são mais difíceis de "prever", em função do caráter incompleto dos contratos de longa duração, mas podemos considerar (i) quebra do *affectio societatis*[520], (ii) reestruturação societária do parceiro que afete a relação contratual, ameaçando o seu futuro, (iii) crise financeira, (iv) envolvimento com atos de corrupção e violações éticas e criminosas em geral, etc.

---

[520] Há um precedente do STJ, de relatoria do Min. Sávio de Figueiredo Teixeira (REsp 388.423/RJ), no qual a Corte permitiu a resolução de um acordo de acionistas diante da perda superveniente do *affectio societatis*. No caso em questão, discutiu-se a possibilidade de resolução do acordo de acionistas diante da *"ausência de confiança e quebra do dever de cooperação e lealdade entre as partes"*. A Corte considerou, com base na lição de Modesto Carvalhosa, que o acordo de acionistas somente poderia ser resolvido diante de uma "justa causa", que seria a perda do *affectio* por *"conduta incompatível ou dissídio de vontades das partes"*. A evidência da perda desta confiança levou a Turma julgadora a permitir a resolução, mesmo na ausência de disposição expressa na lei societária (no caso, o art. 118 da Lei 6.404). Este precedente nos parece um indicativo de que a relevância da confiança nas relações duradouras não é estranha e nem hostil ao ordenamento brasileiro, o que sugere ser possível trilhar o mesmo caminho da jurisprudência alemã e constituir a resolução pela quebra absoluta da confiança como um elemento intrínseco à regulação dos contratos de longa duração. O precedente em questão foi comentado pelo prof. Lauro Gama Jr. no relatório apresentado ao Governing Counciul do UNIDROIT. RODRIGUEZ, **Termination for Compelling Reasons and Latin America**, p. 6/7.

d) **Entre Resolução e Resilição?** Existe uma histórica controvérsia doutrinária quanto a delimitação dos conceitos de resolução, resilição e mesmo a rescisão[521]. A rigor, a resolução é sempre causal[522], na medida em que exige a ocorrência de um inadimplemento, no caso do art. 474 ou de um evento disruptivo que torne o contrato excessivamente oneroso, nos termos do art. 478. Assim, não há dúvida de que, quando a justa causa equivaler a um inadimplemento grave, tratar-se-á de resolução. A resilição, por sua vez, não demanda, em regra, a existência de causa para ser invocada. Parte da doutrina, no entanto, defende que o art. 473 é aplicável na hipótese em que a quebra da confiança não implica inadimplemento, com o que concordamos[523].

e) **Qual a relação entre o instituto, a segurança jurídica e a conservação dos negócios jurídicos?** Esta relação esteve bastante presente nos debates sobre a reforma dos Princípios do UNIDROIT, com relação à proposta da *Termination for Compelling Reasons*. Uma das críticas à proposta era justamente com relação à suposta insegurança gerada pelo instituto e a incoerência diante do princípio da conservação dos contratos (*favor contractus*), que seria norteador dos Princípios do UNIDROIT[524]. A discussão sobre a insegurança jurídica deve ser inserida num contexto de superação de uma visão radical do *pacta*

---

[521] Araken de Assis discorre sobre as diferentes modalidades de extinção do contrato e as confusões terminológicas, sobretudo no uso comum e incorreto da expressão "rescisão" na mesma acepção que "resolução", que teria sido adotada de forma atécnica no Código Civil de 1916 e tornou-se de uso comum (*"a utilização de um termo por outro, deveras reprovável e empecilho notório o ideal de rigor científico, se generalizou nas demandas"* – cit, p. 80). O Código Civil de 2002 adotou a nomenclatura correta. ASSIS, **Resolução do Contrato por inadimplemento**, cap. 3. Orlando Gomes também destaca a confusão terminológica em torno da disciplina da extinção dos contratos: *"A matéria da extinção dos contratos não se acha ordenada numa teoria geral que ponha termo à confusão proveniente inicialmente da terminologia usada na legislação e na doutrina e, em seguida, das divergências e vacilações dos conceitos, classificações e distinções necessárias"*. GOMES, **Contratos**, p. 202.

[522] Araken de Assis, após discorrer sobre as diversas teorias sobre o fundamento da resolução (condição implícita, teoria causal, teoria da interdependência, da equidade, etc.), afirma que a resolução *"consiste no desfazimento da relação contratual, por decorrência de evento superveniente, ou seja, do inadimplemento imputável, e busca ao status quo"*. ASSIS, **Resolução do Contrato por inadimplemento**, p. 77.

[523] Cap. 6.1.

[524] Ver Cap. 2

CAPÍTULO 7 - APLICAÇÃO DO INSTITUTO AO DIREITO BRASILEIRO

sund servanda. Desde o início do século XX a *cláusula rebus sic stantibus* e a boa-fé permitem a flexibilização do princípio diante de situações graves e inesperadas que causem forte desequilíbrio contratual[525]. Além disso, sabe-se hoje que os contratos de longa duração são mais sensíveis a alterações das circunstâncias em função da sua natureza incompleta[526]. Por isso, a noção de segurança jurídica vem se alterando, de modo que as partes devem considerar que os pactos devem ser cumpridos desde que as circunstâncias permaneçam iguais[527].

---

[525] Ver item 5.2

[526] Ver item 5.2.2

[527] Frederico Zenedin Glitz discorre sobre a nova concepção de segurança jurídica em oposição à noção clássica do *pact sund servanda*, afirmando que a complexidade da sociedade contemporânea levou à noção de que, diante de certos eventos incontroláveis, o contrato deve ser revisado. A segurança jurídica, atualmente, encontra-se indissociável da noção de "justiça", no sentido de equivalência e equilíbrio das prestações: *"Essa disposição levou a admitir que existem eventos incontroláveis, alheios à vontade das partes contratantes, que exercem sua* influência decisiva na execução do contrato, podendo este, em certas circunstâncias, ser revisado (...) *Progressivamente, passa-se a admitir a revisão do contrato. No entanto, ainda sob a justificativa da segurança, as hipóteses seriam limitadas. A revisão do contrato passou a ser instrumento de justiça. Não mais aquela justiça pressuposta, mas de equivalência de prestações. Não há, por certo, condenação do lucro, mas vedação da iniquidade e do abuso"*. GLITZ, Frederico Zenedin, **Contrato e sua conservação: lesão e cláusula de hardship**, Curitiba: Juruá, 2008, p. 34/35. Lucas Mendes traça a evolução da concepção de segurança jurídica desde a ordem voluntarista burguesa, quando prevalecia uma visão formalista de que os contratos deveriam ser cumpridos conforme firmados, independente do contexto, das circunstâncias ou do eventual desequilíbrio entre as partes, até os tempos atuais, onde a "justiça" passa a ter um papel relevante frente à segurança formal dos acordos. Neste contexto, o autor afirma que a segurança jurídica significa não apenas a proteção das avenças, mas a tutela de valores como a proteção da parte mais fraca e o equilíbrio das relações. Existe, portanto, um aparente conflito entre a estabilidade das relações e o equilíbrio do seu conteúdo, cuja ponderação deve ser feita com base nos princípios constitucionais vigentes naquela sociedade. Em resumo, *"deve se entender que no caso de choque entre os conceitos de segurança e justiça, não haverá que privilegiar-se um em detrimento do outro. Em verdade, a escolha se dará em conformidade com os interesses do Estado, o qual caminha no sentido da proteção dos princípios constitucionalmente tutelados"*. MENDES, Lucas, **A Segurança jurídica e o Contrato**, PUC-Rio, 2009, p. 29. Essa mudança na concepção de segurança jurídica, de uma noção mais formal para uma noção mais "flexível", ou seja, sensível ao contexto econômico e social também pode é compartilhada pela doutrina internacional contemporânea: *"Over the recent decades, however, legal certainty has come under increasing pressure from a number of competing demands that are made of law, in particular the demand that the law be more 'flexible' and responsive to an environment characterized by rapid social, economic and technological change"*. FENWICK, Mark; SIEMS, Mathias; WRBKA, Stefan, The State of the Art and the shifting meaning of Legal certainty, *in*: FENWICK, Mark; SIEMS, Mathias; WRBKA, Stefan (Orgs.), **The shifting**

Assim, da mesma maneira que institutos como o *hardship* e similares encontram-se consolidados internacionalmente[528] e não afetam a segurança jurídica, o mesmo ocorre com a Resolução pela quebra da confiança. Sendo certo que o vínculo de confiança é o que mantém as partes unidas, a ruptura causada por um evento disruptivo não é uma ameaça à segurança jurídica, mas a garantia de que as partes poderão ser liberadas das suas obrigações diante de eventos extraordinários que afetem irremediavelmente o contrato.

Com relação ao princípio da conservação dos negócios jurídicos, entendemos que não há contradição, pois o instituto não pretende tornar os contratos mais "frágeis" ou mesmo permitir a resolução por qualquer razão trivial. Pelo contrário. A resolução pela quebra da confiança deve ser a *ultima ratio*, sendo legítima somente diante de casos em que a manutenção da relação é realmente inexigível, a ponto de ser prejudicial a ao menos uma das partes. Noutras palavras, deve-se conservar os contratos ao máximo, mas não a qualquer custo. Há um ponto em que a conservação deixa de ser vantajosa e passa a ser prejudicial – e é neste ponto, quando ocorre a ruptura absoluta da confiança, que o ordenamento deve permitir a resolução. Não há, portanto, contradição, mas complementaridade entre os institutos.

f) **Como o instituto se insere diante da função social do contrato?**
O princípio da função social, previsto no art. 421 do Código Civil, apesar de toda a sua inegável complexidade, pode ser traduzido na noção de que os contratos têm uma importância que ultrapassa as partes diretamente envolvidas, tendo relevância para toda a sociedade[529].

---

meaning of Legal certainty in Comparative Transnational Law, Oxford: Hart Publishing, 2017. Nesta linha, entre nós, ver também BARROSO, Luis Roberto, A segurança jurídica na era da velocidade e do pragmatismo, **Revista de Direito da Procuradoria Geral do Estado de Goiás**, v. 21, 2001. A análise do instituto deverá, portanto, ser inserida neste contexto de adaptação do contrato frente às incertezas do mundo contemporâneo e também a sua conformidade perante os princípios constitucionais vigentes.

[528] Ver 5.2.2.d

[529] O debate sobre a concepção da função social do contrato é amplo e complexo, havendo diversas abordagens na doutrina e na jurisprudência, que devem ser levadas em consideração. Rodrigo Garcia da Fonseca, por exemplo, analisa o princípio por uma perspectiva econômica, chamando atenção para a importância social do contrato na medida em que seus efeitos econômicos reverberam, de modo mais ou menos intenso, em toda a sociedade: "o que

CAPÍTULO 7 – APLICAÇÃO DO INSTITUTO AO DIREITO BRASILEIRO

Partindo desta premissa – simplista, de fato –, podemos afirmar que a relevância econômica e social do contrato de longa duração eventualmente em análise deve ser levada em consideração pelo julgador quando da avaliação da legitimidade da resolução antes do final do prazo. Conforme mencionado no Capítulo 4.2, nos casos em que há interesses econômicos e sociais relevantes, o *threshold* para a resolução é mais alto, ou seja, o rigor é maior, de modo que é necessário estar diante de um fato realmente grave para que se permita a extinção prematura do contrato. Assim, pode-se afirmar, a princípio, que não há incompatibilidade entre o instituto em discussão e a função social do contrato.

g) **Quais seriam os requisitos para a Resolução pela quebra da confiança?** Entendemos que, mesmo diante da ausência de dispositivo semelhante, os requisitos do §314 do BGB podem ser úteis a inspirar eventual aplicação do instituto no direito brasileiro. Assim, conforme exposto no Capítulo 4.2.3 acima, partindo da premissa de que a Resolução por quebra da confiança se limitará a contratos de longa duração, a "justa causa" ocorrerá sempre que um inadimplemento ou um evento disruptivo levar à ruptura da "confiança relacional", ou seja, do vínculo de longo prazo que mantém as partes unidas. A avaliação desta causa será sempre casuística e deverá levar em consideração os interesses das partes e a delimitação dos riscos no contrato, de modo

---

acontece dentro de uma relação contratual, mesmo que não afete diretamente a terceiros, tem o potencial de propagar efeitos por toda a sociedade. Logo, tem repercussões sociais". FONSECA, Rodrigo Garcia da, **A função social do contrato e o alcance do artigo 421 do Código Civil,** Rio de Janeiro: Renovar, 2007, p. 253. A concepção adotada pela escola civil-constitucional vai mais longe, ao inserir a função social num contexto mais amplo de funcionalização do direito, no qual *"toda e qualquer relação jurídica vincula-se a valores sociais estabelecidos pelo ordenamento"*, sendo a função social, portanto, uma limitação à autonomia da vontade, que fica sujeita aos parâmetros de ordem pública e ao interesse coletivo da sociedade. Assim, Tepedino *et all* consideram que *"a função social amplia para o domínio do contrato a noção de ordem pública (...) é considerada um fim para cuja realização ou preservação se justifica a imposição de preceitos inderrogáveis e inafastáveis pela vontade das partes"*. TEPEDINO; BARBOSA; MORAES, **Código Civil interpretado conforme a Constituição da República – Vol. II**, p. 9. Sobre diferentes concepções do princípio da função social, permita-nos recomendar a leitura de nosso trabalho monográfico em MOREIRA, Rodrigo, **A Conservação do contrato e sua função social**, PUC-Rio, 2010, cap. 2.

que, por exemplo, eventos que estejam dentro da esfera de risco de uma das partes não poderão permitir a resolução. Em resumo, portanto, os requisitos seriam: (i) a ocorrência de um inadimplemento ou de um evento disruptivo que leve à quebra da confiança entre as partes, que deverá ser analisado (ii) conforme as circunstâncias do caso, levando em consideração (iii) os interesses das partes e (iv) a repartição dos riscos no contrato de longa duração em questão.

h) **Resolução judicial ou extrajudicial?** A rigor, entendemos que a Resolução deve seguir o racional do art. 474 do Código Civil. Ou seja, caso as Partes tenham regulado as hipóteses de resolução, esta poderá se operar de pleno direito. Neste caso, não há grande controvérsia. No entanto, na ausência de cláusula resolutiva expressa, caso o inadimplemento leve à quebra absoluta da confiança, nosso entendimento, a princípio, é de que a eficácia da resolução dependerá de pronunciamento judicial[530], valendo ressaltar que esta não é a tendência mundial[531], muito embora seja o sistema adotado em nosso ordenamento. No caso da quebra da confiança "pura", que não envolver inadimplemento, entendemos que pode ser operada pela simples notificação, nos termos do art. 473.

i) **Como seria a defesa diante da ilegitimidade da resolução?** Novamente, entendemos que é necessário seguir o racional do Código. Neste sentido, caso a "justa causa" não esteja prevista no contrato, a resolução dependerá de pronunciamento judicial, de modo que o contrato será mantido até o trânsito em julgado ou concessão de tutela de urgência[532], cabendo ao devedor apresentar a sua defesa normalmente.

---

[530] Orlando Gomes afirma que é *"Indispensável a intervenção judicial, de acordo, aliás, com a nossa tradição (...) Entre nós, pois, a resolução pela cláusula resolutiva tácita não se dá ipso iure, mas, sim, por sentença judicial"*. GOMES, **Contratos**, p. 208.

[531] Tepedino *et all* reconhecem a existência de dois sistemas, o francês e o alemão, que se diferenciam justamente pela necessidade de intervenção judicial para eficácia da resolução (*Ibid.*, p. 120). Com a reforma do Código Civil francês, o sistema mudou rumo ao adotado no BGB e nos instrumentos internacionais. A este respeito, ver Cap. 6 acima.

[532] Caio Mário elogia o sistema adotado pelo Código Civil brasileiro, por entender que, ainda que se sujeite à *"lentidão do curso processual, oferece a utilidade de não sujeitar a estabilidade dos negócios aos caprichos ou ao precipitado comportamento de um dos contratantes"*. PEREIRA, Caio Mário Silva, **Instituições de Direito Civil – Vol. III**, 20a edição. Rio de Janeiro: Forense, 2016, p. 136.

CAPÍTULO 7 – APLICAÇÃO DO INSTITUTO AO DIREITO BRASILEIRO

A controvérsia maior reside, a nosso ver, na hipótese em que a "justa causa" estiver prevista no contrato, sendo, portanto, uma cláusula resolutiva expressa. Neste caso caberá ao devedor buscar as perdas e danos causados pela ilegitimidade da resolução extrajudicial. Cabe analisar se o ordenamento nacional permite, além da indenização, que o julgador determine a manutenção do contrato, mesmo diante da resolução pelo credor interessado. O debate travado no direito português pode servir de orientação neste sentido[533], valendo ressaltar que, de acordo com a doutrina portuguesa, a posição majoritária é de que cabe ao interessado apenas requerer as perdas e danos, não sendo possível forçar a manutenção do contrato[534]. Comungamos, no entanto, do entendimento de Joana Farrajota, que de a manutenção é possível, devendo-se ponderar tanto o "direito ao cumprimento", por parte do credor, quanto o "direito a cumprir" por parte do devedor interessado na manutenção do contrato[535]. Além disso, é necessário também ponderar elementos particulares do ordenamento brasileiro, como o art. 5º, XX, da Constituição Federal, que prevê que ninguém pode ser compelido a se permanecer associado, o princípio da função social do contrato e da manutenção dos negócios jurídicos, sobretudo diante da eventual importância econômica e social do contrato e de eventuais consequências como a perda de empregos, etc.

j) **Seria possível renunciar, previamente, à Resolução?** Entendemos que não é possível renunciar totalmente à resolução pela quebra de confiança, sobretudo quando se tratar de um evento disruptivo, que não seja um inadimplemento. É possível, no entanto, regular a hipótese, conferindo mais previsibilidade às partes, mas sem tornar a resolução restrita a ponto de se inviabilizá-la. A razão, mais do que uma questão de ordem pública, se remete à natureza incompleta dos contratos de longa duração, que significa que as partes não têm condições de antever completamente todas as contingências a que o contrato pode estar sujeito no curso da sua vigência. Em função disso, renunciar

---

[533] Ver cap. 6
[534] CRISTAS, É Possível Impedir Judicialmente a Resolução De Um Contrato?
[535] FARRAJOTA, **A Resolução do Contrato Sem Fundamento**, cap. 5.

previamente à resolução implicaria em impor às partes o risco integral pelos efeitos deletérios de todo e qualquer "evento disruptivo" que possa ocorrer, o que contradiz todo o histórico do resgate da cláusula *rebus sic stantibus*. Sendo assim, nosso entendimento, a princípio, é de que a renúncia total não é possível, sendo a regulação pelas partes, no entanto, possível e recomendável.

k) **A eficácia da resolução é prospectiva ou retrospectiva?** O tema é igualmente controverso, pois, ao contrário do BGB e de outros ordenamentos, o Código Civil brasileiro não regula expressamente os efeitos da resolução[536]. O art. 473 nada diz sobre o tema, mas a doutrina entende que os efeitos são prospectivos[537]. O art. 475 prevê apenas a possibilidade resolução cumulada com perdas e danos, sem tratar dos efeitos. O art. 478, no entanto, prevê que os efeitos da sentença resolutória no caso de onerosidade excessiva retroagirão à data da citação, sugerindo tratar-se de efeitos prospectivos, ao menos com relação ao evento causador da resolução. Entendemos que o mesmo racional deve ocorrer com relação à Resolução por quebra absoluta da confiança, pois por vezes não é possível aplicar efeitos retroativos aos contratos de longa duração, dado que, frequentemente, há uma série de adimplementos que não podem ser desfeitos em razão da resolução. Assim, entendemos que os efeitos devem ser, em regra, prospectivos. No entanto, como bem aponta a doutrina alemã, pode haver casos em que a resolução implicará efeitos retroativos, sobretudo no caso de pagamentos adiantados ou na necessidade de compensar pagamentos feitos mutuamente. A análise deverá se dar, portanto, pela perspectiva da vedação do enriquecimento sem causa (arts. 884 e seguintes) e ao

---

[536] Araken de Assis defende a aplicação analógica do art. 182 para dar fundamento aos efeitos restitutórios da resolução. ASSIS, **Resolução do Contrato por inadimplemento**, p. 154. Orlando Gomes, no entanto, já admite que *"O efeito da resolução entre as partes varia, pois, conforme o contrato, seja de execução única ou de duração"*. GOMES, **Contratos**, p. 210.

[537] Segundo Orlando Gomes, *"A resilição não opera retroativamente. Seus efeitos produzem-se ex--nunc. Nos contratos de trato sucessivo, não se restituem as prestações cumpridas. Até o momento em que a resilição ocorre, assim por mútuo consentimento, como por vontade unilateral, os efeitos produzidos permanecem inalterados e jamais serão cassados."* GOMES, **Contratos**, p. 187/188.

CAPÍTULO 7 - APLICAÇÃO DO INSTITUTO AO DIREITO BRASILEIRO

abuso de direito (art. 187)[538]. Além disso, o tratamento conferido a certos contratos de longa duração típicos, como a representação comercial, o aluguel e outros pode servir de parâmetro para solucionar a questão.

l) **Como funcionariam as perdas e danos?** Conforme analisado no capítulo 6, é comum, na arbitragem internacional, que as perdas e danos nos casos envolvendo contratos complexos de longa duração sejam calculadas não por meio do retorno das partes ao *status quo ante*, mas através de um cálculo hipotético de como o credor estaria caso as obrigações tivessem sido cumpridas. Isso ocorre porque não apenas porque o desfazimento da relação geralmente não é possível, seja porque muitas obrigações já foram cumpridas, mas também porque o retorno ao *status quo ante* é inviável em termos práticos, como no caso da resolução de contratos de empreitada onde o projeto é interrompido no meio. Nestes casos, o retorno ao estado inicial tem pouca valia para o credor, cujo interesse último é na conclusão do projeto ou no cumprimento da prestação. Assim, será necessário analisar se a jurisprudência e o ordenamento nacional contemplam este tipo de abordagem, considerando os parâmetros estabelecidos nos arts. 402 e 403, que tratam do dano emergente e dos lucros cessantes, e do art. 944, que estabelece o princípio da reparação integral. Será útil também a análise da questão pela perspectiva da teoria do "interesse positivo e negativo" do contrato, que avalia justamente estas hipóteses em que as perdas e danos devem considerar o interesse na parte lesada no cumprimento da obrigação, conforme exposto acima[539].

Considerados esses pontos, entendemos ser plenamente possível a incorporação do instituto. Afinal, basta reconhecer que os contratos de longa duração

---

[538] No caso particular do contrato de distribuição, a doutrina especializada afirma que *"A indenização relativa ao restante dos contratos de distribuição rege-se pelos princípios gerais do direito contratual e deve evitar o enriquecimento sem causa e o empobrecimento ilícito, bem como deve levar em consideração os investimentos efetuados, o dano causado, além dos lucros cessantes"*. SCHERKERKEWITZ, Iso, **Contratos de distribuição e o novo contexto do contrato de representação comercial**, São Paulo: Revista dos Tribunais, 2011, p. 116.
[539] Cap. 6.3.

têm particularidades que justificam um olhar específico e, como consequência, reconhecer que, assim como a formação e a execução, a Resolução deve prestigiar a ruptura do vínculo, ou seja, a quebra da "confiança relacional" que une as partes.

CONCLUSÕES

Em resumo, podemos apontar as seguintes conclusões deste estudo:

A dogmática contratual clássica não atende adequadamente às particularidades dos contratos de longa duração. Existe um consenso de que a ordem jurídica estabelecida durante o século XIX, adotada nas grandes codificações e baseada no paradigma liberal clássico, é insuficiente para lidar com os desafios da sociedade contemporânea. Esta insuficiência se manifestou logo no início do século XX, com a adoção das teorias sobre a alteração das circunstâncias, com um resgate da cláusula *rebus sic stantibus*. Há, no entanto, um aspecto que passou despercebido pela doutrina durante boa parte do século XX, que é a insuficiência, não apenas da filosofia em torno da ordem jurídica voluntarista, mas da própria estrutura da dogmática contratual. Isso porque o direito contratual "clássico" é baseado na estrutura do contrato de compra e venda, que é o modelo contratual por excelência da era industrial. Essa estrutura se mostrou insuficiente para lidar com os novos arranjos contratuais que ganharam força no século XX, sobretudo os contratos de longa duração, que são hoje os tipos contratuais mais relevantes do ponto de vista econômico e social. A economia percebeu esta questão e vem estudando o tema há muitos anos, o que resultou na concessão do Prêmio Nobel em 2016 aos economistas Oliver Hart e Bengt Hölmstrom pelo trabalho sobre os *"contratos incompletos"*. O Direito precisa acompanhar esta mudança, reconhecendo esta insuficiência estrutural da dogmática contratual clássica, buscando reformá-la para contemplar as particularidades destas relações mais complexas. O UNIDROIT deu um importante passo neste sentido, reformando os Princípios em 2016 para incluir disposições sobre os contratos de longa duração. Muito embora tenha rejeitado a proposta da *Termination for Compelling Reasons*, o que consideramos ter sido um erro, a instituição chamou atenção da comunidade internacional para a questão, estabelecendo uma tendência. Este trabalho é produto direto deste esforço.

É necessária uma evolução da nomenclatura de contrato de "execução continuada ou diferida" rumo aos "contratos de longa duração". Os contratos executados ao longo do tempo não são estranhos à dogmática clássica. Tradicionalmente, mesmo após o ressurgimento da cláusula *rebus sic stantibus* no início do século XX, a categoria dos contratos de execução continuada ou diferida – no caso do direito alemão, dos contratos de "execução continuada" (*Dauerschuldverhältnisse*) – ganhou destaque nos ordenamentos mais tradicionais. No entanto, a complexidade da economia e da sociedade contemporânea fizeram surgir arranjos contratuais cuja complexidade vai além do longo prazo, possuindo um traço não considerado na dogmática clássica, porém essencial, que é o elemento "relacional". Por isso, vem se formando um consenso quanto à superação dos contratos de execução continuada, a fim de contemplar também o aspecto relacional deste contrato. Neste sentido, o conceito de "contrato de longa duração" adotado pelos Princípios do UNIDROIT após a reforma nos parece bastante preciso, na medida em que contempla tanto o aspecto temporal quanto o aspecto relacional, o que é particularmente importante na Resolução por quebra absoluta da confiança. A mudança na nomenclatura não é trivial, uma vez que a diferença conceitual é muito importante.

A Resolução por quebra absoluta da confiança é inerente ao regime dos contratos de longa duração. O estudo do instituto permite concluir que a quebra absoluta da confiança é a verdadeira causa eficiente da Resolução do contrato de longa duração. Não é, portanto, uma modalidade específica de Resolução, mas a única forma legítima de resolver os contratos de longa duração. Isso porque o aspecto particular do vínculo dos contratos de longa duração, suja essência reside na manutenção da relação contratual com vistas ao futuro – o que chamamos de "confiança relacional" – faz com que apenas a ruptura deste vínculo, que pode ser causada por um inadimplemento ou por um evento disruptivo, pode levar à Resolução do contrato.

A quebra da "confiança relacional" é o que leva à Resolução. Através dos estudos sobre os contratos relacionais, verificamos que os contratos de longa duração com forte carga relacional têm um vínculo cuja essência reside na manutenção da relação com vistas ao futuro. Ian Macneil se baseou no conceito de "solidariedade orgânica" de Émile Durkheim para identificar este vínculo, que equivale a uma "vontade" de permanecer unido. Tomando por base a doutrina portuguesa sobre os contratos de longa duração, entendemos que o conceito jurídico que melhor traduz este vínculo apontado por Macneil é o da "confiança relacional". A ruptura deste vínculo, que é a "argamassa" que mantém as partes, deve legitimar a Resolução do contrato mesmo antes do prazo.

A Resolução pode ser causada por um inadimplemento ou por um evento disruptivo superveniente. Quando se tratar de um inadimplemento, este deverá ser analisado de forma prospectiva, tendo em vista não apenas a importância do inadimplemento, mas o seu impacto na viabilidade futura do contrato. Assim, a Resolução poderá ser causada por um inadimplemento grave ou por uma série de inadimplementos de menor gravidade. O que importa na análise é se estes atos tornam inexigível a continuidade do contrato até o fim do seu prazo contratual. Quando for causada por um evento disruptivo, deverá ser tratada como uma forma de "alteração das circunstâncias".

A Resolução pela quebra absoluta da confiança é uma espécie do gênero "alteração das circunstâncias". O §314 do BGB, que trata da Resolução do contrato de longa duração, está inserido na seção dedicada à *"Adaptação e Resolução dos contratos"*, junto com o §313, que trata da quebra da base do negócio (*Wegfall der Geschäftsgrundlage*). Isso significa que a Resolução do contrato de longa duração pode ocorrer por conta de um "evento disruptivo" que afete o contrato e torne inexigível a sua continuidade, o que significa que não precisa ocorrer um inadimplemento ou uma violação dos deveres anexos da boa-fé para que se legitime a Resolução do contrato antes do seu prazo. É necessário que os impactos deste evento estejam fora da esfera de risco assumida pelas partes. Além disso, a Resolução se insere nesta categoria porque os contratos de longa duração, por serem "incompletos", são mais sensíveis a eventos disruptivos que alterem as circunstâncias da contratação. A Resolução se difere dos demais institutos relacionados à alteração das circunstâncias – impossibilidade superveniente, frustração do fim do contrato e quebra da base do negócio (*hardship*) – por tratar de um evento cujo impacto importa na quebra da "confiança relacional", tornando inexigível a continuidade do contrato, e não da impossibilidade do cumprimento, a frustração do objetivo do contrato ou de um desequilíbrio econômico.

A Resolução da quebra absoluta da confiança se aproxima do inadimplemento substancial (*fundamental breach*). Ambos os institutos são muito próximos. A Resolução do contrato de longa duração também demanda um "inadimplemento qualificado", que frustre alguma das partes de suas expectativas com relação ao contrato, tomando por base o conceito do art. 25 da CISG. A diferença é que na Resolução do contrato de longa duração, a análise desta "frustração" deve se dar de forma prospectiva, não apenas com base na gravidade do inadimplemento tendo em vista os dados estabelecidos quando da formação do contrato. É a "inexigibilidade" de continuar a relação até o fim que importa. Assim, muito embora ambos os regimes possam coexistir, a Resolução por quebra absoluta da confiança permite "aperfeiçoar" o conceito de inadimplemento substancial, de modo que, ao tratar de contratos de longa duração, as partes considerem não apenas a gravidade do inadimplemento, mas sobretudo o seu impacto na sua viabilidade futura.

A Resolução extrajudicial é uma tendência mundial, não apenas para os contratos de longa duração. O §314 do BGB prevê que a Resolução se opera por simples notificação à parte contrária, não sendo necessário pronunciamento judicial prévio para lhe dar eficácia. Este modelo é tendência mundial nas alterações legislativas recentes, como o novo Código Civil argentino e o francês, além dos instrumentos internacionais como a CISG, os Princípios do UNIDROIT, o PECL, o DCFR e a CESL. O Brasil adota um regime diverso, similar ao do Código Civil italiano. Este regime extrajudicial inverte o ônus sobre o questionamento da legitimidade da Resolução, de modo que cabe à parte alvo da rescisão ir ao Judiciário reclamar a ilegalidade da Resolução e pedir perdas e danos ou mesmo o restabelecimento do contrato – este é um debate recente na doutrina portuguesa, que pode ser útil no Brasil.

A eficácia da Resolução do contrato de longa duração é, a rigor, prospectiva e não retroativa. A doutrina alemã majoritária considera que a Resolução do contrato de longa duração (*Kündigung*) tem efeitos apenas prospectivos, ou seja, *ex nunc*. Isso se difere do regime tradicional da Resolução (*Rücktritt*), que costuma ter efeitos retroativos, *ex tunc*, implicando no desfazimento do negócio e o retorno ao *status quo ante*. A lógica é que a Resolução do contrato de longa duração tenha, a rigor, apenas efeitos liberatórios, ao passo que a Resolução do contrato de execução imediata possui, em regra, efeitos restitutórios. Há manifestações doutrinárias que entendem que esta divisão permite exceções conforme o caso concreto, de modo que pagamentos adiantados em contratos de longa duração podem ser devolvidos. A rigor, no entanto, a diferença existe, baseada na ideia de que nos contratos de longa duração há diversos adimplementos no curso da vida do contrato, não fazendo sentido o respectivo desfazimento.

As perdas e danos nos contratos de longa duração também possuem particularidades. O §314(4) do BGB prevê a possibilidade de cumulação da Resolução do contrato de longa duração com o pleito de perdas e danos. Isso significa, a *contrariu sensu*, que pode haver Resolução sem danos, o que pode ocorrer quando o contrato for afetado por um evento disruptivo que torna inexigível a sua continuidade. Além disso, a questão atrai a discussão sobre as particularidades dos pleitos indenizatórios apresentados nos contratos de longa duração, que costumam ser analisados pela perspectiva do "interesse positivo", ou seja, por uma análise hipotética de como seria a situação das partes caso o contrato tivesse sido cumprido e não no seu retorno ao *status quo ante*.

É defeso às partes renunciarem previamente à Resolução pela quebra absoluta da confiança. Há uma diferença marcante entre o regime adotado na proposta da *Termination for Compelling Reasons* apresentada ao UNIDROIT e o regime aplicável no direito alemão. Na proposta, as partes poderiam renunciar à Resolução pela quebra absoluta da confiança, o que, pela análise do debate sobre a reforma, foi uma forma encontrada para mitigar os alegados riscos à segurança jurídica trazidos pela hipótese. No direito alemão, no entanto, considera-se que não é possível renunciar previamente à Resolução, uma vez que não é possível às partes preverem todos os cenários com o potencial de afetar o contrato e levar à quebra absoluta da confiança, em função do caráter incompleto dos contratos de longa duração. É possível, no entanto, regular a hipótese, o que é um dos maiores desafios no campo do direito contratual atualmente.

Ao final, fica a lição de que há um grande campo de estudo a desvendar na disciplina dos contratos de longa duração, que, junto com o processo de harmonização é, sem exagero, a grande fronteira de estudos sobre o direito contratual.

REFERÊNCIAS

ALEJANDRO M. GARRO. **Comparison between provisions of the CISG regarding exemption of liability for damages (Art. 79) and the counterpart provisions of the UNIDROIT Principles (Art. 7.1.7)**. Disponível em: <http://www.cisg.law.pace.edu/cisg/principles/uni79.html>. Acesso em: 31 dez. 2017.

ALEXIS DOWNE. The reform of French Contract Law: a critical overview. **Revista da Faculdade de Direito**, v. 61, n. 1, p. 43/68, 2016. Disponível em: <http://revistas.ufpr.br/direito/article/view/46003/27886>. Acesso em: 24 dez. 2017.

ANDRADE, Rogerio P. de. A construção do conceito de incerteza: uma comparação das contribuições de Knight, Keynes, Shackle e Davidson. **Nova Economia**, v. 21, n. 2, p. 171-195, 2011. Disponível em: <http://www.scielo.br/scielo.php?script=sci_arttext&pid=S0103-63512011000200001&lng=pt&tlng=pt>.

ARAGÃO, Ana Júlia Grein; BENTO, Daniel Freitas Drumond; FERNANDES, Júlio César; et al. Adimplemento substancial. *In*: GUSTAVO KULESZA; RAFAEL BITTENCOURT; RODRIGO MOREIRA (Orgs.). **A CISG e o Judiciário brasileiro**. São Paulo: Comitê Brasileiro de Arbitragem, 2016, p. 92. Disponível em: <http://cbar.org.br/site/wp-content/uploads/2017/03/Relatorio-Pesquisa-Juris-CISG-2016_versao-consolidada-e-revisada_FINAL.pdf>. Acesso em: 24 dez. 2017.

ARAUJO, Paulo Dóron Rehder de. **Prorrogação compulsória de contratos a prazo**. Universidade de São Paulo, 2011.

ASSIS, Araken de. **Resolução do Contrato por inadimplemento**. São Paulo: Revista dos Tribunais, 2013.

AZEVEDO, Antonio Junqueira de. Natureza jurídica do contrato de consórcio. Classificação dos atos jurídicos quanto ao número de partes e quanto aos efeitos. Os contratos relacionais. Contratos de duração. Alteração das circunstâncias e onerosidade excessiva. Sinalagma e resolução contr. **Revista dos Tribunais**, v. 832, n. Fev/2005, p. 115-137, 2005.

BARROSO, Luis Roberto. A segurança jurídica na era da velocidade e do pragmatismo. **Revista de Direito da Procuradoria Geral do Estado de Goiás**, v. 21, 2001.

BEATE GSELL; WOLFGANG KRUGER; STEPHAN LORENZ; *et al*. **Beck-online.GROSSKOMMENTAR**. Disponível em: <https://beck-online.beck.de/?vpath=bibdata/komm/BeckOGK/cont/BeckOGK.htm>. Acesso em: 15 dez. 2017.

BERNARD AVISHAI. **The Pandemic Isn't a Black Swan but a Portent of a More Fragile Global System**. The New Yorker. Disponível em: <https://www.newyorker.com/news/daily-comment/the-pandemic-isnt-a-black-swan-but-a-portent-of-a-more-fragile-global-system>. Acesso em: 21 jun. 2021.

BONNEL, Michael Joachim. The Unidroit Initiative for the Progressive Codification of International Trade Law. **The International and Comparative Law Quarterly**, v. 27, n. 2, 1978.

BONNEL, Michael Joachim. The UNIDROIT Principles of International Commercial Contracts: preparation and sources of inspiration. *In*: BONNEL, Michael Joachim (Org.). **An international restatement of contract law – the Unidroit Principles of International Commercial Contracts**. New York: Transnational Publichers, 2004.

BOTSMAN, Rachel; ROGERS, Roo. **What's Mine Is Yours: The Rise of Collaborative Consumption**. New York: HarperCollins, 2010.

BRUNNER, Christoph. Force Majeure and Hardship under General Contract Principles: Exemption for Non-performance in International Arbitration. **Kluwer Law International**, 2008.

CAFFAGI, Fabrizio; GOMEZ, F.; GRUNDMANN, S.; *et al*. **European Private Law after the Common Frame of Reference**. [s.l.]: Edward Elgar Publishing, 2010.

CATEB, Alexandre Bueno; GALLO, José Alberto Albeny. Breves Considerações sobre a Teoria dos Contratos Incompletos. **Latin American and Caribbean Law and Economics Association (ALACDE) Annual Papers**, 2007.

CHENGWEI, Liu. Remedies for Non-performance – Perspectives from CISG, UNIDROIT Principles and PECL. 2003. Disponível em: <http://cisgw3.law.pace.edu/cisg/biblio/chengwei.html#ch8>. Acesso em: 2 jan. 2018.

COGO, Rodrigo Barreto. **A frustração do fim do contrato**. Universidade de São Paulo, 2005.

COMISSÃO EUROPEIA. **Proposta de Regulamento do Parlamento Europeu e do Conselho relativo a um direito europeu comum da compra e venda**. Disponível em: <http://eur-lex.europa.eu/legal-content/PT/TXT/PDF/?uri=CELEX:52011PC0635&from=EN>. Acesso em: 24 dez. 2017.

CONAGLEN, Matthew. The nature and function of fiduciary loyalty. **Law Quarterly Review**, v. 121, p. 452/480, 2005.

CORDEIRO, António Manuel da Rocha e Menezes. **Da Boa-fé no Direito Civil**. Coimbra: Almedina, 2001.

CORDEIRO, António Menezes. **Tratado de Direito Civil – IX – Direito Das Obrigações**. 1a. ed. Coimbra: Almedina, 2010.

CORDEIRO, António Menezes. **Tratado de Direito Civil – X – Direito das Obrigações**. Coimbra: Almedina, 2010.

CORDEIRO, António Menezes. **Tratado de Direito Civil português II, tomo IV**. Coimbra: Almedina, 2010.

REFERÊNCIAS

CRISTAS, Assunção. É Possível Impedir Judicialmente a Resolução De Um Contrato? *In*: AMARAL, Diogo Freitas do; ALMEIDA, Carlos Ferreira de; ALMEIDA, Marta Tavares de (Orgs.). **Estudos Comemorativos Dos 10 Anos da Faculdade de Direito da Universidade Nova de Lisboa**. Coimbra: Almedina, 2008, v. II.

DANNEMAN, Gerhard; VOGENAUER, Stefan. The European Contract Law Initiative and the 'CFR in Context' Project. *In*: DANNEMAN, Gerhard; VOGENAUER, Stefan (Orgs.). **The Common European Sales Law in Context: Interactions with English and German Law**. Oxford: Oxford University Press, 2013.

DESSEMONTET, François. Security of Contracts vs. Termination for Cause: Why is UNIDROIT afraid of the Big Bad 314 BGB? *In*: **Private law: national – global – comparative: Festschrift für Ingeborg Schwenzer zum 60. Geburtstag**. Bern: Intersentia, 2011, p. 395–407.

DESSEMONTET, François. **UNIDROIT 2007 Study L – Doc. 104 – Position Paper with Draft Provisions on Termination of Long Term Contracts for Just Cause**. Disponível em: <https://www.unidroit.org/english/documents/2007/study50/s-50-104-e.pdf>. Acesso em: 10 jan. 2018.

DESSEMONTET, François. **UNIDROIT 2009 Study L – Doc. 109 – Draft Chapter on Termination of Long Term Contracts for Just Cause**. Disponível em: <https://www.unidroit.org/english/documents/2009/study50/s-50-109-e.pdf>. Acesso em: 10 jan. 2018.

DICKSTEIN, Marcelo. **A boa-fé objetiva na modificação tácita da relação jurídica: surrectio e supressio e**. Rio de Janeiro: Lumen Iuris, 2010.

DORALT, Walter. **Langzeitverträge**. Max-Planck-Institut für ausländisches und internationales Privatrecht, 2017.

DORALT, Walter. Right to Terminate for Compelling Reason (Commentary to Art. 6.3.1 PICC). *In*: JANSEN, Nils; ZIMMERMANN, Reinhard (Orgs.). **Commentaries on European Contract Laws**. Oxford: Oxford University Press, 2018, p. 912–918.

DURKHEIM, Émile. **Da divisão do Trabalho Social**. São Paulo: Martins Fontes, 1999.

EASTERBROOK, Frank H.; FISCHEL, R. Contract and fiduciary duty. **The Journal of Law & Economics**, v. 36, n. 1, p. 425/446, 1993.

EHMANN, Horst; SUTSCHET, Holger. **La Reforma Del BGB: Modernización del Derecho Alemán de Obligaciones**. 1a. ed. Bogotá: Universidad Externado de Colombia, 2006.

EISENBERG, Melvin. Relational Contracts. *In*: BEATSON, Jack; FRIEDMAN, Daniel (Orgs.). **Good faith and fault in contract law**. Oxford: Oxford University Press, 1995, p. 291–304.

EISENBERG, Melvin. Why There Is No Law of Relational Contracts? **Berkeley Law Scholarship Repository**, p. 805–821, 1999.

ELMS, Deborah K; LOW, Patrick. **Global value chains in a changing world**. Geneva: WTO, 2013. Disponível em: <https://www.wto.org/english/res_e/booksp_e/aid4tradeglobalvalue13_e.pdf>. Acesso em: 12 jan. 2018.

FARNSWORTH, Allan. An International Restatement: The Unidroit Principles of International Commercial Contracts. **University of Baltimore Law Review**, v. 26, n. 3, 1996.

FARRAJOTA, Joana. **A Resolução do Contrato Sem Fundamento**. 1a. ed. Coimbra: Almedina, 2015.

FENWICK, Mark; SIEMS, Mathias; WRBKA, Stefan. The State of the Art and the shifting meaning of Legal certainty. *In*: FENWICK, Mark; SIEMS, Mathias; WRBKA, Stefan (Orgs.). **The shifting meaning of Legal certainty in Comparative Transnational Law**. Oxford: Hart Publishing, 2017.

FERRARI, Franco. **The CISG and its impact on national legal systems**. Munich: Sellier, 2008. Disponível em: <https://archivos.juridicas.unam.mx/www/bjv/libros/6/2843/8.pdf>. Acesso em: 2 jan. 2018.

FERRARI, Franco. **Uniform Interpretation of The 1980 Uniform Sales Law**. Georgia Journal of International and Comparative Law. Disponível em: <http://www.cisg.law.pace.edu/cisg/biblio/franco.html>.

FERREIRA DE VARES, Sidnei. Solidariedade Mecânica e Solidariedade Orgânica em Émile Durkheim: Dois Conceitos e um Dilema. **Mediações – Revista de Ciências Sociais**, v. 18, n. 2, p. 148, 2013. Disponível em: <http://www.uel.br/revistas/uel/index.php/mediacoes/article/view/17317>.

FONSECA, Rodrigo Garcia da. **A função social do contrato e o alcance do artigo 421 do Código Civil**. Rio de Janeiro: Renovar, 2007.

FRADA, Manuel António de Castro Portugal Carneiro da. **Teoria da Confiança e Responsabilidade Civil**. 1a. ed. Coimbra: Almedina, 2003.

FRIEDEN, Jeffry A. **Capitalismo Global**. Rio de Janeiro: Jorge Zahar, 2008.

GAMA JR., Lauro. **Contratos internacionais à luz dos Princípios do UNIDROIT 2004**. Rio de Janeiro: Renovar, 2006.

GAMA JR., Lauro. **Princípios do UNIDROIT 2010**. Disponível em: <https://www.unidroit.org/overview-principles-2010-other-languages/portuguese-black-letter>. Acesso em: 2 jan. 2018.

GARNER, Bryan A. **Black's Law Dictionary**. 9th. ed. New York: West, 2009.

GLITZ, Frederico Zenedin. **Contrato e sua conservação: lesão e cláusula de hardship**. Curitiba: Juruá, 2008.

GOLOBARDES, Mireia Atigot i; POMAR, Fernando Góme. Dissecating Long-term contracts: a law and economics approach. *In*: GRUNDMANN, Stefan; CAFFAGI, Fabrizio; VETTORI, Giuseppe (Orgs.). **The organizational Contract – from exchange to long-term network cooperation in European contract law**. London: Routledge, 2013.

GOMES, Orlando. **Contratos**. 25a. ed. Rio de Janeiro: Editora Forense, 2002.

GRUENBAUM, Daniel. Resolução do Contrato: avoidance na CISG. **Revista de Arbitragem e Mediação2**, v. 37, 2013.

GRUNDMANN, Stefan. Regulating Breach of Contract – The Right to Reject Performance by the Party in Breach. **European Review of Contract Law**, v. 3, n. 2, 2007. Disponível em: <https://www.degruyter.com/view/j/ercl.2007.3.issue-2/ercl.2007.009/ercl.2007.009.xml>.

GRUNDMANN, Stefan; CAFFAGI, Fabrizio; VETTORI, Giuseppe. **The Organizational Contract – from exchange to long-term network cooperation in European Contract Law**. London: Routledge, 2013.

REFERÊNCIAS

HART, Oliver. An Economist's view of Fiduciary Duty. **The University of Toronto Law Journal**, v. 43, n. 3, 1993.

HART, Oliver. Incomplete Contracts and Control. **American Economic Review**, v. 107, n. 7, p. 1731/1752, 2017.

HART, Oliver; MOORE, John. Contracts as reference points. **Quarterly Journal of Economics**, v. 123, n. 1, 2008.

HARTKAMP, S.; HESSELINK, Martijn W.; HONDIUS, Ewoud; *et al* (Orgs.). **Towards a European Civil Code**. The Hague: Kluwer Law International, 2010.

HUBER, Peter. CISG – The Structure of Remedies. p. 22–24, 2005. Disponível em: <https://cisgw3.law.pace.edu/cisg/biblio/huber1.html#b>. Acesso em: 2 jan. 2018.

KLASS, Gregory. Effcient Breach. *In*: KLASS, Gregory; LETSAS, George; SAPRAI, Prince (Orgs.). **Philosophical Foundations of Contract Law**. Oxford: Oxford University Press, 2014.

KLAUS SCHWAB; PETER VANHAM. **Stakeholder Capitalism: A Global Economy that Works for Progress, People and Planet**. New Jersey: Wiley, 2021. Disponível em: <https://www.wiley.com/en-us/Stakeholder+Capitalism%3A+A+Global+Economy+that+Works+for+Progress%2C+People+and+Planet-p-9781119756132>. Acesso em: 21 jun. 2021.

KLAUS SCHWAB; PETER VANHAM. **What is stakeholder capitalism? It's History and Relevance**. World Economic Forum. Disponível em: <https://www.weforum.org/agenda/2021/01/klaus-schwab-on-what-is-stakeholder-capitalism-history-relevance/>. Acesso em: 21 jun. 2021.

KNIGHT, Frank H. **Risk, Uncertainty, and Profit**. New York: Sentry Press, 1921.

KULESZA, Gustavo. **Princípio da mitigação de danos: evolução no direito contratual**. Curitiba: Juruá, 2015.

LEITE, ana Paula Parra; CONSALTER, Zilda Mara. O caso Ryan Lochte e a aplicação da cláusula moral no direito negocial brasileiro. **Revista Brasileira de Direito Civil**, v. 12, 2017.

MACHADO, João Baptista. Parecer Sobre Denúncia e Direito de Resolução de Contrato de Locação de Estabelecimento Comercial. *In*: VASCONCELOS, Pedro Bacelar (Org.). **João Baptista Machado Obra Dispersa**. 1a. ed. Braga: Scientia Ivridica, 1991, p. 647–681.

MACHADO, João Baptista. Pressupostos da Resolução por Incumprimento. *In*: VASCONCELOS, Pedro Bacelar de (Org.). **João Baptista Machado Obra Dispersa**. 1a. ed. Braga: Scientia Ivridica, 1991, p. 125–193.

MACHADO, João Baptista. Tutela da Confiança e "Venire Contra Factum Proprium". *In*: VASCONCELOS, Pedro Bacelar (Org.). **João Baptista Machado Obra Dispersa**. 1a. ed. Braga: Scientia Ivridica, 1991, p. 345–424.

MACNEIL, Ian R. Efficient Breach of Contract: Circles in the Sky. **Virginia Law Review**, v. 68, n. 5, p. 947/969, 1982.

MACNEIL, Ian R. **The new social contract – an inquiry into modern contractual relations**. New Haven: Yale University Press, 1981.

MARISA HERRERA; GUSTAVO CARAMELO; SEBASTÍAN PICASSO. **Código Civil y Comercial de la Nación Comentado, Tomo III, Libro tercero, Artículos 724 a 1250**.

1ª. Buenos Aires: Infojus, 2015. Disponível em: <http://www.saij.gob.ar/docs-f/codigo--comentado/CCyC_TOMO_3_FINAL_completo_digital.pdf>. Acesso em: 2 jan. 2018.

MARKESINIS, Sir Basil; UNBERATH, Hannes; JOHNSTON, Angus. **The German Law of Contract.** 2a. ed. Oregon: Hart Publishing, 2006.

MARTINS-COSTA, Judith. **A boa-fé no direito privado.** 1ª. São Paulo: Revista dos Tribunais, 2000.

MCKENDRICK, Ewan. Commentary on Section 6.2 (hardship). *In*: VOGENAUER, Stephan (Org.). **Commentary on the UNIDROIT Principles of International Commercial Contracts (PICC).** 2. ed. Oxford: Oxford University Press, 2015.

MEHREN, Arthur T. Von. **International Encyclopedia of Comparative Law.** Leiden: Martinus Nijhoff, 2008.

MENDES, Lucas. **A Segurança jurídica e o Contrato.** PUC-Rio, 2009.

MENDES, Rodrigo Broglia. Anotações preliminares sobre a resolução por justa causa nos contratos de longa duração. *In*: CASTRO, Rodrigo Rocha Monteiro de; AZEVEDO, Luiz Andre; HENRIQUES, Marcos de Freitas (Orgs.). **Direito Societário, Mercado de Capitais, Arbitragem e outros temas – Homenagem a Nelson Eizirik.** São Paulo: Quartier Latin, 2019.

MICHAEL JOACHIM BONELL. **UNIDROIT 2014 Study L – Doc. 126 – The UNIDROIT Principles of International Commercial Contracts and Long-Term Contracts.** Disponível em: <https://www.unidroit.org/english/documents/2014/study50/s-50-126-e.pdf>. Acesso em: 10 jan. 2018.

MICHAELS, R. The UNIDROIT Principles as global background law. **Uniform Law Review – Revue de droit uniforme,** v. 19, n. 4, p. 643–668, 2014. Disponível em: <https://academic.oup.com/ulr/article-lookup/doi/10.1093/ulr/unu033>.

MICKLETHWAIT, Jonh; WOOLDRIDGE, Adrian. **The Company: a short history of a revolutionary idea.** New York: Modern Library, 2003.

MOMBERG, Rodrigo; VOGENAUER, Stefan; SCHMIDT, Jan Peter; *et al*. **The future of Contract Law in Latin America.** Oxford: Hart Publishing, 2017.

MONTEIRO, António Pinto; GOMES, Júlio. A "harship clause" e o problema da alteração das circunstâncias (breve apontamento). *In*: VAZ, Manuel Afonso; LOPES, J. A. Azeredo (Orgs.). **Juris et de Iure: Nos vinte anos da Faculdade de Direito da Universidade Católia Portuguesa – Porto.** Coimbra: Coimbra Editora, 1998.

MOREIRA, Rodrigo. **A Conservação do contrato e sua função social.** PUC-Rio, 2010.

MOREIRA, Rodrigo; MENDES, Lucas. A Interpretacao da CISG Pelo Arbitro e Sua Desvinculacao do Direito Brasileiro. **Revista de Arbitragem: Arbitragem e a Convencao de Viena sobre Compra e Venda Internacional de Mercadorias,** v. 5, p. 65–116, 2014.

NASSAR, Nagla. **Sanctity of Contracts Revisited: A Study in the Theory and Practice of International Commercial Transactions.** Boston: Springer, 1994.

NOGLER, Luca; REIFNER, Udo. The new dimensions of life time in the law of contracts and obligations. *In*: NOGLER, Luca; REIFNER, Udo (Orgs.). **Life Time Contracts.** The Hague: Eleven International Publishing, 2014.

OLIVER HART. Incomplete Contracts and the Theory of the Firm. **Journal of Law, Economics, & Organization,** v. 4, n. 1, p. 119–139, 1988.

REFERÊNCIAS

OLIVER HART; BENGT HOLMSTRÖM. **Contract Theory**. 10.10.2016. Disponível em: <https://www.nobelprize.org/nobel_prizes/economic-sciences/laureates/2016/advanced-economicsciences2016.pdf>. Acesso em: 24 dez. 2017.
PEEL, Edwin. **The law of Contract**. London: Sweet & Maxwell, 2011.
PELA, Juliana Krueger. Inadimplemento eficiente (efficient breach) nos contratos empresariais. **Cadernos do Programa de Pós-graduação – Direito/UFRGS**, v. 1, n. 2, p. 77/88, 2015.
PEREIRA, Caio Mário Silva. **Instituições de Direito Civil – Vol. III**. 20a edição. Rio de Janeiro: Forense, 2016.
PINTO, Fernando A. Ferreira. **Contratos de Distribuição**. 1a. ed. Lisboa: Universidade Católica Editora, 2013.
PINTO, Paulo Mota. **Interesse Contratual Negativo e Interesse Contratual Positivo**. Coimbra: Coimbra Editora, 2008.
PLAZA PENADÉS, Javier; MARTÍNEZ VELENCOSO, Luz M. (Orgs.). **European Perspectives on the Common European Sales Law**. Cham: Springer International Publishing, 2015. (Studies in European Economic Law and Regulation). Disponível em: <http://link.springer.com/10.1007/978-3-319-10497-3>.
REIMANN, Mathias. The Good, the Bad, and the Ugly: The Reform of the German Law of Obligations Symposium: The Challenge of Recodification Worldwide. **Tulane Law Review**, v. 83, .
REIMANN, Mathias; ZEKOLL, Joachim. **Introduction to German Law**. 1a. ed. Munique: Kluwer Law International, 2005.
ROBILANT, Anna di. Genealogies of Soft Law. **American Journal of Comparative Law**, v. 54, n. 3, 2006.
RODAS, João Grandino; MONACO, Gustavo Ferraz de Campos. **Conferência da Haia de Direito Internacional Privado: A Participação do Brasil**. Brasília: Fundação Alexandre Gusmão, 2007. Disponível em: <http://funag.gov.br/loja/index.php?route=product/product&product_id=339>.
RODRIGUEZ, José Antonio Moreno. **Termination for Compelling Reasons and Latin America**. Rome, 2016.
RONALDO PORTO MACEDO. **Contratos Relacionais no Direito Brasileiro**. Great Britain. Disponível em: <http://lasa.international.pitt.edu/LASA97/portomacedo.pdf>. Acesso em: 14 dez. 2017.
ROPPO, Enzo. **O Contrato**. Coimbra: Almedina, 2009.
ROSADO, Marilda. **Direito do Petróleo**. Rio de Janeiro: Renovar, 2014.
ROSLER, Hannes. Hardship in German Codified Private Law – In Comparative Perspective to English, French and International Contract Law. **European Review of Private Law**, v. 15, n. 4, p. 483–513, 2007.
ROSLER, Hannes. Hardship in German Codified Private Law – In Comparative Perspective to English, French and International Contract Law. **European Review of Private Law**, v. 15, n. 4, 2007.
ROWAN, Solène. The new French law of Contract. **International and Comparative Law Quarterly**, v. 66, n. 4, 2017. Disponível em: <http://eprints.lse.ac.uk/75815/>. Acesso em: 24 dez. 2017.

SALA, Rosa Miquel. El Derecho Contractual Alemán. *In*: LORENZO, Sixto Sánchez (Org.). **Derecho Contractual Comparado Una perspectiva europea y transnacional**. 3a. ed. Granada: Thomson Reuters, 2017, p. 285–311.

SCHERKERKEWITZ, Iso. **Contratos de distribuição e o novo contexto do contrato de representação comercial**. São Paulo: Revista dos Tribunais, 2011.

SCHLECHTRIEM, Peter. **Uniform Sales Law – The UN-Convention on Contracts for the International Sale of Goods**. Disponível em: <https://www.cisg.law.pace.edu/cisg/biblio/schlechtriem.html>. Acesso em: 14 dez. 2017.

SCHLECHTRIEM, Peter; SCHWENZER, Ingeborg. **Comentários à Convenção das Nações Unidas sobre contratos de compra e venda internacional de mercadorias**. São Paulo: Revista dos Tribunais, 2014.

SCHNEIDER, Winfried-Thomas. La codification d'institutions prétotiennes. *In*: WITZ, Claude; RANIERI, Filipo (Orgs.). **La Réforme du Droit Allemand des Obligations**. Paris: Société de Législation Comparée, 2002.

SCHREIBER, Anderson. **A proibição de comportamento contraditório – tutela da confiança e venire contra factum proprium**. 2ª edição. Rio de Janeiro: Renovar, 2007.

SCHREIBER, Anderson. **Equilíbrio contratual e dever de renegociar**. São Paulo: Saraiva, 2018.

SCHUNK, Giulianna Bonanno. **Contratos de longo prazo e dever de cooperação**. São Paulo: Almedina, 2016.

SCHWENZER, Ingeborg. **Force Majeure and Hardship in international sales contracts**. Disponível em: <http://www.nzlii.org/nz/journals/VUWLawRw/2008/39.pdf>. Acesso em: 31 dez. 2017.

SCHWENZER, Ingeborg; LEISINGER, Benjamin. Ethical Values and International Sales Contracts. *In*: CRANSTON, Ross; RAMBERG, Jan; ZIEGEL, Jacob (Orgs.). **Stockholm Centre for Commercial Law Juridiska institutionen**. Stockholm: Justus, 2007, p. 249/275. Disponível em: <http://cisgw3.law.pace.edu/cisg/biblio/schwenzer--leisinger.html>.

SEIPP, David J. Trust and fiduciary duty in the early Common Law. **Boston University Law Review**, v. 91, 2011.

SHERRY M. STEPHENSON. **Cadeias globais de valor: a nova realidade do comércio internacional | International Centre for Trade and Sustainable Development**. Disponível em: <https://www.ictsd.org/bridges-news/pontes/news/cadeias-globais--de-valor-a-nova-realidade-do-comércio-internacional>. Acesso em: 12 jan. 2018.

SILVA, Jorge Cesa Ferreira da. **A boa-fé e a violação positiva do contrato**. Rio de Janeiro: Renovar, 2007.

SMITH, Hans. Frustration of Contract: A Comparative Attempt at Consolidation. **Columbia Law Review**, v. 58, n. 3, p. 287/315, 1958.

SOUZA, Amanda Guimarães Cordeiro de. **Período de graça: o prazo adicional para adimplemento e o direito de resolução extrajudicial em caso de persistência do inadimplemento**. Rio de Janeiro: Lumen Iuris, 2018.

STANNARD, John; CAPPER, David. **Termination for Breach of Contract**. Oxford: Oxford University Press, 2014.

REFERÊNCIAS

STEINER, Renata Carlos. Contrato de longa duração e quebra de confiança: a extinção por compelling reasons. **Revista de Direito Civil Contemporâneo – no prelo.**

STEINER, Renata Carlos. **Interesse positivo e interesse negativo: a reparação de danos no Direito privado brasileiro.** Universidade de São Paulo, 2016.

STEPHENSON, Sherry. **Global Value Chains: The New Reality of International Trade.** Geneva: International Centre for Trade and Sustainable Development (ICTSD) and World Economic Forum, 2014. Disponível em: <www.ictsd.org>. Acesso em: 12 jan. 2018.

SZTAJNBOK, Felipe. A indenização pelo interesse positivo como forma de tutela do interesse do credor nas hipóteses de inadimplemento culposo da obrigação: análises a partir do AgRg no REsp 1.202.506/RJ e do AgRg no AgRg no AI 1.137.044/RJ. **Revista Civilística**, v. Ano 3, n. n. 2, 2014.

TALEB, Nassim Nicholas. **The Black Swan: the impact of the highly improbable.** 2nd (kindl. New York: Random House, 2007.

TARQUINIO, Renatha. **The hardship gap in the contracts of international sales of goods.** UC Davis – University of California, 2015. Disponível em: <http://www.cisg--brasil.net/downloads/doutrina/CISG – HARDSHIP (final paper).pdf>. Acesso em: 31 dez. 2017.

TEPEDINO, Gustavo; BARBOSA, Heloiza Helena; MORAES, Maria Celina Bodin de. **Código Civil interpretado conforme a Constituição da República – Vol. I.** Rio de Janeiro: Renovar, 2004.

TEPEDINO, Gustavo; BARBOSA, Heloiza Helena; MORAES, Maria Celina Bodin de. **Código Civil interpretado conforme a Constituição da República – Vol. II.** Rio de Janeiro: Renovar, 2006.

THIER, Andreas. Legal history. *In*: HONDIUS, Ewoud; GRIGOLET, Christoph (Orgs.). **Unexpected Circumstances in European Contract Law.** [s.l.]: Cambridge University Press, 2011.

TIBURCIO, Carmen. Consequências do inadimplemento contratual na Convenção de Viena sobre Venda Internacional de Mercadorias (CISG). **Revista de Arbitragem e Mediação**, v. 37, 2010.

TIMM, Luciano Benetti. **Direito Contratual Brasileiro.** 2ª edição. São Paulo: Atlas, 2015.

TRIPODI, Leandro. **O Direito Uniforme da Venda no Século 21: Caducidade e Renovação da CISG.** Universidade de São Paulo, 2014.

ULLMAN, Harold. Enforcement of Hardship clauses in the French and American Legal systems. **California Western International Law Journal**, v. 19, n. 1, 1988.

URIBE, Rodrigo Momberg. International instruments of contract law – the approach of the CISG, the PECL and the DCFR. *In*: **The effect of a change of circumstances on the binding force of contracts.** Cambridge: Intersentia, 2011.

VAN DER BEEK, Nick. Long-term Contracts and Relational Contracts. *In*: GEEST, Gerrit De (Org.). **Contract Law and Economics.** Washington: Edward Elgar Publishing, 2011.

VELLOSO, Adolvo Alvarado; DAINTITH, Terence; ECKERT, Lutz; *et al.* **The Complex Long-Term Contract.** 6a. ed. Heidelberg: C.F. Muller Juristischer Verlag, 1986.

VENEZIANO, Anna. **UNIDROIT Principles and CISG: Change of circumstances and Duty to renegotiate according to the Belgian Supreme Court. Uniform Law Review**, v. 1, 2010.

VENTURI-ZEN-RUFFINEN, Marie-Noëlle. **La résiliation pour justes motifs des contrats de durée**. Geneva: Schulthess, 2007.

VICENTE, Dário Moura. Expectativas de Harmonização e unificação internacional do direito privado numa época de globalização da economia. *In*: **Estudos em honra do Professor Doutor José de Oliveira Ascensão**. Coimbra: Almedina, 2008.

VOGENAUER, Stefan. Termination of Long-term Contracts "for Compelling Reasons" under the UNIDROIT Principles: The German Origins. *In*: **Eppur si muove: The Age of Uniform Law**. Roma: International Institute For The Unification of Private Law (Unidroit), 2016, p. 1698–1713.

VOGENAUER, Stefan; MCKENDRICK, Ewan. **Commentary on the UNIDROIT Principles of International Commercial Contracts (PICC)**. Oxford: Oxford University Press, [s.d.].

VOGENAUER, Stefan; WEATHERILL, Stephen (Orgs.). **The Harmonisation of European Contract Law: Implications for European Private Laws, Business and Legal Practice**. Oxford: Hart Publishing, 2006.

VON BAR, Christian; CLIVE, Eric; SCHULTE-NÖLKE, Hans; *et al*. **Principles, Definitions and Model Rules of European Private Law Draft Common Frame of Reference (DCFR)**. Disponível em: <http://ec.europa.eu/justice/contract/files/european-private-law_en.pdf>. Acesso em: 24 dez. 2017.

WIEACKER, Franz. **História do Direito Privado moderno**. 2ª edição. Göttingen: Fundação Calouste Gulbekian, 1967.

WÖSS, Herfried; RIVERA, Adriàna San Román; SPILLER, Pablo T.; *et al*. **Damages in International Arbitration under complex long-term contracts**. Oxford: Oxford University Press, 2014.

ZIMMERMANN, Reinhard. **Breach of contract and remedies under the new German law of obligations**. 1a. ed. Roma: Centro di Studi e Ricerche di Diritto Comparato e Straniero, 2002.

ZIMMERMANN, Reinhard. The German Civil Code and the Development of Private Law in Germany. *In*: ZIMMERMANN, Reinhard (Org.). **The new German Law of Obligations**. Oxford: Oxford University Press, 2005.

ZIMMERMANN, Reinhard. **The Law of Obligations: Roman Foundations of the Civilian Tradition**. Oxford: Oxford University Press, 1996. Disponível em: <http://www.oxfordscholarship.com/view/10.1093/acprof:oso/9780198764267.001.0001/acprof-9780198764267>.

ZIMMERMANN, Reinhard. **The New German Law of Obligations**. 1a. ed. Oxford: Oxford University Press, 2005.

ZIMMERMANN, Reinhard; WHITTAKER, Simon. Good Faith in European Contract Law: surveying the legal landscape. *In*: ZIMMERMANN, Reinhard; WHITTAKER, Simon (Orgs.). **Good Faith in European Contract Law**. 1a. ed. Cambridge: Cambridge University Press, 2000.

REFERÊNCIAS

ZWEIGERT, Konrad; KÖTZ, Hein. **An Introduction to Comparative Law**. 3ª. New York: Oxford University Press, 2011.

Apple's Supply Chain Gearing-up for 80Million iPhone Sales in 2014 – Supply Chain 24/7. Disponível em: <http://www.supplychain247.com/article/apples_supply_chain_gearing_up_for_80million_iphone_sales_in_2014>. Acesso em: 12 jan. 2018.

Cycloid. Disponível em: <https://en.wikipedia.org/wiki/Cycloid>. Acesso em: 5 jan. 2018.

Decreto promulgatório nº 8327. Disponível em: <http://www.planalto.gov.br/ccivil_03/_ato2011-2014/2014/decreto/d8327.htm>. Acesso em: 5 jan. 2018.

EuSoCo Declaration. Disponível em: <http://www.eusoco.eu/?page_id=685>. Acesso em: 12 jan. 2018.

Global Value Chains (GVCs) – OECD. Disponível em: <http://www.oecd.org/sti/ind/global-value-chains.htm>. Acesso em: 12 jan. 2018.

ICC (ed.), Force Majeure and Hardship, Paris 1985 (ICC Publ No. 421). | Trans-Lex. org. Disponível em: <https://www.trans-lex.org/700650/_/icc-force-majeure-and--hardship-paris-1985-/>. Acesso em: 1 jan. 2018.

ICC Force Majeure Clause 2003/ICC Hardship Clause 2003 – ICC – International Chamber of Commerce. Disponível em: <https://iccwbo.org/publication/icc-force--majeure-clause-2003icc-hardship-clause-2003/>. Acesso em: 31 dez. 2017.

ICC model distributorship contract. Paris: International Chamber of Commerce, 2016.

INSIDE ESG investindo de forma sustentável. Banco BTG Pactual. Disponível em: <https://static.btgpactual.com/media/report-anual-esg-btg-pactual.pdf?fbclid=IwAR0snfx0w7c_D9CUuGX6NCfIkR_dAPC2MkuVMp9flngi4Nb8QpTRTsS0cII>. Acesso em: 21 jun. 2021.

Le code civil suisse (Livre cinquième: Droit des obligations). Disponível em: <https://www.admin.ch/opc/fr/classified-compilation/19110009/index.html>. Acesso em: 21 dez. 2017.

"No futuro, investimentos serão ESG ou não existirão", diz sócio do BTG. Exame invest. Disponível em: <https://invest.exame.com/esg/no-futuro-investimentos-serao--esg-ou-nao-existirao-diz-socio-do-btg>. Acesso em: 21 jun. 2021.

Oslo Report (audio) – UNIDROIT Principles – issues relating to long-term contracts. Disponível em: <http://www.jus.uio.no/ifp/english/research/news-and-events/events/2016/unidroit-consultation-meeting.html>. Acesso em: 11 jan. 2018.

Principles of European Contract Law – PECL | Trans-Lex.org. Disponível em: <https://www.trans-lex.org/400200/_/pecl/>. Acesso em: 24 dez. 2017.

Pronunciamento técnico CPC 12 – Ajuste a Valor Presente. Disponível em: <http://www.cpc.org.br/CPC/Documentos-Emitidos/Pronunciamentos/Pronunciamento?Id=43>. Acesso em: 5 jan. 2018.

Statement on the Purpose of a Corporation. Business Roundtable. Disponível em: <https://system.businessroundtable.org/app/uploads/sites/5/2021/02/BRT-Statement-on-the-Purpose-of-a-Corporation-Feburary-2021-compressed.pdf>. Acesso em: 21 jun. 2021.

Taylor V Caldwell [1863] 3 B&S 826 Case Summary. Disponível em: <https://www.lawteacher.net/cases/taylor-v-caldwell.php>. Acesso em: 30 dez. 2017.

The Coronation Cases – Frustration of Contract. Disponível em: <https://www.lawteacher.net/example-essays/contract-frustrations-krell.php>. Acesso em: 30 dez. 2017.

The End of Car Ownership – WSJ. 20.06.2017. Disponível em: <https://www.wsj.com/articles/the-end-of-car-ownership-1498011001>. Acesso em: 12 jan. 2018.

The global supply chain behind the iPhone 6. Disponível em: <https://betanews.com/2014/09/23/the-global-supply-chain-behind-the-iphone-6/>. Acesso em: 12 jan. 2018.

Unidroit 1992 – P.C – Misc. 16. Disponível em: <https://www.unidroit.org/english/documents/1992/study50/s-50-misc16-e.pdf>. Acesso em: 18 jan. 2018.

UNIDROIT 2005 – C.D. (84) 22. Disponível em: <https://www.unidroit.org/english/governments/councildocuments/2005session/cd84-22-e.pdf>. Acesso em: 10 jan. 2018.

UNIDROIT 2006 Study L – Doc. 99. 29 May – 1 June 2006. Disponível em: <https://www.unidroit.org/english/documents/2006/study50/s-50-099-e.pdf>. Acesso em: 10 jan. 2018.

UNIDROIT 2007 Study L – Misc. 27. 4-8 June 2007. Disponível em: <https://www.unidroit.org/english/documents/2007/study50/s-50-misc27-e.pdf>. Acesso em: 10 jan. 2018.

UNIDROIT 2007 Study L – Misc. 29. Disponível em: <https://www.unidroit.org/english/documents/2009/study50/s-50-misc29-e.pdf>. Acesso em: 18 jan. 2018.

UNIDROIT 2008 – Study L – Misc. 28. 26 – 29 May 2008. Disponível em: <https://www.unidroit.org/english/documents/2008/study50/s-50-misc28-e.pdf>. Acesso em: 10 jan. 2018.

UNIDROIT 2010 C.D. (89) 3. Annual Report. Disponível em: <https://www.unidroit.org/english/governments/councildocuments/2010session/cd89-03-e.pdf>. Acesso em: 18 jan. 2018.

UNIDROIT 2010 Study L – Doc. 119. Disponível em: <https://www.unidroit.org/english/documents/2010/study50/s-50-119-e.pdf>. Acesso em: 18 jan. 2018.

UNIDROIT 2010 Study L – Misc. 30. Disponível em: <https://www.unidroit.org/english/documents/2010/study50/s-50-misc30-e.pdf>. Acesso em: 18 jan. 2018.

UNIDROIT 2013 C.D. (92) 4 (b) – Governing Council 92nd session. Disponível em: <https://www.unidroit.org/english/governments/councildocuments/2013session/cd92-04b-e.pdf>. Acesso em: 10 jan. 2018.

UNIDROIT 2015 Study L – Doc. 127 – 2nd Session of the Working group on long--term contracts. Disponível em: <https://www.unidroit.org/english/documents/2015/study50/s-50-127-e.pdf>. Acesso em: 11 jan. 2018.

UNIDROIT 2015 Study L – Misc. 31 Rev – First session of the Working group on Long--Term contracts. Disponível em: <https://www.unidroit.org/english/documents/2015/study50/s-50-misc31rev-e.pdf>. Acesso em: 10 jan. 2018.

UNIDROIT 2016 Study L – Doc. 128 rev. Disponível em: <https://www.unidroit.org/english/documents/2016/study50/s-50-128rev-e.pdf>. Acesso em: 18 jan. 2018.

UNIDROIT 2016 Study L – Misc. 32 – Report 2nd Session of the Working Group on Long-Term Contracts (Hamburg Report). Disponível em: <https://www.unidroit.org/english/documents/2016/study50/s-50-misc32-e.pdf>. Acesso em: 11 jan. 2018.

UNIDROIT C.D. (93) 3 – Governing Council 93rd Session. Disponível em: <https://www.unidroit.org/english/governments/councildocuments/2014session/cd-93-03-e.pdf>. Acesso em: 10 jan. 2018.

UNIDROIT C.D. (95) 3 – 95th Session of the Governing Council. Disponível em: <https://www.unidroit.org/english/governments/councildocuments/2016session/cd-95-03-e.pdf>. Acesso em: 11 jan. 2018.

UNIDROIT Principles of International Commercial Contracts – 2016. Rome: International Institute For The Unification of Private Law (Unidroit), 2016.

UNIDROIT Principles of International Commercial Contracts 2004. Rome: International Institute For The Unification of Private Law (Unidroit), 2004.

Where are Apple products made? How much does the iPhone cost to make? – Macworld UK. 17.09.2017. Disponível em: <https://www.macworld.co.uk/feature/apple/where-are-apple-products-made-3633832/>. Acesso em: 12 jan. 2018.